"十三五"国家重点出版物出版规划项目

|文|化|建|设|卷|

国家文化软实力

CHINA'S NATIONAL CULTURE SOFT POWER

刘德定 著

中国财经出版传媒集团
经济科学出版社
Economic Science Press

图书在版编目（CIP）数据

国家文化软实力/刘德定著.—北京：经济科学出版社，2019.2（2022.9 重印）
（中国道路·文化建设卷）
ISBN 978-7-5218-0284-9

Ⅰ.①国… Ⅱ.①刘… Ⅲ.①中国特色社会主义-文化事业-研究 Ⅳ.①G12

中国版本图书馆 CIP 数据核字（2019）第 032821 号

责任编辑：申先菊
责任校对：蒋子明
责任印制：李　鹏

国家文化软实力
刘德定　著
经济科学出版社出版、发行　新华书店经销
社址：北京市海淀区阜成路甲 28 号　邮编：100142
总编部电话：010-88191217　发行部电话：010-88191522
网址：www.esp.com.cn
电子邮箱：esp@esp.com.cn
天猫网店：经济科学出版社旗舰店
网址：http://jjkxcbs.tmall.com
北京季蜂印刷有限公司印装
710×1000　16 开　17.5 印张　220000 字
2019 年 2 月第 1 版　2022 年 9 月第 2 次印刷
ISBN 978-7-5218-0284-9　定价：62.00 元
（图书出现印装问题，本社负责调换。电话：010-88191510）

《中国道路》丛书编委会

顾　　问： 魏礼群　马建堂　许宏才

总 主 编： 顾海良

编委会成员：（按姓氏笔画为序）

马建堂　王天义　吕　政　向春玲
汪林平　陈江生　季正聚　季　明
竺彩华　周法兴　赵建军　逄锦聚
姜　辉　顾海良　高　飞　黄泰岩
傅才武　曾　峻　魏礼群　魏海生

文化建设卷

主　　编： 季正聚

总　序

中国道路就是中国特色社会主义道路。习近平总书记指出，中国特色社会主义这条道路来之不易，它是在改革开放三十多年的伟大实践中走出来的，是在中华人民共和国成立六十多年的持续探索中走出来的，是在对近代以来一百七十多年中华民族发展历程的深刻总结中走出来的，是在对中华民族五千多年悠久文明的传承中走出来的，具有深厚的历史渊源和广泛的现实基础。

道路决定命运。中国道路是发展中国、富强中国之路，是一条实现中华民族伟大复兴中国梦的人间正道、康庄大道。要增强中国道路自信、理论自信、制度自信、文化自信，确保中国特色社会主义道路沿着正确方向胜利前进。《中国道路》丛书，就是以此为主旨，对中国道路的实践、成就和经验，以及历史、现实与未来，分卷分册做出全景式展示。

丛书按主题分作十卷百册。十卷的主题分别为：经济建设、政治建设、文化建设、社会建设、生态文明建设、国防与军队建设、外交与国际战略、党的领导和建设、马克思主义中国化、世界对中国道路评价。每卷按分卷主题的具体内容分为若干册，各册对实践探索、改革历程、发展成效、经验总结、理论创新等方面问题做出阐释。在阐释中，以改革开放四十年伟大实践为主要内容，结合新中国成立近七十年的持续探索，对中华民族近代以来发展历程以及悠久文明传承的总结，既有强烈的时代感，又有深刻的历史感召力和面向未来的震撼力。

丛书整体策划，分卷作业。在写作风格上，注重历史和现实相贯通、国际和国内相关联、理论和实际相结合，对中国道路的重大理论和实践问题做出探索；注重对中国道路的实践经验、理论创新做出求实、求真的阐释；注重对中国道路做出富有特色的、令人信服的国际表达；注重对中国道路为发展中国家走向现代化的途径、为解决人类问题所贡献的中国智慧和中国方案的阐释。

在新中国成立特别是改革开放以来我国发展取得的重大成就基础上，近代以来久经磨难的中华民族实现了从站起来、富起来到强起来的历史性飞跃，焕发出强大生机活力，迈进中国特色社会主义道路发展的新时代。在新时代建设社会主义现代化强国的新的历史征程中，中国财经出版传媒集团经济科学出版社、中国特色社会主义经济建设协同创新中心精心策划、组织编写《中国道路》丛书有着更为显著的、重要的理论意义和现实意义。

《中国道路》丛书 2015 年策划启动，2017 年开始陆续推出。丛书 2016 年列入“十三五”国家重点出版物出版规划项目、主题出版规划项目，2017 年列入国家“90 种迎接党的十九大精品出版选题”，2018 年获国家出版基金资助。

《中国道路》丛书编委会

2018 年 12 月

目 录

第一章

文化软实力在当代社会发展中的作用日益凸显

当今时代，文化越来越成为民族凝聚力和创造力的重要源泉，越来越成为综合国力竞争的重要因素。文化作为国际政治资源要素，已经成为各国竞相追逐的目标，文化在一定程度上被称为软实力，已经被赋予很多的竞争色彩。鉴于中国文化固有的独特的人类道德高度，也鉴于世界发展正在赋予中国文化以崇高的人类使命，对当代中国文化软实力问题进行研究，具有重要的理论和现实意义。本章从文化软实力概念入手，阐述了文化软实力的主要内容和构成要素，以及提高国家文化软实力具有的重要战略意义，为后面的章节奠定理论基础。

一、文化软实力概念在当代中国的发展演变

（一）文化软实力的缘起

20 世纪 80 年代，未来学家托夫勒曾预言："我们正进入一个文化比任何时候更重要的时期。"① 从社会经济发展角度看，

① ［美］阿尔温·托夫勒著，粟旺译：《预测与前提——托夫勒未来对话录》，国际文化出版社 1984 年版，第 116 页。

这种重要性体现为科学技术正成为生产力系统中的关键性要素推动全球经济的发展，文化产业化正成为波及全球的新一轮经济增长引擎。从政治角度看，文化的重要性体现为国家意识形态的内在凝聚力和外在影响力已经成为国家发展战略和国际竞争战略的核心要素。

1. 文化地位的提升是文化软实力提出的一个背景。

第一，现代资本主义社会的精神危机提升了精神视野中的文化地位。现代资本主义社会的精神危机引发了自20世纪80年代以来的对资本主义文化的反思，提升了精神视野中的文化地位。对资本主义精神危机的批判绝不是现在才有的事情，早在资本主义发展初期，空想社会主义者就对资本主义生产方式引发的人的异化进行过批判。人的异化意味着人的自我目的的迷失，自我意识被资本意识所代替，精神危机也就在所难免了。马克思对资本主义造成的异化现象作出透彻的系统分析。[①] 马克思对异化劳动的批判揭示了资本主义必然导致精神危机的根源。资本主义大工业的继续发展进一步加剧了人的异化，不仅劳动与人相异化，而且异化现象深入人的生活方式。在现代资本主义社会中，物质生活的相对富足使人们更注重精神和文化生活，于是异化显著地体现为人的精神生活的异化，人的自我意识、批判意识被资本主义的工业文化全面压制。阿多诺在《文化工业的再思考》中提出了现代资本主义社会中精神危机的直接原因。在他看来，“资本获得了绝对的胜利，被深深地印在了生产线上劳作的被剥夺者的心灵之中。这就造成了文化工业对个体的全面操纵……在这个过程中，文化工业将人们的快乐与幸福所应具有的内涵全部摧毁

---

① 马克思把资本统治下的劳动对人的异化分为四个层次：劳动者同自己的劳动产品相异化；劳动者同自己的生产活动相异化；人同自己的类本质相异化；人同人相异化。

了，快乐与幸福变成了人们对已经设计了的程序的顺从。”[1] 马尔库塞在《单向度的人》中对现代资本主义社会的精神异化从资本主义的技术经济机制入手进行了批判，矛头直指资本主义的意识形态。他认为通过技术理性的支配性统治，当代工业社会成了新型的集权主义社会，因为它成功地压制了这个社会中的反对派和反对意见……从而使这个社会成了单向度的社会，使生活于其中的人成了单向度的人……这种人不但不再有能力去追求，甚至不再有能力去想象和现实生活所不同的另一种更合理的生活。[2] 当整个社会都失去了对快乐和幸福的想象与创造，不得不沉溺于大众文化的刺激和麻痹当中，于是全社会的精神危机就一发不可收拾了。

20 世纪 60 年代伊始，西方资本主义国家的精神文化生活领域成为后现代主义的乐园。后现代主义是一个复杂的概念，在不同的领域有不同的界定。在思想文化领域，后现代主义藐视社会整体认可的权威和资本主义合理性，反对资本主义对人的物化、层级化和职业化，反对启蒙时代以来的科学和人文理性，主张用否定现存一切的激进主义、非理性主义和自发本能的个人自由来恢复和表现个人的存在。后现代主义的这种无中心意识和多元价值取向带来的一个直接后果就是评判价值的标准不甚清楚或全然模糊，从而使人们的思想不再拘泥于社会理想、人生意义、国家前途、传统道德等，对真理、进步等价值的否定导致了价值相对主义、怀疑主义和价值虚无主义的产生。在社会生活领域，后现代主义表现为否定激情和理想，生活的无意义和无目标成为主流，主张个人自由和享乐主义。后现代主义的泛滥是对现代资本主义的抗议，这种对自我中心的强调和对形而上学信仰的全面否

---

① 胡大平、张亮等：《资本主义理解史》（第五卷），江苏人民出版社 2009 年版，第 131 页。

② 胡大平、张亮等：《资本主义理解史》（第五卷），江苏人民出版社 2009 年版，第 132 页。

定，必然使现代社会的个人丧失精神家园，成为无根的文化流浪者。

对于现代资本主义社会的精神危机，西方学者也给予了充分的重视，如奥依肯、卡西尔、雅斯贝斯、内格尔等都有专著对精神危机问题进行探讨。例如，雅斯贝斯就一针见血地指出，这种危机是“市场经济发达所生的精神文化病症”。[①] 连布热津斯基也看到，“美国显然需要花一段时间，在哲学上进行反省和在文化上作自我批判。在这一时期内必须认真地认识到：以相对主义的享乐至上作为生活的基本指南，是构不成任何坚实社会支柱的；一个社会没有共同遵守的绝对确定的原则，相反却助长个人的自我满足，那么，这个社会就有解体的危险。”[②] 马克思·韦伯在《新教伦理与资本主义精神》中也认识到现代资本主义的精神危机，现代资本主义精神包括由资本提供的“经济冲动力”和由禁欲主义的新教伦理提供的“宗教冲动力”。资本主义的发展就在于两种精神力量的平衡，即增加资本的欲望不是通过抢劫等暴力手段实现，而是以精打细算的收支和条理化的生产经营活动得到。马克思·韦伯对引发资本主义精神危机的现代性的极端发展深深感到担心：一是物质财富成为越来越大的不可抗拒的统治人的力量；二是随着技术创新和获取财富的手段增加，资本主义精神逐步退化到只知“赚钱”、不顾“道德”的一种境地；三是生产的标准化统治整个社会。于是现代资本主义将走向何处？在财富的生活“牢笼”中心安理得，还是在这场巨大发展告终时出现面貌一新的先知、旧观念旧理想的大复兴？或者出现病态的、以自我陶醉为粉饰的机械僵尸，出现“专家没有灵魂，纵欲

① ［德］K. 雅斯贝斯著，王德峰译：《时代的精神状况》，译文出版社 1997 年版，第 6 页。

② ［美］布热津斯基著，潘嘉玢、刘瑞祥译：《大失控与大混乱》，中国社会科学出版社 1995 年版，第 125 页。

者没有肝肠”的一切皆无情趣的现象?① 西方马克思主义者从技术异化和消费异化角度解读资本主义的“工业文化”，也不失为理解西方社会精神危机的一个视角。如果我们从资本自身的历史逻辑来看，现代社会的资本主义精神危机是资本主义发展的必然结果，资本要实现扩张，就要从人们心中赶走任何形而上学的东西，树立了科学理性的绝对标杆和对个人主义的绝对肯定，其结果是人自身的价值被科学理性和资本增值的要求所掩盖，自我中心的和物质追求的膨胀葬送了人的发展这一最终目的，精神的危机也就自然而然地产生了。正是现代社会人们的生活被物质欲望所填满，失去了精神家园，才把更多的目光重新投向文化，希望通过文化和理性的重建找到重塑价值理念和信仰的路径。尽管此路径在资本主义条件下是无解的，但是至少对西方的理性主义文化传统进行了重新理解，如对文化全球化的认识，对传统理性的有限性、不完善性和一劳永逸的乌托邦精神的理解等，这些认识从一定程度上提升了文化与当代社会发展的契合度，反而巩固了如理性、自主、创新、契约、法治等现代资本主义社会的文化核心价值，提升了文化的地位。

第二，经济全球化过程中的文化冲突提升了历史视野中的文化地位。如果从当代资本主义全球化来看，现代资本主义社会的精神危机实际上是经济全球化的内生文化与现代资本主义的工业文化之间的文化冲突的一个侧面。经济全球化过程中的文化冲突促使人们思考和建构全球化的文化内容，为这个进程中的人们提供新的精神家园。这样的文化反思才刚刚开始，这种文化冲突和对冲突的反思提升了历史发展视野内的文化地位，文化软实力走上政治舞台就是对文化冲突和反思的积极回应和尝试。

当代的全球化不同于马克思所设想的全球化模式，资本的全

---

① 戈士国：《新教伦理：西方现代资本主义的道德支撑——解读马克斯·韦伯和〈新教伦理与资本主义精神〉》，载于《天府新论》2005 年第 5 期。

球扩张是当代全球化的核心内容，其理论上的最终形态是全世界的一切，从外在物质世界到内在精神世界，全部纳入资本的历史逻辑成为其中的一环。这预示着经济全球化对世界秩序的重新安排，首先是对国际政治秩序的重新安排，但最根本和最深远的影响是对全球现有的所有文化秩序的重新安排，这种对世界文化秩序的“创造性的破坏”（借用“熊彼得命题”对竞争的界定）必然以文化冲突而开始，对全球化的理解也必须引入文化的视角才能给予全面解读。因为“全球化处于现代文化的中心地位；文化实践处于全球化的中心地位……我们这个时代所经历的、由全球化所描绘的巨大的转型式进程，除非从文化的概念性词汇入手，否则很难得到恰如其分的理解”。[①] 经济全球化过程中的文化冲突的意义不在于资本对现代生活方式的全面占领，而在于资本的背后潜藏着扬弃了资本逻辑的全球化的意识结构，这种意识结构体现为对人类未来的文化解读，即通过全球的对话和交流，形成人类之间彼此依存、共担风险的生存和发展方式。当代的文化冲突从以下几方面引发了人们对文化的关注。

（1）工具理性和价值理性的冲突。工具理性和价值理性的统一在资本主义发展初期是推动资本主义发展的两大精神动力，马克思·韦伯把它们称为“经济驱动力”和“宗教驱动力”。但是“从19世纪下半叶起，尤其在20世纪，西方工业文明的两大支柱精神，即人本精神和技术理性开始出现张力和冲突，技术理性和工具理性的过度发达并没有达到人的本质力量增强和人的解放的宗旨，而是导致了人与自然生态关系的破裂和人际交往关系的异化，导致意识形态、技术理性、大众文化等社会力量对人的统治。”[②] 首先表现为日趋严重的生态危机，资本主义把自然看

① ［英］约翰·汤姆林森著：《全球化与文化》，南京大学出版社2002年版，第1页。

② 衣俊卿：《文化哲学》，云南人民出版社2001年版，第226页。

作创造物质财富的工具而不加节制地索取，造成了全球生态系统的失衡，自然灾难频发、环境污染严重、能源短缺都威胁着人类的生存。其次表现为机器的标准化对人的统治，人受到机器工业所强加的社会秩序和纪律的统治。再次表现为社会冲突的暴力解决方式，如世界大战、恐怖主义等。最后表现为资本的本性全方位取代人的本性，人的生活的全部意义就在于成为资本增值的工具，人类生活被资本全面“殖民化”。工具理性和价值理性的冲突引起对自身价值和目的的重新思考，人们希望从文化中寻找答案。这种悲剧式的探索虽然不可能有结果，但是却再次把文化问题摆在全球人们的眼前。

（2）文化全球化与文化多样性的冲突。文化多样性是指不同的地理环境、历史传统和生活生产方式等因素所孕育出的相互区别的多种文化，多样性直接表现在语言文字、风俗习惯、伦理规范、宗教信仰等方面。文化多样性是世界文明进步的基础，多种文化之间的相互碰撞、学习和融合是人类社会发展的动力之一。文化全球化是指伴随着经济全球化而出现的世界多样文化的相互融合。理想的文化全球化模式认为文化全球化是对多样文化的重构，即一方面消解了不同地域和民族的多样文化，另一方面又在某种程度上重建了地方的多样文化。最终产生的新的多样文化兼具全球特征和地方特征。我们必须看到：经济全球化必然带来多样文化的冲突与融合。对此，马克思和恩格斯在《共产党宣言》中已经作出了判断：“资产阶级，由于开拓了世界市场，使一切国家的生产和消费都成了世界性的。使反动派大为惋惜的是，资产阶级挖掉了工业脚下的民族基础。古老的民族工业被消灭了，并且每天都在被消灭。他们被新的工业排挤掉了，新工业的建立已经成为一切文明民族生死攸关的问题；这些工业所加工的，已经不是本地的原料，而是来自极其遥远的地区的原料；它们的产品不仅供本国消费，而且同时供世界各地消费。旧的、靠本国产品来满足的需要，被新的、要靠极其遥远的国家和地带的产品来满足的需要所代替了……物质的生产如此，精神的生产也是如此。各民族的精神产品成了公共财产。民族的片面性和局限性日益成为不可能，于是由多种民族的和地方的文学形成了一种世界的文学。”① 问题在于这种融合是保持了文化多样性的融合，还是抹杀一切文化个体差别的融合，也就是说如何在全球化中保持文化同质化和文化异质化的张力，这已经成为全球化过程中的焦点话题。由此也产生了一系列具体的文化冲突，如资本文化与多样文化的冲突。当从经济全球化的本质来看文化全球化与文化多样性的冲突时，我们会发现当今的经济全球化所实现的文化融合是以资本文化取代一切文化个性的融合，即便有所保留，也只是为了攫取利润而对文化多样性的部分表象所进行的片段式截取，文化内在的精神实质被彻底取代而消逝。美国在世界上凭借经济和军事优势推行美国价值理念，宣扬只有美国的文化和精神才是和市场经济完全自洽的文化，以构建美国理念的“单极世界”。与此相类似的是西方世界长期以来认为西方资本主义文化优于其他任何种类的文化，是唯一永恒存在的文化等思想，正如汤因比指出的那样，“文明间唯一有意义的结果是带来和平”，即“西方统治下的和平”。② 与此形成对比的是发展中国家的文化，特别是弱小民族的文化也明显地意识到文化全球化背后的危机。为了摆脱这种困境，部分国家刻意地强调本地文化的独特价值，一味地拒斥和反对文化的交流和融合，实行文化保守主义、文化封闭。诸如此类的文化冲突表现很多，不一而足。总之，当前的文化全球化与文化多样性的冲突是在经济全球化过程中以和平方式推进的文化融合，它迫使人们从文化的角度来思考全球化的未来走向，而通过发展国家文化软实力来捍卫国家文化主权和拓展本国文化的生存空间也成为众多国家的战略选择。

---

① 《马克思恩格斯选集》第1卷，人民出版社1995年版，第276页。

② 许启贤：《世界文明论研究》，山东人民出版社2001年版，第81页。

2. 文化在促进现代社会发展中的作用日益凸显。

第一，文化成为现代社会生产力发展的关键要素。文化生产力是党的十六届四中全会立足于党的执政能力建设而提出的概念，目的是强调以文化体制改革促进生产力的解放和发展。文化生产力在党的正式文献中的出现，是对文化在现代社会的生产力系统中越来越起关键作用的反映。

在马克思和恩格斯的著作中，生产力是一个核心范畴。马克思和恩格斯在具体的语境中从不同的意义使用了生产力概念，如“社会生产力”“劳动的生产力”“资本生产力”“一般生产力与直接生产力”“物质生产力与精神生产力”“自然生产力”等。马克思和恩格斯没有对生产力的内涵作出一般意义的明确界定。在当时的社会历史语境中，他们出于批判资产阶级“颠倒的世界观”的需要，更偏重从特定社会的“物质生产力”角度来阐释生产力对社会发展的作用，即生产力是人类社会在与自然的物质变换实践过程中改造自然并获取物质生产和生活资料的能力。马克思和恩格斯看到了科学知识等文化因素在生产力系统中的能动性。例如，马克思在《经济学手稿》（1857～1858年）中谈到科学知识对生产力的作用：“自然界没有造出任何机器，没有造出机车、铁路、电报、自动走锭精纺机等。它们是人的产业劳动的产物，是转化为人的意志驾驭自然界的器官，或者说在自然界实现人的意志的器官的自然物质。它们是人的手创造出来的人脑的器官；是对象化的知识力量。固定资本的发展表明，一般社会知识，已经在多么大的程度上变成了直接生产力，从而社会生活过程的条件本身在多么大的程度上受到一般智力的控制并按照这种智力得到改造。它表明，社会生产力已经在多么大的程度上，不仅以知识的形式，而且作为社会实践的直接器官，作为实际生活过程的直接器官被生产出来。”① 对于宗教、艺术、哲学等文化

① 《马克思恩格斯全集》第31卷，人民出版社1998年版，第102页。

形式，马克思和恩格斯从精神生产角度提出文化是满足人的精神需求的特殊生产形式，在资本主义社会，物质生产力的规定性和运动规律一般也适用于精神生产力，精神生产也具有自身独特的规律。但是在马克思和恩格斯的时代，诸多精神生产形式还没有充分地发展到成为一种独立的生产形态体系，时代的局限性决定了马克思和恩格斯对文化在生产力中的地位和作用主要是抽象而宏观的认识，不可能是具体而微观的认识。

但是在现代社会中，脑力劳动和体力劳动的分工在资本主义体系内已经演化到这样一个地步：即物质生产和精神生产各自成为成熟而完善的生产体系，并且两个社会生产体系正在走向融合。这种融合同原始社会不分你我的混沌状态不同，是两个社会生产体系在独立基础上以资本逻辑推动的融合过程。在这个过程中，一方面，科学知识等文化产品作为“物化”的精神因素以“固定资本”的形式投入物质生产中，极大地提高物质生产力水平，使社会生产“从简单的劳动过程向科学过程转化”①；另一方面，随着物质需求的不断满足和人的物质劳动时间的相对缩短，人们有了更多的精神生产时间和对复杂多样的精神需要的追求。于是，在新的物质载体之上发展起来的丰富多彩的文化“商品”极大地满足了现代社会人们（不同阶级的人）的精神需要（包括作为奢侈品的精神享受和作为必需品的提升人的劳动能力、恢复人的充沛的精神状态需要的精神“充电”。前者属于马克思所说的资产阶级在文化消费上的特权，现代社会中一部分文化产品的特权也逐渐成为普通人的文化生活内容，后者属于现代社会中人自身再生产的一部分，是培养现代社会的人必须具备的生存能力的过程。）于是，现代社会生产力的发展就成为“以人文精神为先导，以科学技术为依托，以文化资源为基础，以文化产业为支撑，以文化观念产品的生产和消费为支柱，文化成为经济发

① 《马克思恩格斯全集》第46卷（下），人民出版社1980年版，第212页。

展的强大精神力量被运用于人类经济生活的各个领域”①。两个方面的精神产品都表明，在现代社会中，文化越来越成为社会生产力关键因素，不仅成为物质生产力突破性发展的关键因子，而且在满足人的精神需求和能力发展的意义上形成文化生产力，直接构成现实社会生产力的重要一环。

第二，文化的资本化及其全球化趋势成为现代社会发展的一个重要引擎。文化的资本化是资本主义诞生后就开始的一个进程，其内在的驱动力是资本对利润无止境的追求欲望。马克思也认识到这一点：“资本主义生产方式的特点，恰恰在于它把各种不同的劳动，因而也把脑力劳动和体力劳动，或者说，把以脑力劳动为主或以体力劳动为主的各种劳动分离开来，分配给不同的人。”② “资产阶级抹去了一切向来受人尊崇和令人敬畏的职业的神圣光环。它把医生、律师、教士、诗人和学者变成了出钱招雇的雇用劳动者。”③ 现代资本主义不仅把文化产品变成文化商品，把文化生产者变成职业，而且在文化商品的基础上把文化资本化，形成了一个可以带来庞大利润的文化产业，这已经成为现代社会的重要经济增长点。发展经济学按照工业化的程度把资本主义经济发展分为几个阶段，文化产业和知识经济是工业化后期和后工业化时期的重要特征（见表1－1）。

当前主要资本主义国家的经济发展处于后工业化时期，文化产业构成了其赖以生存和继续发展最主要的经济引擎。例如，“美国，信息产业作为头号产业，其产值占美国国内生产总值的10%以上，以信息技术为主的知识密集服务出口相当于产业出口额的40%。再如日本，文化产业是仅次于汽车制造业的第二大

---

① 李江涛等：《当代文化发展新趋势研究》，中央编译出版社2009年版，第175页。

② 《马克思恩格斯全集》第26卷（1），人民出版社1972年版，第444页。

③ 《马克思恩格斯选集》第1卷，人民出版社1995年版，第275页。

表 1－1　工业化不同阶段的产业特征及理论来源

时期	主要内容	驱动因素	主导产业	贡献来源顺序变更	增长理论
工业化前期	对自然资源的开发	自然资源大量投入	农业	劳动力、自然资源	“马尔萨斯陷阱”
工业化初期	机器工业开始代替手工劳动	劳动力大量投入	纺织工业	劳动力、资本、规模经济	古典增长理论
工业化中期	中间产品增加和生产迂回程度提高	资本积累	重化工业	资本、规模经济、技术进步、劳动力	哈罗德－多马增长理论
工业化后期	生产的效率提高	技术进步	加工组装工业	技术进步、资本、规模经济、劳动力	索洛的新古典外生增长理论
后工业化时期	学习和创新	新的知识	高新技术产业、文化产业和服务业	知识进步、人力资本、技术进步	罗默和卢卡斯的内生新增长理论

产业。”[①] 前瞻产业研究院发布的《2015～2020 年中国动漫产业发展前景与投资预测分析报告》显示，动漫已是日本第三大产业，年营业额达 230 万亿日元。销往美国的日本动画片及相关产品的总收入是日本出口到美国的钢铁总收入的 4 倍。[②] 日本通过发展动漫、游戏、流行音乐、服饰设计等行业，带动了相关产业的发展。其中，日本动漫约占世界市场 60% 的份额，100 多个国家和地区播出过日本动画片。[③]“目前全球播放的动画片中有 65% 出自日本，在欧洲这一比例更高，达 80%。电子游戏业

---

① 罗争玉：《重要战略机遇期中国文化产业的发展》，载于《湖南经济报》2009 年 7 月 5 日。

②③ 刘丽伟：《全球文化产业发展不均衡　高科技垄断趋势明显》，中国经济网，2014 年 11 月 21 日，http://www.ce.cn/culture/gd/201411/21/t20141121_3951014.shtml。

更是给日本带来了源源不断的财富，据统计，全球电子游戏的市场份额中，90%以上的硬件、50%以上的软件均被日本厂商所掌握。”[①] 再如英国和意大利，“1997 年，英国出口音乐制品的收入超过了钢铁出口的收入。意大利时装风靡世界始于 20 世纪 60 年代，现在意大利时装行业已经成为销售额高达 600 亿美元的巨大产业。巨大的产业不仅造就了占世界 1/3 之多的时装大师，而且意大利有 1/5 的人员从事时装业。”[②] 在意大利，2012 年时装生产行业的公司总数约为 73 060 家，销售收入共计约 900 亿欧元，雇用全职职位近 38 万个。如果包括批发和零售企业，意大利在该产业的公司总数达 28 万家，销售收入共计 1 640 亿欧元，雇用劳动力近 59 万人。在意大利整体制造业中，时尚产业占比 18%，时尚产业出口约占意大利制造业出口的 1/4。[③]

随着经济全球化的持续推进，作为文化资本化产物的文化产业也在逐渐全球化。文化产业越发达的国家，其文化产业的全球化程度就越高，该国把全球文化资源整合到自身文化软实力中的能力就越强。例如，“从 1996 年 2 月起，日本《经济新闻》和《朝日新闻》两家报纸同时在中国香港开设卫星版，设在东京的报社总部每天将排好版的样报，通过电脑和通信卫星传到中国香港，几分钟后，中国香港的印刷厂和日本的印刷厂几乎同时开印，再利用中国香港作为信息中心的优势，报纸内容迅速传播到港、澳、台和东南亚地区。影片《泰坦尼克号》实际上是由 7 个国家的 30 多家公司协作完成的，其中的特技制作包给了由 16 家多国中小技术公司协助的 Digital Do-main 公司，音乐制作包给了

---

① 王家新：《文化产业在经济萧条时期的独特作用——以美国、日本与韩国的历史经验为例》，载于《光明日报》2009 年 12 月 3 日。

② 雷光华：《西方国家文化产业发展模式与发展趋向探析》，载于《湘潭大学哲学社会科学学报》2009 年第 3 期。

③ 华丽志：《意大利时尚产业关键数据汇总　整体呈积极态势》，中国服装工业网，2015 年 3 月 3 日，http：//www. fzengine. com/info/guoji/2015 – 3 – 3/1037400. aspx。

索尼公司，多方优势资源的综合使该片获得了极大的商业成功；从文化产业的意义上讲，这是一次文化创意、艺术人才、技术设备、市场资源的综合性国际大配置。”① 文化产业的全球化和文化的资本化相辅相成，成为现代资本主义经济继续发展的一个重要引擎。不仅文化产业的全球化在加强，文化的资本化在当今文化产业全球化过程中也呈加快趋势，文化产业的发展正成为西方发达资本主义国家在全世界攫取巨额利润的关键因素。主要资本主义国家凭借其在科学技术、文化创意、信息传输与处理等方面的人才和知识储备的绝对优势，牢牢掌控文化转变为直接物质生产力的关节点，即文化的产权、文化传输途径，以及文化与实际物质生产的结合途径，通过对关节点的绝对垄断获取超额垄断利润。这在发展经济学中被称为产业分工理论，即发达资本主义国家掌握主要依靠科学知识等文化因素投入的、利润最高的产品设计、研发环节以及产品流通环节，发展中国家只能占据主要依靠劳动力、自然资源和能源投入的、利润最微薄的产品生产环节。例如，“第二次世界大战后，资本主义国家的重大发明有 65% 在美国首先研制成功，并且 75% 率先在美国得到应用。”② 美国通过对科学技术的垄断优势掌握了产品的研发环节，以科学垄断获得超额利润。“全球 50 家媒体娱乐公司占据了当今世界上 95% 的文化市场。目前传播于世界各地的新闻，有 70% 由跨国大公司垄断；美国控制了全球 75% 的电视节目的生产和制作。许多第三世界国家的电视节目 60% ~80% 的栏目内容来自美国，美国公司出产的影片产量只占全球影片产量的 6.7%，却占了全球总放映时间的 50% 以上。”③ 文化产业的发展既为西方发达国家

① 雷光华：《西方国家文化产业发展模式与发展趋向探析》，载于《湘潭大学哲学社会科学学报》2009 年第 3 期。

② 中央财经领导小组办公室课题组：《中国经济中长期风险和对策（五）——我国产业结构升级面临的风险和对策》，载于《经济研究参考》2010 年第 13 期。

③ 张政：《电视传播多维透视》，北京广播学院出版社 2001 年版，第 139 页。

带来持续不断的超额利润，也成为西方国家传播意识形态、增强文化软实力的重要工具。随着中国的快速发展，未来中国在全球娱乐和媒体行业的竞争力将进一步增强。普华永道《2016～2020年全球娱乐及媒体行业展望》报告分析：2017 年，中国将超越美国成为世界上最大的票房收入市场。美国将首次失去娱乐和媒体行业的领导地位。未来 5 年，全球娱乐和媒体行业将持续扩张。虽然整体增速或低于全球 GDP 增速，然而有 36 个国家或地区的市场增速仍将高于 GDP 增速。该报告定期跟踪了全球 54 个地区的娱乐和媒体发展情况。从市场绝对值看，美国、中国和日本位列全球媒体娱乐市场的前三位。中国仍然是娱乐和媒体行业增长最强劲的市场之一。报告显示，2017 年，中国将超越美国成为世界上最大的票房收入市场。美国将首次失去娱乐和媒体行业的领导地位。[①]

第三，文化在现代政治中的功能进一步提升。文化在现代政治中的作用至少表现在两个方面，即文化内容的政治性和文化形式的普遍性与观念性。这两个方面的功能在当代的文化资本化和全球化趋势加快的背景下都得到了极大的增强，使得文化在现代政治中的地位进一步提升。

文化具有政治功能是文化的本质决定的。作为社会的生产方式和生活方式的观念再造，文化反映了阶级社会的一切现实。当我们谈到文化的时候，首先要知道的是文化的主体是谁，是为谁服务的文化，也就是说，文化必然带有主体的阶级属性、民族归属和国家意志。正是文化在这个意义上，后殖民主义理论家赛义德指出，“文化绝非什么心平气和、彬彬有礼、息事宁人的存在，文化是一个战场，里面有各种力量崭露头角，针锋相对，文化也

① 普华永道：《2016～2020 年全球娱乐及媒体行业展望》报告，199IT，2015 年 12 月 1 日，http://www.199it.com/archives/411826.html。

是一个舞台，上面有各种各样的政治和意识形态势力彼此交锋。”① 文化的资本化和全球化让文化所承载的价值理念等内容能够在被人们消费的过程中移植进人的头脑，甚至置换了个体原有的价值理念。这就使得文化本身具有的政治功能在现代政治的运行中进一步提升。这种提升首先是文化和政治的相互渗透日益加强，衍生出了新的政治参与形式——文化政治。文化政治就是把文化研究和政治研究结合在一起，从文化的角度来确定政治的目标，于是文化直接构成政治斗争的场所，文化本身就意味着政治冲突，各种文化都可以打上政治的标签；政治也变得多元化和语境化，增加了随意和多变的特性。当我们谈到文化的政治性时，必须要把文化的意识形态功能联系在一起。实质上，前者就是从后者中衍生出来的。意识形态是法国哲学家特拉西首先使用的一个概念，用来指称“观念的科学”，马克思从“虚假的观念体系”“统治阶级的思想”“革命阶级的阶级意识”三个方面来使用这一词汇，从总体上看是从否定和批判的意义上来使用意识形态的概念。西方马克思主义者阿尔都塞沿袭了葛兰西的“文化霸权”思路，把意识形态问题放在从生产主导型社会转向消费主导型社会的具体历史情境中，从社会关系再生产的角度重新定位意识形态的功能，揭示了文化的意识形态本质。我们通过法兰克福学派的文化意识形态批判可以看到文化在当代社会中对政治的巨大作用。首先，文化履行了意识形态的政治欺骗功能。现代资本主义的文化提供了一种能够满足所有个体的具体渴望和需求的幻象，“文化工业通过不断地向消费者许愿来欺骗消费者。它不断地改变享乐的活动和装潢，但这种许诺并没有得到实际的兑现，仅是让顾客画饼充饥而已”“文化工业不仅说服消费者，相信它的欺骗就是对消费者需求的满足，而且它要求消费者，不管

---

① 李江涛等：《当代文化发展新趋势研究》，中央编译出版社 2009 年版，第 195 页。

怎样都应该对其所提的东西心满意足”。[①] 其次，文化执行操纵功能。“在任何特定时期内，整个文化购置的功能一直都是给处于依附地位的人，灌入某些人必然控制另一些人的观念”[②]，使个体在无意识中接受和依赖现存的社会秩序和外在意志对自己的统治。最后，文化承担着意识形态的辩护功能。现代资本主义社会的文化，不论是国家行为还是产业形式，都自觉不自觉地表现出对统治集团利益的维护，从现有社会秩序出发组织个体，说服大众肯定现存的统治秩序。文化的政治功能不仅表现在意识形态上，甚至当代的科学技术也成为意识形态的工具，承担了为统治者辩护的重要职能。

文化的内容来自客观实在，但文化形式是观念的存在，具有历史传承的规律，因此，从形式上看，文化具有普遍性和观念性。文化的普遍性是指文化所探讨的精神理念的范畴涉及社会每个个体对当下和未来的看法、愿望和追求，这就使得文化具有了获得社会认同、凝聚人心的政治功能。特别是在现代社会的交流日益便捷和频繁的背景下，文化的普遍性以其相对独立性和高于实际的社会运动和价值观念的特性，为多元价值冲突下的社会提供弥合社会裂缝的途径，这也是文化软实力的功能之一。文化的观念性是指文化可以在不触动社会现存秩序的情况下使个体获得心理认识的自由，还可以通过教育感化等形式提高人的能力水平和心理结构，进而对社会结构变化产生作用。文化的普遍性和观念性为文化软实力提供了理论支撑。

3. 综合国力竞争的日益加剧彰显了文化软实力。

第一，国际主题的转换和国际政治关系的变化凸显了文化软实力的重要性。回顾资本主义以来的国际政治关系，我们发现：

---

① ［德］马克斯·霍克海默、西奥多·阿道尔诺著，渠敬东、曹卫东译：《启蒙辩证法》，重庆出版社 1990 年版，第 130～131 页，133 页。

② ［德］马克斯·霍克海默著，李小兵译：《批判理论》，重庆出版社 1989 年版，第 65 页。

至少在20世纪中叶以前的国际关系中，军事冲突和武力强制是国际政治的核心主题。这一主题的主要表现形式就是战争，“1500年至今，在60%的时期内，大国都处于交战状态。其中有九次是大战甚至‘世界性’的战争，几乎所有大国都卷入其中。这些战争虽然不是最为普遍的，但却是迄今最具灾难性的战争，它们对国际体系产生了最为强烈的影响。”① 如果我们再向前回溯，我们更会发现：“自有文字记载以来的5000多年历史中，人类共经过大大小小的战争14 600多次，平均每年2.6次，大约夺去了36.4亿人的生命。在这期间，真正没有战争的和平年份只有200多年。”② 如果追究战争的根源，那么不同民族、国家的利益竞争应当是大部分战争最为主要的原因。换句话说，国家利益在国际大舞台上的竞争性关系是国际政治的永恒主题，而这一主题在人类历史中，特别是资本主义以来的世界历史中主要表现为以政治、经济、军事等国家暴力工具为后盾的战争和武力征服形式。资本主义的原始积累阶段源自对剩余价值的无限度追求，率先采用资本主义生产方式的欧洲和美国等主要资本主义国家或地区开展了对全世界自然资源和劳动力资源的武力掠夺，并且因为抢夺日趋激烈和瓜分不均等问题引发了席卷全世界的战争，即第一次世界大战。在资本主义工业化过程中，资本主义经济危机的此起彼伏转变成资本主义的统治危机和主要资本主义国家以经济和军事实力为基础的国力对比的兴衰转换，再一次引发了世界性的战争，即第二次世界大战。在这两个过程中，沦为殖民地的处于被奴役地位的国家和民族相继展开了反侵略反奴役的民族和国家解放战争，资本主义国家的无产阶级也展开了推翻资本主义统治的无产阶级革命战争。总的来说，资本主义发展以来

① ［美］约瑟夫·奈著，门洪华译：《硬权力与软权力》，北京大学出版社2005年版，第76页。

② 唐代兴：《文化软实力战略研究》，人民出版社2008年版，第22页。

的国际冲突主要通过战争得到解决，国际主题表现为革命和战争，国家间的国力竞争主要表现为经济、政治和军事实力的竞争。

但是随着第二次世界大战以后，国际主题和国际政治关系都发生了巨大的变化，这些变化彰显了文化软实力在日益加剧的国力竞争中的地位。首先，国际政治关系的变化把文化引入了国力竞争的范畴。第二次世界大战以后，主要资本主义国家的国力对比发生了明显变化，在经济实力、军事实力和政治实力等国力方面形成了美国一家独大的局面，社会主义阵营也形成了以苏联为支柱的局面。两个超级大国的对峙成为国际政治的基本格局，这一格局由于以下原因而不至于以战争的形式得到解决：一是经历战争创伤的各个国家把注意力放在国内事务上，都不愿意也没有能力再次发动一场席卷全球的战争来解决以美苏为首的两大阵营之间的冲突；二是核武器的出现把战争推向有可能导致全球毁灭的终极状态，任何一个有核国家都不敢轻易发动核战争；三是联合国的出现向国际社会展现了一种新的解决国际冲突的手段，即国际协商和裁决；四是以资本输出和国际分工为基础的经济全球化的发展降低了领土性资源的重要性。除了以上四个因素之外，在美苏争霸的“冷战”期间，除了政治、经济和军事力量的直接威慑外，文化商品、意识形态等文化因素的运作也逐渐成为国力竞争的有效手段。特别是苏联解体和东欧剧变彰显了文化因素对国家综合国力和国际竞争的重要性。其次，国际主题的变化提升了文化软实力的作用。战后的国际主题从“革命和战争”转向了“和平与发展”，资本主义经济触角逐渐向全世界延伸，构筑了以资本主义主导的国际产业分工格局，主要资本主义国家的经济活力在新的经济格局中再次激活，形成了以经济全球化发展为主轴的和平与发展主题环境。在此环境下，更多地强调全球产业链条中各个国家的分工合作，分工合作的首要前提就是文化理念的整合和认同。于是，文化成为国家经济发展中不可或缺的力量，在国际关系中发挥着越来越重要的基础性作用，文化软实力也成为一国竞争力的重要内容。

第二，国力竞争日益加剧越来越表现为文化软实力的竞争日益加剧。进入21世纪以来，国际竞争一如既往的激烈，并且由于地球可利用资源和能源相对于各个国家增长的需求而逐渐减少，国力竞争呈加剧趋势。新时期的国力竞争不同于“热战”和“冷战”时期以政治、经济、军事为后盾的领土、领海、领空控制权的竞争，而是表现为：超出传统的狭隘领土权力的地球内外部全方位空间的争夺、对可再生新能源技术的控制权的争夺、对解决现实社会危机并率先实现持续和创造性的经济社会发展的“引领权”的争夺。① 以上这些新时期的国力竞争的种种表现都离不开包括科学技术、价值理念、制度规范等在内的文化因素对一国的社会经济发展、政治制度规范、军事实力增强的促进和提升。人们越来越认识到，国力竞争日益加剧更多地依赖于国内各种资源的有效整合和国民素质的整体提高，所有这一切都离不开文化软实力的作用发挥。归根到底，现代社会的综合国力竞争加剧越来越表现为文化软实力的竞争日益加剧。

（二）西方语境中软实力概念的演变

“文化软实力”是一个典型的中国概念，但是“文化软实力”的产生是在西方语境下的“软实力”（soft power）提出之后。从这个意义上讲，我们提出“文化软实力”一定程度是受西方语境中软实力概念的影响。二者在历史逻辑上有衔接，在所指范围上有重合。因此，研究文化软实力无法回避对西方语境下软实力概念的探究。

软实力概念最早是由美国学者约瑟夫·奈（Joseph Nye）明

---

① 王逸舟：《国际关系的中长期发展趋势与中国的应对》（一），载于《中国外交》2011年第5期。

确提出的，但是西方学者对文化、价值观等国家软实力资源的关注则更早一些。如意大利思想家、马克思主义者安东尼奥·葛兰西（Antonio Gramsci）就提出统治权力的核心不在于暴力和强制，而在于世界观、道德观等思想观点理论赢得社会的共识，争取政治权力就是要争取社会共识，要重视文化、思想、意识形态对权力的重要性。英国现实主义政治家卡尔（E. H. Carr）在其1939年的著作《20年危机（1919～1939）：国际关系研究导论》中指出："国际领域的政治权力可以分为三类：（1）军事力量；（2）经济力量；（3）支配舆论的力量。"[①] 美国学者彼得·巴克莱奇（Peter Bachrach）和摩尔顿·拜拉茨（Morton Baratz）在1963年提出了"权力的第二张面孔"（second face of power）的思想，分析了权力的"同化"（co-optive）属性问题。[②] 美国政治学家丹尼斯·朗（Dennis H. Wrong）在其1978年的著作《权力论》中将政治权力划分为武力、操纵、说服和权威四种形式。[③] 到了20世纪90年代，约瑟夫·奈正式提出了软实力的概念。在之后很长的一段时期里，西方社会对软实力的研究和重视几乎是约瑟夫·奈一个人的事情。因此，西方语境中软实力概念的演进主要以约瑟夫·奈作为主要推动力量。从软实力概念提出至今，其演变大致可分为三个阶段。

第一个阶段：软实力概念正式提出。1987年，美国历史学家保罗·肯尼迪（Paul Kennedy）出版了《大国的兴衰》一书，书中以"相对衰落的头号大国美国及其问题"为标题提出了"美国衰落"论，引起了美国国内的广泛共鸣。但约瑟夫·奈却认为美国的力量并没有衰落，他在1990年出版的《美国定

---

① ［英］爱德华·卡尔著，秦亚青译：《20年危机（1919～1939）：国际关系研究导论》，世界知识出版社2005年版，第103页。

② 刘德斌：《"软权力"说的由来与发展》，载于《吉林大学社会科学学报》2004年4月6日。

③ ［美］丹尼斯·朗著，郑明哲译：《权力论》，陆震纶，中国社会科学出版社2001年版，第26～75页。

能领导世界吗》（*Bound to Lead*：*The Changing Nature of American Power*）中提出："美国人对美国在国际政治中的地位变化感到担心是不无道理的，但是将这种变化描述为美国衰落则会把人们引入歧途……正如过去多次发生的那样，造成国际强国的力量资源结构正在发生变化。"[①] 约瑟夫·奈认为国际政治的权力结构和权力性质正在发生变化，权力的扩散、制衡和相互依赖成为国际政治权力结构的新趋势，权力的来源不再单纯的是军事和经济实力。"总的来说，在确定当今的实力来源时，已不再强调那种作为过去时代特点的军事实力和对别国的征服了。在评估当今国际力量的过程中，科技、教育和经济增长已成为比地理、人口和自然资源更为重要的因素。"[②] 在世界变革的情况下，"所有国家，包括美国，要学会通过新的权力源泉来实现其目标：操作全球相互依存，管理国际体系结构，共享人类文化价值。"[③] 约瑟夫·奈指出这种新的权力源泉就是同化实力，"同化实力（软实力）是一个国家造就一种情势、使其他国家仿效该国倾向并界定其利益的能力；这一实力往往来自文化和意识形态吸引力、国际机制的规则和制度等资源。"[④] 此外，1990 年约瑟夫·奈在政治科学季刊发表了题为《世界权力性质的变迁》（*The Changing Nature of World Power*）的文章，在一个注释中谈了软实力和硬实力的区别和联系，他认为二者同等重要，"硬权力和软权力之间的区别，不过是行为性质、权力的有形性等的程度之差。两种权力均是通过控制他国行为实现其目的的不同能力。命令性权力（command power）——改变他者所作所为的能力可依赖于强制和引诱。同

① ［美］约瑟夫·奈著，何小东、盖玉云等译：《美国定能领到世界吗》，军事译文出版社 1992 年版，第 215 页。

② ［美］约瑟夫·奈著，何小东、盖玉云等译：《美国定能领到世界吗》，军事译文出版社 1992 年版，第 23 页。

③ Joseph Nye，"The Changing Nature of World Power"，Political Science Quarterly，Volume 105，Issue 2，Summer 1990。

④ Joseph Nye，"Soft Power"，Foreign Policy，Issue 80，Fall 1990。

化性权力（co-optive power）——塑造他者期望的能力，可依赖于某国文化和意识形态的吸引力，或控制政治议程以使其他国家无法实现其目标（因其过于不切实际）的能力。命令性权力和同化性权力之间的行为方式可用连续体表示如下：命令性权力←—强制——引诱—‖—议程设定——吸引—→同化性权力。此外，软权力资源往往与同化性权力相关，而硬权力资源则与命令性行为联系在一起。但是，二者关系并不理想。例如，某些国家可以被一个国家战无不胜的神话所吸引，命令性权力有时也被用于创建制度，之后被视为合法性权力。但是，一般性的关联足以使我们就硬权力和软权力作出如上区分。[①] 尽管约瑟夫·奈对二者从理论上做了清晰的区分，可是并没有对两种权力能否结合和如何结合形成明确的观点。对于软实力的来源，约瑟夫·奈在 1990 年发表的一系列文章中列举了美国软实力主要的五种资源——美国文化、意识形态、美国的社会制度、国际机制的规则和制度、跨国公司，这与他以后的观点有所不同。同时，约瑟夫·奈认为掌握信息传播的能力也是一种软实力，因为随着信息社会的到来，恰当的信息传播能极大地增强影响力和吸引力。

第二个阶段：软实力概念在实践中遭遇困境和理论上的进一步丰富。2000 年小布什当选美国第 43 任总统，在国际事务中坚持强硬的“鹰派”立场，特别是在 2001 年的“9·11”事件后，布什政府为了对恐怖攻击展开报复，发动了一连串的“反恐战争”，企图以军事手段推翻阿富汗的“塔利班政权”及铲除“基地组织”的势力。这种强硬的作风在 2003 年的伊拉克战争中达到顶点。美国现实政治的强硬作风使得软实力的概念不但无从发挥，甚至成为被讥讽的对象，约瑟夫·奈的软实力主张处处碰

---

① ［美］约瑟夫·奈著，门洪华译：《硬权力与软权力》，北京大学出版社 2005 年版，第 117 页。

壁，几乎成了他一个人的学说。针对美国单边主义的军事霸权式外交风格，2002 年，约瑟夫·奈还是发表了《美国霸权的困惑》（*The Paradox of American Power*）一书，对美国政府奉行单边主义、傲慢自大和鼠目寸光的外交政策提出了警告；同时，也进一步讨论了“软权力”问题。他指出美国“恢复以单极、霸权主义、主权和单边主义为核心的传统政策，不会产生理想的效果。执行这种政策所造成的美国的傲慢形象必将损害我们的软实力，而在解决我们所面临的问题时，这种软实力经常是必不可少的。”① 在这里，约瑟夫·奈对软实力做了新的简单定义：“通过合作而不是强迫人们服从你的意志，让其他人做你想做的事”的能力。该定义同 1990 年的定义相比，明确了软实力的作用方式是合作，从更抽象的意义上表达了软实力的核心目标。对于软实力在国际政治中的发展趋势，约瑟夫·奈认为：“军事实力、经济实力和软实力，都是必不可少的，尽管在不同场合具有不同的作用。然而，只要目前的经济和社会发展趋势继续下去，信息革命的领导作用和软实力就会变得更加重要。”② 约瑟夫·奈也谈到了政府与软实力的关系：“和硬实力不同，软实力不仅仅属于政府……许多软实力不属于美国政府，只是部分地与美国政府的目标相呼应。例如，在越南战争期间，美国政府的政策和大众文化就背道而驰。”③ “软实力的很多方面主要是美国社会的副产品，而不是政府的刻意行为，它们可以增强或削弱政府的力量。”④ 在这本书中，约瑟夫·奈也专门强调了文化在软实力中

---

① ［美］约瑟夫·奈著，郑志国等译：《美国霸权的困惑：为什么美国不能独断专行》，世界知识出版社 2002 年版，（前言）第 10 页。

② ［美］约瑟夫·奈著，郑志国等译；《美国霸权的困惑：为什么美国不能独断专行》，世界知识出版社 2002 年版，第 13 页。

③ ［美］约瑟夫·奈著，郑志国等译：《美国霸权的困惑：为什么美国不能独断专行》，世界知识出版社 2002 年版，第 12 页。

④ ［美］约瑟夫·奈著，郑志国等译：《美国霸权的困惑：为什么美国不能独断专行》，世界知识出版社 2002 年版，第 76 页。

的作用，他把文化、价值观并列为软实力最重要的资源，但它所重视的文化主要是指美国的大众娱乐文化和高雅文化，以及二者在国际上的传播和交流活动，从这一点来看，他所指的文化和我们提出的文化软实力中的文化显然不是同一所指，后者的外延明显大于前者。

第三个阶段：软实力概念的成熟时期。2003 年是软实力概念发展的转折点，美国虽然赢得了“伊拉克战争”，但是这场缺乏“正当性”的战争除了让美国的国际声望大受影响，更让其宿敌伊朗在中东地区的影响力大增，这引起了美国国内对软实力的再思考。特别是 2008 年，巴拉克·奥巴马当选美国第 44 任总统后，以美国为代表的西方社会对于软实力的重视进一步提升。2004 年约瑟夫·奈出版了《软实力：世界政坛成功之道》（*Soft Power*：*The Means to Success in World Politics*），对以往的研究成果进行了系统总结，并且对美国和其他国家的软实力状况做了精确的量化分析。书中明确提出了软实力的三个来源：“文化（在能对他国产生吸引力的地方起作用）、政治价值观（当他在海内外都能真正实践这些价值时）及外交政策（当政策被视为具有合法性及道德威信时）”①。约瑟夫·奈在书中第一次对软实力的局限性做了全面分析：认为软实力的发挥程度要看所处的背景；一般而言，软实力更容易在民主条件下而不是独裁条件下发挥作用；软实力往往产生的是一般性影响而不是某种具体易测的行为；软实力有时对具体目标有直接影响，但更可能对国家寻求的整体目标造成影响。约瑟夫·奈也谈到了软实力和硬实力之间，有时候互相扶持，有时候互相干扰，往往错综复杂地交织在一起。值得注意的是约瑟夫·奈在 2010 年出版的《权力的未来》（*The Future of Power*）中分析了 21 世纪的权力将是硬实力（军

---

① ［美］约瑟夫·奈著，吴晓辉、钱程译：《软实力：世界政坛成功之道》，东方出版社 2005 年版，第 11 页。

事、经济权力）和软实力综合的“巧实力”，并预测美国将基于此“巧实力”在21世纪继续引领未来世界的权力和影响力。而在同年出版的《领导的力量》（*The Powers to Lead*）中约瑟夫·奈进一步强调当代领导需要聪明而清晰的头脑，能最好地把握硬实力（以胡萝卜加大棒，甚至是恃强凌弱的方式，让人们做你想做的）与软实力（以激励、个人魅力和宣传的方式，让人们想要你所想要的）之间的平衡。

通过对西方语境下软实力概念演进的梳理，可以看到以下几方面：第一，西方语境下的软实力是在国际政治经济结构和全球主题发生深刻变化的背景下提出的，这种变化导致这样一个结果，即任何一个发达资本主义国家都不能再继续单纯依靠军事暴力和政治经济的绝对优势而强制别国为自己的利益服务。第二，提出软实力概念的目的是用新的战略思维来重新构建由发达资本主义国家主导的国际政治经济秩序，继续维护资本主义强权国家对世界政治经济的领导权。第三，西方语境下的软实力的活动领域是国际关系领域，强调的是一国通过文化、价值观和外交政策的恰当运作来吸引他国和影响他国行为的能力。第四，对软实力的强调是以硬实力的存在为基础的，对硬实力的运用贯穿软实力的整体思维，二者是相互配合的关系，而非相互否定。总之，西方语境下的软实力概念本质上是资本主义发达国家维护本国资产阶级利益的手段，体现了经济全球化进程中资本主义的内部矛盾和包括社会主义国家在内的广大发展中国家的崛起。抛开意识形态等因素，西方对软实力的运用对我国文化软实力的发展依然有借鉴价值。

最后，我们也应当看到，约瑟夫·奈的软实力资源中的文化是代表着资产阶级利益的文化，实质是以文化商品名义出现的精神产品，这种文化商品被掩盖了其反映着资本主义物质生活的生产方式的本质，成了可以被任何人消费的物质劳动产品。这和人类学意义的文化概念，以及马克思主义的文化概念是迥然不同的。关于这一点，将会在后文中进一步详细分析。

（三）文化软实力概念在当代中国的发展演变

当软实力概念被引入中国并在中国使用的时候，尽管理论界的具体认识和解释不尽一致，但这个概念的意义已经发生了一些变化。也就是说，中国语境下的"国家软实力"虽然从词源上可追溯至约瑟夫·奈，但是，"国家软实力"这一提法与表述已经被赋予了与其原义不同的内涵，在一定程度上消解了西方软实力概念根深蒂固的权力理论根源，把以谋求霸权为旨归切换成以更好地满足人民的需要与基本权益、更有力地承担国际责任、促进全球正义为目标，体现出与西方软实力概念的根本区别。在"软实力"之前加上"文化"一词所构成的"文化软实力"在中国语境下，是对西方软实力概念过于浓重的政治实用主义和明显的工具性的一种矫正。文化软实力概念在当代中国的演变可以分为以下两个阶段。

第一个阶段：软实力概念和文化力概念并行。几乎在20世纪90年代初约瑟夫·奈提出软实力概念的同时，我国学者也开始了对文化力概念的关注。1992年黄硕风在其著作《综合国力论》中提出了文教力的概念。这一概念提出的背景是国际政治格局的变化对国家实力评价产生了一定的影响，越来越重视综合国力的评价。在书中，黄硕风把一个国家的综合国力分为两大类七要素。两大类是指物质力和精神力，七要素是指政治力、资源力、经济力、科技力、国防力、文教力、外交力。其中，资源力、经济力、科技力、国防力四大要素主要表现为物质形态的"硬国力"，而政治力、文教力、外交力则表现为精神和智力形态的"软国力"。尽管这里使用的是"文教力"一词，但是他已经把文化作为综合国力的一种来看待。明确提出"文化力"概念的是贾春峰在1993年发表的文章《加强市场经济发展中的"文化力"研究》，他也提出综合国力应当包括精神文明，包括

“文化力”在内。在1995年的访谈中，他提出“文化力”包括四个方面：智力因素（教育、科技）、精神力量（道德、价值观、理想等）、文化网络（图书馆、电影厅、体育馆等文化娱乐设施）和传统文化。但是他提出的文化力更多偏重于阐释文化对经济发展，特别是对企业的意义。而国内较早真正把文化和软权力放在一起进行系统分析的是王沪宁，他在1993年发表的《作为国家实力的文化：软权力》一文中提出文化是一种软权力，是国家实力的一部分。这一观点既是对约瑟夫·奈提出的“soft power”的回应，又具有与“soft power”不同的见解：把文化等同于软实力（soft power），而非作为软权力（soft power）的一部分。文化力和软实力两个概念在中国出现后，众多学者在研究综合国力、国家实力、文化生产力等概念时，会根据自己的学科和熟悉程度在文化力和软实力中择其一而用之。

第二个阶段：文化软实力概念的提出和盛行。“文化软实力”一词最早出现在2005年2月27日《光明日报》以“文化软实力成为浙江综合竞争力的重要组成部分”为题的报道中。学界对“文化软实力”一词的运用也最早出现在与各个地方的文化体制改革相联系的语境中，文化软实力在这里作为区域综合竞争实力的一部分，其内涵是指文化产业和文化事业的发展程度。从2007年开始对文化软实力的研究开始更多的和国家实力联系在一起，更多学者开始从学理上研究文化软实力的深层问题。特别是党的十七大报告中明确提出要“提高国家文化软实力”之后，国家文化软实力成为最热门的显学，众多学者立足自身学科，纷纷对文化软实力的内涵进行解析，对文化软实力的重要性进行论述，剖析我国文化软实力的发展现状，提出提升文化软实力的路径建议。党的十八大报告围绕全面建成小康社会的目标，提出了提高文化软实力、建设社会主义文化强国的基本内容和若干要求。党的十九大围绕夺取新时代中国特色社会主义伟大胜利、为实现中华民族伟大复兴的中国梦不懈奋斗的目标任务，提出坚定文化自信，推动社会主义文化繁荣兴盛，推动文化事业和文化产业发展，推进中华文化的国际传播能力建设，展现真实、立体、全面的中国，提高国家文化软实力。众多观点不一而足，但对于文化软实力的概念和内涵究竟是什么，至今为止仍没有形成一个较为统一的观点。比较有代表性的观点有以下几种。

第一，文化软实力是软实力的构成要素，而且是软实力的基础构成内容；一个国家的文化是由这个国家的传统、习俗、核心价值观、宗教信仰、伦理理想、道德精神、哲学思想、思维体认方式、生存方式、民族人格心理等因素整合生成的。它体现在政体选择、政制安排、政治价值观的确立、意识形态方向的定位等方面：同时，也渗透在国家意志、国家行为、外交政策之中，形成国家的整体形象。而国家的整体形象对世界越是有吸引力和亲和力，国家软实力就越是强大。① 作为我国较早对文化软实力进行系统研究的童世骏在 2008 年出版的《文化软实力》一书中也提出：“‘软实力’包括若干方面，‘文化软实力’是其中的一个方面”。② 其在对文化的分析中，基本上参照了约瑟夫·奈对文化的理解，即文化是“为社会创造意义的一系列价值观和实践的总和”③，包括俗文化和雅文化。

第二，文化软实力是相对于硬实力来说的，是指一国的传统文化、价值观念、意识形态等文化因素对内发挥的凝聚力、动员力、精神动力，以及对外产生的渗透力、吸引力和说服力，是该国发展和施加对外影响的重要力量，也是综合国力的重要内容和发挥作用的重要动力。④ 这里的文化外延显然更大一些，在软实力的理解上也更加重视文化对国内的价值和意义。

---

① 唐代兴：《文化软实力战略研究》，人民出版社 2008 年版，第 4 ~6 页。

② 童世骏：《文化软实力》，重庆出版社 2008 年版，第 15 页。

③ ［美］约瑟夫·奈著，吴晓辉、钱程译：《软实力：世界政坛成功之道》，东方出版社 2005 年版，第 11 页。

④ 魏恩政、张锦：《关于文化软实力的几点认识和思考》，载于《理论学刊》2009 年第 3 期。

第三，文化软实力是“一个国家的文化和智慧的集中体现；知识体系、价值体系、战略决策、外交手段、教育体系的资源、能力和创造都属于文化软实力。‘文化力’不仅是所谓‘软实力’，而且是综合国力的源泉和发展动力，是将综合国力所有因素有机地结合在一起并使之充分体现的关键；制度的优劣和效率、科技与教育的发展、人才战略、文化产业、文化与价值的传播、国民素质与道德水准、战略决策、外交智慧等因素都应归结到这一范畴。‘文化软实力’或‘文化力’的资源或体现不只是传统文化或文艺产品，而是一种能够改变社会和世界的制度和知识、价值的创造力与影响力，是赢得社会和世界支持和认可的魅力，也是一种赢得拥护和认同的内部凝聚力。”① 显而易见，文化在这里已经不仅仅是一种国家对外的权力，而且是国民的权利，是一个社会的生产和生活方式在观念和制度上的总和。

以上观点反映了学界对文化软实力概念认识的不断深化，从最开始基本等同于约瑟夫·奈的软实力概念，到后来的文化力和软实力的结合论，文化软实力的外延在不断扩大，内涵也在不断丰富。尽管当下我国语境中的文化软实力概念仍然不统一，但已经完全不同于约瑟夫·奈的软实力概念，更具有深度和广度。这里有两点需要注意：首先，文化软实力中的“文化”是一个大文化的概念和系统，既包括经济基础和政治上层建筑中的精神要素（制度、战略、知识、教育等），也包括精神上层建筑及其表现形式（价值观念、科学创新理念等）。其次，国内对文化软实力的理解还包括对软实力和硬实力关系的认识，即硬实力是软实力的基础，软实力贯穿硬实力，两种实力都是国家综合国力的展现。对这一点的认识是自始至终的。最后，现有的文化软实力概念更侧重于指各种文化资源转化为软实力的结果和形式，是静态

① 贾海涛：《“文化软实力”理论的演进与新突破》，载于《社会科学》2010年第5期。

的文化软实力。但文化软实力不仅是一种已有的成就状态，更重要的是在于将各种资源转化为实际的国家实力的过程和机制。这也是本书尝试解决的问题。

二、文化软实力的主要内容和构成要素

（一）国家文化软实力的含义

本书认为可以从以下几方面理解国家层面的文化软实力。

（1）文化软实力是文化对综合国力的增益能力。文化是国家综合国力的组成部分，它对国家综合国力的作用是通过与经济、政治、军事等物质层面的实践相互配合来实现的。如果把国家看成一个电脑，那么经济、政治、军事等人们可以直观体会到的物质实践就是这台电脑的硬件，文化则是电脑的软件系统和网络系统，能够把各种硬件组合起来发挥出强大的功能，软件越优秀，硬件的能力就越能得到充分发挥。文化软实力就体现为对国家静态和动态的各种物质资源的动员和整合能力，与经济、政治、军事等国家硬实力相互配合，让国家综合国力的发挥得到增强和补益。这种增强和补益既是国家整体实力的增强，也是国家内部人民物质精神生活的丰富、人的素质和能力的提高。

（2）文化软实力的本质是维护一国统治阶级利益的持续稳定。国家是阶级矛盾不可调和的产物，是维护统治阶级利益的工具，国家利益就是统治阶级利益的代名词。软实力的概念产生就来自维护国家利益的需要。文化软实力是中国特色社会主义语境下的词汇，无产阶级的利益与全体人民的利益根本上是一致的。因此，文化软实力是体现着无产阶级统治的社会主义国家实力，也包含着全体人民和人民中每一个个体的综合实力的提高。

（3）文化软实力是从文化资源转化为现实的国家统治力和

竞争力的动态过程和静态结果的统一体。一国的文化资源涵盖广泛：从历时性角度看，既有约瑟夫·奈所提到的社会当下的雅文化和大众文化，也包括历史传承下来的体现在器物和文字上的传统文化，还包括体现新型生产力和未来社会发展方向的先进文化。从共时性角度看，包括器物技财文化①、规范和制度文化、意识形态和价值理念文化。众多的文化资源并不直接是文化软实力，也并不都是文化软实力的潜在来源。只有当文化资源和国家硬实力结合并起到了增强国家综合国力和竞争力的时候，才能称之为文化软实力。因此，文化软实力是过程和结果的统一体。

（4）文化软实力的作用方式是引发思想共鸣、争取文化认同、激发创造活力、凝聚精神信念等非强制的“软”手段。硬实力往往通过由外到内的强制、征服方式来实现国家意志和战略。例如，国家主体通过政府、警察、监狱、军队等暴力工具的展示，使人们感知到国家相对于个体的无限强大和不可抗拒，兴不起任何反抗之心而不得不按照国家意志去行事。远在两千多年前的秦朝就是通过这种硬实力的绝对强大来征服战国诸侯、实现一统天下战略意图的，美国布什政府也是通过所谓打击“恐怖主义”的军事手段，以及“胡萝卜加大棒”的强势说服政策来确保美国国家安全的。与硬实力的强硬作风不同，文化软实力是由内而外的作用方式。通过多种文化因素的结合引导人们在感官体验各种精神产品的同时，有意识或无意识地感受到更深层的价值理念。当这种理念和受众的个人理念相契合时就会使之产生对主体的好感，进而认同主体的信念并把它当作自己的信念，自觉而有激情地作为，从而实现主体的战略意图。这个过程显而易见是

---

① 器物技财是指体现在人、财、物、器、技术、团体、组织等有形的、可见的、可感知的资源上的文化。这些资源有的是静态的，如书本、文物、房屋等；有的是动态变化的，如贫困的减少、财富的增长、环境的改善、技术的提高等。本书对这一概念的使用借鉴了孟亮、人民出版社 2008 年出版的《大国策：通向大国之路的软实力》对软实力资源的概括，详见该书第 109 页。

一种以触动内心为目标的柔性手段。当然在现实中，国家实力往往是文化软实力和国家硬实力的相互配合、互为补充。

总而言之，文化软实力是一国文化所具有的，以维护统治阶级利益为核心的，以引发思想共鸣、争取文化认同、激发创造活力、凝聚精神信念等非强制方式同该国经济基础、政治上层建筑有机结合而进行的、增强国家综合国力的能力，是将一国的文化资源转变为该国的现实综合国力的过程和结果。

（二）文化软实力的来源和层次

文化软实力的来源是文化实践活动及其结果，包括精神生产过程、精神产品。但是在现代社会，精神生产及其产品与物质生产及其产品并不总是有着非常明晰的界限。例如，麦当劳快餐卖出的产品是快餐，但是在快餐背后同时生产着行业的标准化文化、商业的管理文化、西方社会的平等和民主文化等。美国苹果公司卖的是 iPhone、iPad、iPod 等电子产品和苹果软件系统，在这些物质产品背后则是自由和创新的文化、个性张扬的文化、消费主义的文化、科技拜物教的文化等。尽管我们很难把这些物质产品和其中的文化因素分割开来，但是从理念上认清它们内部的区别和分工对于提升我国的文化软实力有很大意义。从文化反映的人类实践活动领域来看，包括人与自然之间的实践关系、人与社会之间的实践关系以及人与思维的实践关系；从文化反映的物质生活的生产方式的层次来看，包括物质生产方式层次、人的交往关系层次以及思维对于生产和交往关系的反思的层次。根据以上两个方面的标准，文化软实力的来源可以划分为以下三个层次，这三个层次也代表了文化软实力由浅入深的三个层次。

最浅层的是器物和行为层次的文化软实力。作为软实力的来源，器物和行为层面的文化是指体现在人造物和人的行为上的，感官可以直接感受到的文化现象和文化符号。它包括静态的物质层面文化，如美食、奢侈品、高科技产品、名牌产品、文化产品、著名大学等，也包括动态的物质层面文化，如学术和文化交流、体育赛事、文化产业和文化事业的发展、国家外交行为等。这一层次的文化和物质载体关系紧密，如果载体不被接触到，附着其上的文化就不可能转化为软实力。因此，这类文化资源所生成的文化软实力具有以下特点：第一，最直接、最活跃，能及时反映文化软实力的细微变化。人们了解事物最直接的方式是通过人的感觉器官所得到的体验，因此，人造物和人的行为所体现的文化符号最容易被捕获并留下深刻印象。例如，美国好莱坞的电影作品、麦当劳快餐、苹果的电子产品等在满足人们基本需求、给人们娱乐的同时，也直接地体现着美国的生产方式、生活方式和价值观。第二，表现为文化的感染力、亲和力和吸引力。这类文化资源主要依靠作用于人的感觉器官、形成感性认识。人的头脑能够依据自己的知识结构和想象对感性材料进行加工，甚至把自己想象的性质施加在感性认识之上，结果就产生了“晕轮效应”。当人们占有的材料非常有限并被有意识地裁剪和设计时，更会加剧这种效果，从而对受众产生强大的感染力、亲和力和吸引力。如韩国的唯美电视剧、日本的漫画、欧洲的时装和艺术、美国的好莱坞电影和NBA、中国的武术和中医等。再如周恩来在国际外交场合所表现出的沉稳儒雅的个人形象、持中公允的处事方法、细心周到的待人方式等，这些因素都直接提升了外国人对中国的评价，提升了中国的文化软实力。

其次是制度和规范层面的文化软实力。这一类文化软实力是国家对政治、经济、社会等各种制度及伦理道德、语言、习俗等各种规范的运用。制度和规范是调整人在生产和生活中形成的与自然、社会之间关系的文化现象。制度是由国家强制力作为组织保障的、规范化的社会规则和准则的体系，体现着人们在当下的社会物质生活条件中对人与自然、人与人之间关系的符合统治阶级意志的共识。制度文化因为是具有统治阶级意志的，因而体现着主流文化，特别是主流价值观的内容。规范是约定俗成或明文规定的行为准则，体现着有历史传承下来、被当下人们共同认可的社会规则，并不要求必须有强制力作为保障，更多依靠行为人的心理自觉而实行。制度和规范层面的文化软实力体现着国家、社会、个人共同认可的对人与自然、与社会之间的关系定位，是一种长期形成的特定群体的文化心理符号体系。体系内的每个人都可以在其中找到自己的身份认同、文化心理和价值判断，体系外的人也可以通过制度和规范找到与自己价值理念、心理结构相同或相似的文化符号，一旦双方契合，则会产生比物质实践层面更进一步的认同感、同化力和效仿力。这一层次的文化软实力的特点在于：第一，作为器物和行为层面文化软实力的长期积淀，更具吸引力。如果说器物和行为层面的文化软实力是通过人的感性认识而起作用的话，那么制度和规范层面的文化软实力则通过人的理性认识而起作用，制度和规范经历了长时间的接触、交流、反馈、修正才形成的稳定持久的规则体系，直接规定着人们生产和生活的行为方式，一旦被客体接受，就更具有持久稳定的吸引力。第二，制度规范层次的文化软实力具有导向作用。一旦客体接受了制度和规范，往往会自觉地把制度和规范作为标准来约束和矫正自己的行为。不仅如此，还会把制度和规范作为评判他人行为的个人立场，进而对他人行为也产生矫正和约束作用，于是形成了全社会的集体导向。第三，制度和规范层面的文化软实力具有同化功能。同化就是指对价值理念、思维模式的认同，同化是在吸引基础上的更进一步的发展，意味着行为上的模仿和思想上的共鸣，也代表着更深层次的价值认同的开始。一旦认同了某种制度和规范，也就意味着开始了对它们所代表的价值理念、生活和生产方式的进一步思考，而这正是深层次认同的开端。例如，中国传统社会重视“礼”的作用，礼就是指典章制度、伦理规范、生活秩序等，当人们开始接触礼的时候，只是一种包含着情绪、欲望、并且和理性复杂交织的个体心理，而礼作为一种长期稳定的规则系统通过个体之间的矫正和相互激励，就成了一种深层的心理认同。这种“百姓日用而不知”① 的心理认同就是进一步身份认同的开始，即开始从知向志（意志）转化。历史上许多少数民族或许一时取得了军事征服，但还是从自觉或不自觉、有意识或无意识地接受儒家的“礼”开始，直到完全被同化，形成中华民族的身份认同。制度和规范层面的文化软实力的同化功能正是从浅层的吸引力和好感向最深层的认同力、凝聚力发展的中间阶段。

最核心的文化软实力则是来自价值关系的理念、思想观念的转化。这些文化资源包括世界观、人生观、价值观和思维模式等。价值关系的理念是对人和世界之间关系的深层界定，首先是对人与自然关系的界定，或者说是对科学知识本身的价值判断；其次是对人与社会关系的界定；最后是对人的精神和世界的关系的界定。这三个方面共同构成了个体、社会、国家的精神支柱，支撑着文化软实力的诸多内容。作为国家文化软实力的客体一旦接受了国家主体所传达的价值理念，就会成为塑造客体身份的核心精神，形成稳定的文化心理结构；对于主体而言则是形成了稳定的认同力和凝聚力、激发出极大的创造热情，从而实现国家的战略目标。正如邓小平指出的：“如果我们不是马克思主义者，没有对马克思主义的充分信仰，或者不把马克思主义同中国自己的实际相结合，走自己的道路，中国革命就搞不成功，中国现在还会是四分五裂，没有独立，也没有统一。对马克思主义的信仰，是中国革命胜利的一种精神动力。”② 作为最核心层面的文化软实力，其特征是：第一，核心层面的文化软实力具有深层次和反思性。价值理念总是隐藏在前两个层面的文化软实力当中，成为贯穿始终的主线索。例如，价值理念决定着制度的设计和伦理、习俗等规范的作用范围，所有的文化软实力归根到底都体现

① 李泽厚：《己卯五说》，中国电影出版社 1999 年版，第 173 页。
② 《邓小平文选》（第三卷），人民出版社 1993 年版，第 63 页。

了价值理念的一方面或几方面。正是因为它处于最深层，才不易把握和认识，只有通过对自身、社会、世界及其之间关系的反思，才会认识到它的存在。并且这种反思往往局限于个体的知识结构不完全，必须还要通过思想观念之间及思想观念和现实的反复碰撞，才能把握到。第二，最具有稳定性、凝聚力。价值理念作为指导人们日常行为的总规则，不断在日常器物和行为中、在制度和规范中反复被贯彻，这种积累会塑造和再塑造人的性格、心理、意志、情感，最终构成人格，因而具有极大的稳定性。当一种稳定的文化人格形成，就会激发客体的自信、自尊、自豪等情绪，形成强大的精神动力，激励人们为共同的价值追求和目标而不懈奋斗，因而价值理念文化软实力具有极大的凝聚力。

最后，可以用一个图来表明文化软实力的来源及层次之间的关系（见图 1－1）。

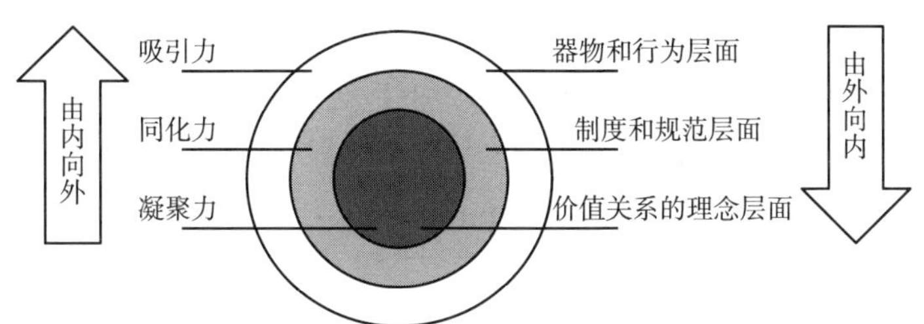

图 1－1　文化软实力的来源及层次之间的关系

（三）文化软实力的动力机制

文化软实力的形成与发展、提升与增强是一个有章可循的复杂系统。从文化软实力的来源及其层次来看，以硬实力为基础，从文化资源到形成软实力要经历从吸引和产生好感到被同化和模仿，最后凝聚人心，转化为社会发展的创新动力和认同支持。这样一个过程对于国家主体而言则需要整合各种文化资源，有意识地引导和建构同经济、政治、社会发展相得益彰的文化软实力体系。

1. 硬实力是根本动力。

硬实力和软实力共同构成国家的综合国力，二者互为基础，互为动力，相辅相成，相互促进。但从根本上讲，硬实力是软实力的“源头”动力，其他的则是“流”动力。普遍认为，经济实力、科技实力、军事实力以及国家的一系列自然资源等归属于硬实力，而这也是软实力一定的基础，并且在一定程度上带来软实力的提升；发达国家的软实力往往要强于发展中国家。

硬实力的发展是各个国家发展的重点，也是衡量一个国家发展程度最重要的指标。邓小平说，“发展才是硬道理”，就是在提高硬实力的意义上强调的重要性。物质财富的增长是中国软实力，尤其是其文化、思想、发展模式受到关注的主要原因。[①] 我国文化软实力的发展既要以硬实力为基础，又对硬实力提出了要求。

2. 创新是重要动力。

创新是社会发展的重要动力，也是文化软实力提升的重要动力。从当代中国语境中文化软实力的内涵看，要提升文化、意识形态、制度、发展道路和外交影响力，必须进行创新。关于这一点，在后面章节会展开论述。

3. 文化软实力具体的动力机制。

这一具体的动力机制是一个系统，具体包括：

（1）整合与传播。整合是指以主流的价值关系理念为核心，对器物、行为、制度、规范等各种显于外的文化资源进行选择和整理，使之更符合客体的认识能力和内在需要。就文化资源而言，并非所有的文化产品都能成为软实力的来源，至少包括以下几部分：第一，与国家主流价值理念和国家利益背道而驰的文化产品。这些文化产品从根本上不利于维护统治阶级的利益，倘若

① 门洪华：《中国：软实力方略》，浙江人民出版社 2005 年版，第 52 页。

不加分辨地大肆传播，就会混淆视听，动摇国内民众对国家的信心，抹黑国家的外部形象，成为“负文化软实力”。在现实中，这一类文化产品往往也是所在国家刻意控制流通的对象。如欧洲对极端民族主义文化的严格监管，美国对种族歧视文化的打击，我国对民族分裂思想的正面回击等。第二，与社会未来发展趋势和全人类共识相背离的文化产品。特别是在整合历史传统文化资源的过程中，要分清糟粕和精华，不能抱着“历史的就是合理的”思想。例如，对儒家学说中倡导的官本位和封建等级的思想就应当坚决摒弃在文化软实力之外。第三，低俗、庸俗、媚俗的文化成分。特别是在精神产品商品化的今天，更应该坚决抵制此类文化进入作为软实力资源的文化视野。通过筛选、整理，最终所呈现出来的应当是一个层次分明、充满趣味、活力盎然的文化产品体系，然后才谈得上文化的传播与沟通。

传播是指通过各种渠道、方式和层次在文化产品和目标群体之间建立联系并保持沟通渠道畅通。只有通过接触和沟通，才能产生好感和吸引力。整合和传播是文化软实力产生的前提条件。传播的途径多种多样，可以说当下社会几乎所有的交往方式都可以成为传播文化、增进吸引力的途径。作为国家行为的途径主要包括教育、文化交流、各种传播媒体、宣传动员、外交等。例如，教育不仅作为传播文化的工具，教育本身也是文化实践活动。教育在传播科学知识理念和价值理念上有着无与伦比的优势。作为非国家行为的途径主要包括文化产品的流通、非官方的文化交流等。比较典型的例子是美国通过学术文化交流、流行文化传播等推销美国的价值观和生活方式，以实现颠覆他国政权为自己所用的目的。对于这一点，约瑟夫·奈在《软力量：世界政坛成功之道》一书中也直言不讳：“流行文化的吸引力帮助美国达到了重要的外交政策目标，例子之一就是‘二战’后欧洲民主的重建……流行文化的吸引还对美国另一重要的外交政策目标——获取冷战胜利做出了贡献……柏林墙早在1989年倒塌之前就被电视和电影凿得千疮百孔。如果不是西方文化形象在柏林墙倒塌之前对其进行了渗透和破坏，锤子和压路机也不会管用……在中国，美国新闻通过互联网及其他媒体和教育交流项目穿越边境深入中国的精英群体中。一位记者发现：'许多人相信，近来深入中国影院的好莱坞电影及非法光碟激发了普通中国市民对加速变革的渴求。'"①

整合和传播是文化软实力形成的必要准备阶段。无论是对文化资源的整合还是传播，并非都由国家主体全部控制。从这个角度讲，可以将文化软实力分为内生性的文化软实力和建构性的文化软实力。如美国好莱坞电影和可口可乐等。前者是文化因素与物质生产过程自发结合成产品，或者文化产品独自作为商品进行传播的过程。后者是国家或非政府机构有意识地把国家意识和价值理念包装进文化产品中传播和交流，包括官方的政治、经济、军事等社会各领域成就的对内展示和对外交流，以及非官方的文化传播和互动等。如美国针对发展中国家的教育交流和人才培训项目、美国的各种政府设立，或者私人设立的经济学会、政治学会等基金会项目对目标国家实施的政治和经济思想的渗透工作等。再如，我国在贫困地区开展的文化扶贫和文化下乡工作，都是在传播科学知识和理念以及社会主流价值观念，以提高国民素质和增强政府信用。无论何种方式和途径，目的都是向国内外传播主流文化价值、树立良好信誉和形象，以及向国内传播科学知识和理念、提升国民素质。

（2）好感与吸引。好感和吸引是同一个过程的前后阶段，是在整合和传播文化资源基础上给客体留下好感，并对之产生吸引力的过程。吸引力是文化资源转化为软实力的第一个层次。产生好感是产生吸引力的前提阶段，好感来自客体对接触和沟通过

---

① ［美］约瑟夫·奈著，吴晓辉、钱程译：《软实力：世界政坛成功之道》，东方出版社2005年版，第50～53页。

程中了解到的文化所形成的“感觉结构”（感觉和印象）。当客体的知识能力结构和价值观念体系与传播的文化资源所透露出的信息相互契合时，客体就会对之产生好感，随着接触的不断增加，好感的累积会形成吸引力，客体会从情感上愿意增加对特定文化的进一步了解。

好感和吸引力的产生来自传播的文化和客体之间良性互动。首先，经过国家主体整合的文化要具备产生吸引力的要素。这就要求对文化传播形式和价值理念核心内容的结合方式进行设计，找到二者结合的最好方案。要坚持以利益需求和兴趣引导文化，以通俗说明抽象，以科学和价值贯穿始终等原则。例如，教育是提高民众科学文化素质和增强主流文化凝聚力的重要途径。在对我国少年儿童的文化和思想教育中，往往过多强调对书本知识的学习，忽视了学生在社会化过程中的精神家园。长期的“填鸭式”应试教育只注重知识的传授而忽视科学理念的传承，泯灭了儿童的创新精神；对学生精神家园的忽视也使他们通过社会自学成才，无形之中把儿童推向了社会主流价值的对立面，培养了学生对整个社会的逆反心理，更谈不上文化的好感和吸引力。好感与吸引力是最低层次的文化软实力，依托于直观感觉和经验，因而作用强度不大、时间不长、极不稳定，很容易随着认识的加深和利益的干扰而被削弱或损害。因此，必须要重视对好感和吸引力的持续培育。其次，客体要有被主体传播的文化所吸引的需求。也就是说被认定为软实力的文化资源应当和客体的需求相一致，不仅要有便于沟通的形式和丰富的内容，还要能够满足客体一方面或几方面的需求。中国武术吸引了许多外国朋友，原因在于武术能够满足他们对未知事物的好奇心，或者满足健身或自我防卫的需要，或者出于提升个人魅力的需要等。无论何种原因，武术通过满足他们的需求实现了引发他们对中国和中华文化的兴趣和好感，提升了国家的文化软实力。而对于国内中低收入层次的民众而言，一种能够提升社会地位、增加家庭财富的文化资源所产生的吸引力远远超过了教育他们要大公无私和不求报酬的奉献等空洞说教的文化资源。最后，好感和吸引力来自主客体双方良好的沟通渠道。国家必须注重传播文化资源的多种方式和渠道的相互配合，增强文化传播能力。只有以上三种因素同时具备，文化才能产生对客体的吸引作用而成为国家软实力。

（3）同化与模仿。同化和模仿是指对制度和规范等国家文化资源所体现的行为方式和价值理念的模仿与被同化。从国家主体的角度看，在国际关系上，同化和模仿体现了一国的发展模式、制度设计、社会规则对他国的积极影响。其原因在于该国的制度和规范文化具有对未来的适应性和预见性、对解决现实社会问题的实践性、示范性和可推广性。在国内关系上，同化和模仿体现了一国制度和规范文化能够为国内民众解决自身的生存和发展问题提供切实可行的指引，从而得到社会民众的认同和信任。从文化的客体角度看，在国际关系上，同化和模仿表明了这种制度和规范具有解决自身问题的现实价值，在模仿过程中会加深好感并产生文化心理认同。如美国在全世界推广美国民主模式，初衷就是企图获得全世界对美国的文化认同，形成美国的“文化殖民地”。在国内关系上同化和模仿意味着民众对国家统治秩序的承认和对社会发展道路的认同，这一点是形成国家的凝聚力和创新力的前提条件。

（4）凝聚与支持。凝聚和支持是指国家的主流价值关系理念成为凝聚国内民众和赢得国际社会支持的精神核心。一个国家的主流价值关系理念得到国内外的认同，就意味着文化软实力的主客体双方具有相同或相似的价值目标、标准和思维模式。从国内来讲必然会成为汇集社会力量、激发社会创造活力的核心动力。例如，新中国成立后，新民主主义社会的价值目标几乎成为全社会共同的价值目标，理念上的认同激起了全国人民建设好新中国的极大热情，这种强大的精神理念凝聚和汇集的全社会力量实现了新中国成立初期国民经济的快速恢复和发展。从国际来讲，当一个国家的价值关系理念，特别是国家政治价值观得到国际成员的认同，必然会形成国家之间的“思想联盟”，更容易实现国际战略目标。例如，周恩来所提出的和平共处五项原则得到了广大发展中国家的积极回应，这种基于共同的政治价值观的“思想联盟”对中国恢复联合国合法席位起到了至关重要的作用。

以上对文化软实力动力机制的层次是基于文化软实力的来源及其作用层次所做的划分。这四个阶段往往是历时性和共时性并存的状况。从具体情况来看，文化软实力的动力机制更为复杂。例如，就内生性文化软实力的角度看，文化的整合和传播往往是在文化因素与物质生产直接结合之后通过产品的市场流通而完成的，是一个自在自为的过程。与之不同的是建构性文化软实力的文化整合和传播往往是在政府或非政府组织有意识的引导下作为一种国家行为出现的，是一个自觉实施的过程。与这个自觉的过程相对应，建构性的文化软实力还会在第四阶段之后有一个信息反馈和改善的阶段，对前四个阶段中的决策和实施失误作出调整。总之，文化软实力的有效发挥得益于不同阶段之间的良性循环，更重要的是与政治、军事等国家硬实力的相互配合形成国家“巧实力”。

（四）文化软实力的分类及具体表现形式

文化软实力的分类是对文化软实力作为最终的呈现状态所做的分类，是文化转化为国家实力的形式。作为综合国力一部分的文化软实力包括在国内和国外两方面的呈现。

1. 文化软实力的分类。

首先，文化软实力的国内表现形式包括对社会民众的凝聚力、社会发展的创新力和社会制度的决策力。凝聚力是维系国家统一的精神纽带。内部稳定和持续发展是一个国家的两大目标，而凝聚力则是保障两大目标实现的维护力量，体现着一个国家国民共同的价值追求，是文化软实力的重要组成部分。国家凝聚力在不同的领域有着复杂多样的反映，在文化软实力领域中的国家凝聚力主要包括主流价值观对社会多元价值取向的引领能力和国民对政治、经济、民族、社会民生等各种制度规范的认同程度。创新力是国家能够适应社会生产方式的变革和更替而不断地在从生产力到生产关系、从经济基础到上层建筑等各个领域内的改革和创新能力。一个国家的创新力直接决定了该国在国际竞争中的生存空间和生存期限。创新力包括国民文化素质和道德水平、对历史文化资源的传承能力、对外来文化的借鉴吸收能力，以及自身的文化创新能力。决策力是当下的社会制度和规范应对社会急剧变化的能力，反映着制度和规范对社会主流价值的调整和修复能力。决策力包括制度体系的战略决策能力和决策的效能。从以上三方面对文化软实力在一国内部呈现状态的分类可以看出，文化软实力对一国综合国力的内部结构的作用主要表现在：作为凝聚人心的精神动力、作为维持社会稳定和发展的智力支持，以及作为社会主流价值理念的自我修复和调整。这三个方面包含了文化对历史、现在和未来的整合功能，以及对经济基础、政治上层建筑和观念上层建筑的积极回馈功能，反映了文化作为联系社会有机体各组成部分的精神网络的软实力作用。

其次，文化软实力在国际关系上体现为文化的辐射力和文化的协调力。文化辐射力也可以称为文化影响力。当代国际关系在和平与发展的大趋势下更多地表现为合作中的竞争和竞争中的合作，无论是竞争还是合作都强调双方或多方在价值理念、思维模式上的求同存异，一个在文化上具有广泛国际认同的国家更容易得到合作共赢的机会。文化辐射力是争取最大限度国际合作必不可少的软前提。文化辐射力主要包括国家形象的良好度、文化传播能力、文化吸引力和同化力。文化协调力是指体现着一国政治价值观的官方和非官方的文化因素通过协调与他国和国际机构的关系，实现本国国际利益的能力。当直接的政治、军事、外交手段不适宜或无法达成目的时，文化往往会成为最佳沟通手段，在增进了解和好感、消除敌对情绪、构建合作关系等方面起到关键性的作用，这一点已经被无数次的历史事件所证明。特别是在文化传播渠道便利的今天，多元文化的全球碰撞越来越频繁，国与国之间的交往也越来越重视除了政治经济利益之外的文化交往手段，文化协调力的地位也就越来越凸显。文化协调力包括文化促进国家合作的能力和塑造国际关系的能力。从辐射力到协调力是对文化软实力运用的深入和提高过程，主客体双方的互动关系从先呼后应的问答式进入同时呼应的交互式，由此形成的结果从不稳定的相互好感到稳定持久的相互支持和合作，反映了文化在当代国际政治关系中重要的“润滑剂”功能。

2. 我国文化软实力的具体表现形式。

具体到我们国家，文化软实力的表现形式主要包括以下几个方面。

（1）民族凝聚力。我国经历了几千年的民族大融合发展，最终形成了今天56个民族共一家的中华民族大家庭。各民族的文化在相互激荡中，经过了漫长的积累，确立了以汉民族文化（主要是儒家文化）为主体的、包含各少数民族文化的共同的民族文化心理结构。这种稳定的文化心理结构以各民族团结和共同繁荣、实现中华民族伟大复兴的价值理念为核心，以民族区域和自治制度为规则，以历史传承至今的各民族文化传统习惯为内容，共同维护中华民族的生存和发展空间，提高中华民族的整体素质。这实际已经具有了国家凝聚力的主要内容，并且是中国国家凝聚力的核心所在。

（2）文化创新力。我国是世界上唯一一个拥有连绵不断文明传承的国家。当其他文明古国不断被社会发展所淘汰时，我国却保持历史的连续性，其中重要的原因就在于生生不息的创新精神。创新力来自对历史文化的长期积累传承、对外来文化的兼容并蓄，以及对未来文化的敏锐把握。我国所走的道路是前人没有走过的，没有任何成功的经验可以参考。要在这个道路上持续地越走越好，唯一的途径就是创新，不仅要在科学知识和理念上创新，更要在思维模式和价值理念上创新。我国有着古老的文化传统，也有着代表社会未来发展方向的无产阶级文化价值，还有着占据当今世界绝大部分的市场经济文化成分，我们无法回避三者在核心理念、具体观念等方面的冲突，也必须要实现三者有所侧重地相互融合，文化创新正是古老的中国和年轻的中国实现融合的唯一途径。这一问题对处于全球化和社会转型关键时期的当代中国而言更为重要。

（3）文化决策力。如果说改革开放初期，我们始终是在采取“摸着石头过河”的探索型发展模式的话，那么到了今天，我国已经在中国特色社会主义发展道路上有了一些成功经验，有必要对发展的决策模式作出一些调整。社会转型期一度出现的从多元价值取向的混战到主流道德体系的无能为力，再到社会主义市场经济框架内的各种经营主体的为所欲为，种种社会乱象都呼唤新的决策理念，即从文化的精神核心的角度高屋建瓴地实施总体控制的决策思维。党的十七大提出了“顶层设计”的决策理念，在未来的发展中，实施好这种文化决策力是发展文化软实力的重中之重。

（4）文化影响力。全球化是世界历史发展必须要经历的阶段，当今世界正处于资本主义主导的经济全球化的发展进程中，经济全球化的同时，文化的碰撞和融合也在不断地显现，多元文化的碰撞如同在经济领域发生的一样，在资本逻辑的掌控下遵循着弱肉强食的规律，弱势的民族文化和国家文化在这个过程中最终会被强势的文化所同化而消失。因此，必须要发展民族的文化影响力，使中华文化屹立于世界文化之林。中华文化是一种从符号系统到思维模式都与西方字母文化迥然不同的文化系统，不容易得到西方社会主导下的社会认同。这就更需要大力发展我国的文化影响力，拓展中华文化的生存空间。我国是社会主义国家，社会主义文化代表着未来必然要取代资本主义文化的新生文化。在资本主义操控下的全球化中，西方主流社会不断地污蔑中国特色社会主义文化，企图通过压缩中国特色社会主义文化的生存空间而颠覆社会主义的政权。这就更需要我们积极地开展文化对外交往，增强我国的文化影响力。

（5）政治价值观的吸引力。政治价值观是体现一国价值理念的一扇窗口。外界可以通过政治价值观了解到该国的经济、政治、社会等方方面面的状况。政治价值观也是引领国内主流价值理念的一面旗帜，它直接影响到社会中每一个个体的价值理念，涉及社会的稳定和发展秩序。发展我国政治价值观的吸引力具有先天的资源优势。从内容上看，我国历史流传下来的政治价值观所倡导的和谐、以人为本等理念至少在文化符号上符合现代社会的共识，社会主义政治价值观所倡导的以人的发展为本、科学发展观等理念代表了现代社会的未来趋势。但是如何将这些先天的文化资源优势转化为实际软实力是值得进一步探讨的问题。特别是社会主义核心价值体系的确立是增加我国政治价值观对国内人民凝聚力和对国外吸引力的重要措施，也是发展我国文化软实力迫在眉睫的课题。

（6）政治经济制度发展模式的同化力。随着全球人口的不断增长，如何满足人的生存权和在生存权的基础上满足人的发展权是当今世界面临的共同问题。在这个方面，我国向国际社会交出了一份骄人的成绩单，用有限的土地养活了占世界 1/4 的人口。随着国际金融危机进入漫长恢复阶段，在全球经济不景气的背景下，中国成为带动全球经济增长的主要引擎，依然保持着经济发展的高速度。中国作为社会主义国家，处于以美国为首的资本主义国家的政治经济包围圈中，其通过技术封锁、贸易摩擦等种种手段遏制中国的发展，但中国依然飞速进步，成为世界经济大国、政治大国、科技大国。中国的这种政治经济制度发展模式极大地吸引了世界的目光，其他各国纷纷探索模仿中国发展的内在奥秘，希望能复制中国的成功经验。在未来，推动中国政治经济制度发展模式的吸引力向同化力转变，是我国文化软实力的一个重要任务。

（7）外交影响力和塑造力。随着中国经济、政治、军事硬实力的快速增长，国际社会越来越要求和期待中国在国际事务中发挥更积极重要的作用。这种要求和期待的逐渐积累，形成了越来越大的舆论压力。倘若在未来不能恰当地满足这个要求，必然会对我国的国家形象造成严重破坏。我国作为联合国安理会常任理事国，始终代表着发展中国家的利益。长期以来，我国未能营造有利于国内经济发展的稳定周边环境。实行韬光养晦的外交思想和原则，使得我国的外交影响力和对国家关系的塑造力同政治大国、经济大国的地位明显不相称。这方面文化软实力的过于软弱也开始显现出对经济、政治等硬实力的消极效果。因此，从思想战略的高度适当调整外交理念，增加我国的外交影响力和塑造力是提升我国文化软实力的重要内容。

（8）国民素质形象和国家形象的亲和力。21 世纪是文化的世纪，高素质的人才是国家经济、政治、科技等各项国家实力发展的关键因素。随着走出国门的国民人数越来越多，国民素质也直接影响着国家的整体形象。因此，未来必须要通过发展教育、提升社会道德水准、明确主流价值体系，从知识、道德、价值理念等方面全方位提升国民素质形象，进而维护中国长期以来树立的负责任的、重礼仪的、爱好和平的、现代化的发展中大国形象。

三、提高国家文化软实力具有重要战略意义

文化对于任何一个国家而言都很重要，不存在不重视文化而能够得到快速发展的国家。在当代，文化在社会生产系统和生活系统中的地位愈发重要，成为现代人必备的生存条件。借助文化

的作用，现代人类的认知能力和实践能力得到发展，认知和实践对象的范围得到扩展。

（一）实现科学发展的必然要求

1. 科学发展包含了国家文化软实力的基本理念。

进入21世纪以来，我国发展取得了一系列成就，也面临诸多矛盾和困难。如经济增长方式粗放，自主创新能力不强，深层次的体制机制障碍凸显，城乡和地域差距和收入分配差距拉大，政治体制改革和文化体制改革落后，国际竞争加剧，未知风险增多。这些问题既是由我国处于社会主义初级阶段的实际国情所决定的，也和改革开放以来我国采取非均衡的发展战略有关。非均衡发展战略以牺牲部分利益为代价保障重点突破，反映在政治经济和文化的关系上，就是以经济增长为突破口，政治和文化等各项工作都以经济增长为目标。这种发展理念成就了改革开放以来在经济发展上的“中国奇迹”，也就必然会带来重速度轻质量、重规模增大轻结构优化、重经济增长轻社会民生、重物质发展轻人的发展、重资源开发轻环境保护、重财富积累轻社会公平的种种非均衡。基于对新阶段发展新特征的准确把握，中共十六届三中全会提出了科学发展观：“坚持以人为本，树立全面、协调、可持续的发展观，促进经济社会和人的全面发展。”胡锦涛同志在2004年进一步总结了科学发展观的内涵：“坚持以人为本，就是要以实现人的全面发展为目标，从人民群众的根本利益出发谋发展、促发展，不断满足人民群众日益增长的物质文化需要，切实保障人民群众的经济、政治和文化权益，让发展的成果惠及全体人民。全面发展，就是要以经济建设为中心，全面推进经济、政治、文化建设，实现经济发展和社会全面进步。协调发展，就是要统筹城乡发展、统筹区域发展、统筹经济社会发展、统筹人与自然和谐发展、统筹国内发展和对外开放，推进生产力和生产关系、经济基础和上层建筑相协调，推进经济、政治、文化建设的各个环节、各个方面相协调。可持续发展，就是要促进人与自然的和谐，实现经济发展和人口、资源、环境相协调，坚持走生产发展、生活富裕、生态良好的文明发展道路，保证一代接一代地永续发展。”① 与以往的发展思路相比，科学发展观的亮点在于：第一，与以往重视人的外在物质利益相比，强调人的精神文化内涵的发展，尊重人在物质和精神利益上的平等权利，重视人的文化素质和思想素质的提高，把经济社会发展放在文化创新的基础上。第二，与以往偏重经济领域的发展相比，更加重视经济、政治、文化和社会的互补式均衡发展。第三，与以往竭泽而渔的高速冲刺方式的发展相比，更重视社会发展的持续和长远性。

科学发展观的内在理念包含着文化软实力的理念，二者在本质上是互通的。首先，以人为本。科学发展观的核心是以人为本。人民群众的利益满足是科学发展的终极目标，人民群众的文化和智慧是科学发展的依靠力量，人民群众的满意程度是科学发展的评价标准。文化软实力的核心议题也是人。和人的利益需求相契合是文化成为软实力的前提条件，人的思想理念和知识储备是文化软实力的重要来源，吸引人、同化人、凝聚人和激发人的潜力是文化软实力的作用方式，获得认同、支持是文化软实力的成功标志。可见二者在以人为本的理念上是互通的。其次，发展是第一要务。科学发展观把发展作为执政兴国的第一要务，提高社会主义国家的综合国力和国际竞争力是科学发展的重要目标。文化软实力本身就是综合国力的重要组成部分，发展文化软实力的目标就是提高综合国力。由此可见，二者的服务对象都是综合国力。最后，统筹协调。科学发展观的方法是统筹协调各方面的利益关系，把所有因素都有效整合起来为社会发展服务。而文化

---

① 胡锦涛：《在中央人口资源环境工作座谈会上的讲话》，载于《人民日报》2004 年 4 月 5 日。

软实力及强调各种文化资源的互为补充和协调构成软实力，更强调文化软实力和经济、政治、军事等硬实力的相互协调，构成综合国力。二者都贯穿了社会有机体的运行理念。从以上三个方面可以看出，文化软实力和科学发展观的理念的互通性，提高文化软实力和贯彻落实科学发展观具有内在一致性。

2. 注重发展国家文化软实力是坚持科学发展观的重大实践。

科学发展观的一个重大启示就是：社会主义社会的健康发展是经济、政治、军事等硬指标和价值观念、制度规范等文化软实力共同发展的统一体。提高文化软实力既是提高社会主义国家综合国力的理念创新，也是贯彻落实科学发展观的重要体现。

40 年的改革开放给我们带来了硬实力的飞速发展，但我们不希望成为只具有硬实力的“肌肉男”，而是要成为硬实力和软实力兼具的世界大国。历史上，我国也曾经拥有“咸服海内外”的文化软实力，以中华文化的软实力赢得了周边国家的认同和支持，成就了覆盖整个东亚和东南亚的“儒家”文化圈，直到今天依然可以在韩国、日本乃至东南亚国家的社会结构、文化结构、思维习惯和民族传统中看到中华文化的身影，这种文化影响力仍然在现实的政治结构和经济运行中发挥着作用并将继续发挥作用。今天，我们强调发展文化软实力就是要重新审视已经走过的路，弥补文化发展滞后的缺陷。1998 年联合国教科文组织《文化政策促进发展行动计划》指出：“发展可以最终以文化概念来定义，文化的繁荣是发展的最高目标”“文化的创造性是人类进步的源泉。文化多样性是人类最宝贵的财富，对发展是至关重要的。”发展文化软实力的一个重要内容就是遵循社会发展规律，顺应文化生产力发展的潮流，制定我国的文化发展战略，推动社会主义文化的繁荣发展。用文化的力量为后续的发展提供源源不断的精神动力和智力支持，使文化成为科学发展的基础力量，用文化的力量为发展创造有力的国内外环境，为科学发展保驾护航。

总而言之，坚持软硬兼施，树立全面、均衡、协调的综合实力观，既是贯彻落实科学发展观的需要，也是促进我国社会主义全面发展的重要体现。只有不断提高我国的文化软实力，才能实现中国和平崛起和民族伟大复兴的历史责任，才能让中国特色社会主义的发展具有长久的后劲，才能真正对人类的发展作出应有的更大的贡献。

3. 提高文化软实力是推动经济发展方式转变的重要力量。

党的十七大报告指出：转变经济发展方式“要坚持走中国特色新型工业化道路，坚持扩大国内需求特别是消费需求的方针，促进经济增长由主要依靠投资、出口拉动向依靠消费、投资、出口协调拉动转变，由主要依靠第二产业带动向依靠第一、第二、第三产业协同带动转变，由主要依靠增加物质资源消耗向主要依靠科技进步、劳动者素质提高、管理创新转变”①。其中提出了“三个转变”，前两个转变是我国从工业化中期进入工业化后期所必须做到的经济转型，后一个转变则是对我国在未来相当长一段时期内经济发展的根本要求。从主要依靠增加物质资源消耗向主要依靠科技进步、劳动者素质提高、管理创新转变预示着经济发展在生产、分配、交换、消费四个领域的提升。在生产领域，科学技术对推动生产发展将起着关键性的作用；在分配领域，文化程度较高的劳动者和科技人才将获得较高的劳动报酬；在交换领域，产品的流通速度将大大提速；在消费领域，文化消费将主导消费的发展方向。总之，以上几个方面都表明，文化将成为经济发展的重要因素，文化创新力等软实力将成为推动经济发展方式转变的重要力量。

首先，文化创新力是文化软实力的重要内容，也是推动科技

① 胡锦涛：《高举中国特色社会主义伟大旗帜，为夺取全面建设小康社会新胜利而奋斗——在中国共产党第十七次全国代表大会上的报告》，载于《人民日报》2007 年 10 月 25 日。

进步、劳动者素质提高和管理创新的重要途径。文化创新力的提高来自对科学知识和人才的尊重，对文化传承的有效延续，对科学创新和文化创意的包容和支持以及文化教育事业的充分发展，从根本上还取决于对科学与价值二者关系的看法和理念。只有具备了以上各种具体的文化软实力，才能形成文化创新氛围，才能在减少物质资源消耗的同时推动经济发展方式的转变。

其次，注重文化产业的发展，以产业发展推动文化软实力的提升，是推动经济发展方式转变的重要途径。文化产业在我国是新兴产业，与传统产业相比，其物质资源消耗少、环境污染小、科技含量高、产品效益好。通过文化产业发展，激发了整个社会的文化创新力，满足了人们多层次的精神需求，文化商品的输出也推广了本国的文化和价值观，提升了国家形象，从多方面带动文化软实力的发展，提高了文化软实力对经济资源的调动和整合能力，为经济发展方式的转变提供源源不断的精神动力和智力支持。

（二）增强民族凝聚力的坚强手段

民族凝聚力是通过民族精神的作用表现出来的整个民族特有的亲和力和向心力。一个民族、一个国家，如果没有自己的精神支柱，就等于没有灵魂，就会失去凝聚力和生命力。是否有高昂的民族精神，是衡量一个国家综合国力强弱的一个重要尺度。民族凝聚力是民族国家的国家凝聚力的关键，而民族的文化认同又是增强民族凝聚力的坚强手段。文化软实力在很大程度上表现为国民的精神状态、意志品格和内在凝聚力，而这一切主要来自人们对核心价值的认同。历史经验表明，任何一个国家要把全社会的意志和力量凝聚起来，都必须有一套与经济基础、政治制度相适应的文化信念系统。我们中华民族几千年来之所以能历经磨难而不衰，千锤百炼更坚强，昂首挺胸地走到今天，就是因为我们有伟大的时代精神和民族精神。这些精神财富具有巨大的历史震撼力和时空穿透力，永远闪耀着人文精神和理性主义的光辉，是中华民族自立于世界民族之林的精神支柱。

1. 提高国家文化软实力增强经济实力从而为民族凝聚力的增强提供物质保障。

一般情况下谈论民族凝聚力，更多是把目光聚焦于民族的精神和文化，精神和文化是民族凝聚力的内核，这一点毋庸置疑，后文也将对此加以论证。但是，我们也应当看到民族凝聚力的物质基础，如果没有一定的经济基础和人的素养，再悠久的历史、再丰富的文化也无法起到凝聚人心的作用。回顾中华民族的成长历史，最早的形成得益于中华民族最早掌握了进入农业文明的客观条件和科学水平，从公元前数世纪到 16 世纪，中华民族始终是生产力最先进、经济最发达、科技水平最高、文化最繁荣的民族，也就是说，中华民族凝聚力的起源不在于精神和文化，而在于先进的物质生产和生活方式，正是这种生产和生活方式的先进，才会产生与之适应的精神和文化，才会对周边民族产生强大的吸引力、同化力和凝聚力。从 16 世纪开始，中华民族的生产力开始处于停滞不前的状态，过于强调宗法礼仪对维护地主阶级统治的作用，忽视和压制先进生产力的发展，民族凝聚力开始削弱，大量人陆续到海外谋生。近代以来帝国主义对中国的入侵，抢夺领土主权，直接威胁到中华民族生存的基本物质条件，这种深刻的危机才进一步增强了中华民族的凝聚力。

放眼世界历史，我们可以看到，当一个民族的生产水平不断进步的时候，也是这个民族凝聚力最强的时候；当一个民族的生产力水平停滞甚至倒退的时候，也是这个民族人心涣散的时候。由此可见，以经济实力为基础的综合国力是民族凝聚力的物质保障。我们提高文化软实力的根本目标不在于文化本身，而在于用文化的力量去提升经济实力为基础的综合国力，为民族凝聚力提供更为可靠的物质基础。我们希望民族凝聚力增强，这种凝聚力不是基于中华民族生存危机的凝聚力，而是建立在生产进步、经济兴盛、政治稳定、科技发达及综合国力日趋强大基础上的凝聚力。在当代，要实现这种目标，就必须提高文化软实力，以文化软实力的提高带动综合国力的提升，推动民族凝聚力的增强。

2. 提高文化软实力可以夯实民族凝聚力的精神基础。

如前所述，民族精神和民族文化是民族凝聚力的核心内容。能够反映时代进步要求的民族精神和增进彼此认同的民族文化是增强民族凝聚力的关键所在。我们提高文化软实力，就是要提炼出这种民族精神和文化，夯实民族凝聚力的精神基础。

首先，提高文化软实力以升华民族精神特质。一个民族的精神特质是体现在民族文化中的愈久愈醇的精神品质和特征，这种精神特质在民族的历史长河中不断融入新的内容，把每个时代的精华都积淀在民族的精神熔炉中，通过社会教育系统和奖惩系统变为每一个民族成员的内心信念和行为规范，深深烙印在每一个民族成员的精神基因中。这种精神运动独特的传承规律诠释了任何一个伟大民族经历无数苦难和危机而依然保持连绵不绝的生命力和创新力的原因所在。中华民族具有这种内在的精神品质，正是这种品质才能够凝聚十三亿多中国人，凝聚无数散居海外的华人。

在当代社会，民族的精神特质正在经受资本逻辑的考验。经济全球化虽然承认不同民族的差异，但是全球化背后的资本欲望和资本主义精神只允许民族文化表层差异的存在，而民族文化内在的精神特质却是不容保留的，凡是和资本逻辑相违背的都被认为是不符合现代精神的，都将被抹杀。从马克思主义的观点看，资本逻辑并非永恒的精神法则，文化的融合也并非你死我活的斗争。我们提高文化软实力的任务之一就是要在当代资本文化霸权中，提炼中华民族的精神特质，使这种特质既能够适应现代社会的发展，也能够保留超越现代精神的潜质和特征，为中华民族所选择的中国特色社会主义的发展道路提供精神支柱，凝聚民族力量。

其次，提高文化软实力可以增强民族的文化认同。文化认同是民族凝聚力的前提。民族的成员对所属民族文化的认同会形成共同的价值理念、心理结构、思维习惯和行为方式，这些因素汇集成强大的民族力量推动民族的发展。失去了民族的文化认同，凝聚力就没有了依托。有西方学者把汉字作为中华民族文化认同的基础因素，也有学者把中华文化中的家庭观念和血脉观念作为中华民族的文化基础，近年来越来越盛行的寻根、祭祖也都表明了文化认同在中华民族凝聚力中的作用。发掘传统文化的优秀成果、寻找传统文化与现代文化的结合是提高文化软实力的应有之义，也是增强民族文化认同、提升凝聚力的基本前提。

3. 提高国家文化软实力是增强现代社会条件下的民族凝聚力的必要途径。

增强现代社会条件下的民族凝聚力面临着更多的问题。从环境上讲，民族问题和经济、政治等多方面关系相互交错，任何一个领域的动荡都会直接影响到民族凝聚力。如我国边疆地区的民族团结和凝聚力就不断受到国外敌对势力的干扰和破坏。从个体看，多元价值观影响着社会成员的判断力，个体的文化素质和精神修养高低也影响着民族凝聚力的大小，特别是面对外来文化的冲击，我国一些人尤其是部分青少年缺乏对自身优秀文化的认识，缺乏民族自信力，缺乏对优秀文化的鉴别力，盲目崇信外国，认为外国的一切都比中国的好，对我们自己的文化持排斥态度。这是值得我们深思的问题，也是我们加强文化软实力建设需要解决的问题。从民族凝聚力的核心来看，面临着传统的民族精神特征和现代性的冲突。民族文化中存在着反映封建专制和等级制度的落后因素，精华与糟粕并存，把二者加以区分也是一个困难的问题。所有这些问题的解决都指向了文化软实力的发展和提高这个必要途径上来。

首先，通过提高文化软实力，协调各领域的关系，可以优化民族凝聚力的外部环境。在当今社会，尽管和平与发展是国际主题，但冷战思维和霸权思维依然影响着国际关系，资源和能源的争夺也使国际关系变得紧张。发达资本主义国家在我国周边国家通过代理人形式扶植极端民族主义分子，威胁着我国的领土主权和民族团结。我国经济发展的不平衡和收入差距的存在也激化了各种社会矛盾，成为影响民族团结的不稳定因素。总之，国内外各种复杂交错的关系影响着民族凝聚力。因此，提高文化软实力，充分发挥文化的协调力和影响力，整合社会资源应对各领域的问题和挑战，从而可以优化增强民族凝聚力的外部环境。

其次，提高文化软实力是解决传统民族精神和现代社会的现代性之间矛盾的有效手段。中华民族的凝聚力有很重要一部分来自传统民族精神，这种精神是农业文明的产物，具有“封闭性”和“被动调整”特性、“宗亲纽带和伦理中心原则”、“封建大一统状态”的特点①。这些特点已经深入社会成员的思想观念中，成为中华民族文化认同的一部分，尽管也会有利于民族凝聚力，但是不利于民族凝聚力在当代市场经济环境下的进一步提升。因此，必须通过提高文化软实力，融合现代文明的精神，实现中华民族凝聚力从传统形态向现代形态的转变。

最后，提高文化软实力是破解公民文化程度对民族凝聚力制约的必要途径。现代社会中，社会成员的文化水平和修养直接影响着民族凝聚力的强弱。从一般状态看，文化素养较高和社会阅历较为丰富的人，有着自身稳定的心理结构和认知态度，对纷繁复杂的社会现象的判断和辨别能力较强，也能够较为理性地看待社会转型期的种种矛盾和问题，对民族的认同度也会较高。反之，素养水平较低和社会阅历较少的人，往往更容易受到蛊惑，判断能力和辨别能力较差，容易陷入偏执。一旦被西方价值观和敌对势力所影响，则很容易失去民族认同。只有具备了一定的素养水平，才能形成较强的社会参与和社会责任意识，增强民族的

① 张勇：《现代性与中华民族凝聚力》，载于《贵州社会科学》1998年第3期。

认同和凝聚力。

（三）重塑和增强文化自信的关键着力点

文化自信，是一个国家、一个民族、一个政党对自身文化价值的充分肯定，对自身文化生命力的坚定信赖。党的十八大之后，习近平总书记多次强调，今天，我们比历史上任何时期都更接近中华民族伟大复兴的目标，比历史上任何时期都更加有信心、有能力实现这个目标。他指出："当今世界，要说哪个政党、哪个国家、哪个民族能够自信的话，那中国共产党、中华人民共和国、中华民族是最有理由自信的。"[①] 只有对自己的文化有坚定的信心，才能获得坚持坚守的从容，鼓起奋发进取的勇气，焕发创造创新的活力。实现"两个一百年"的奋斗目标需要我们自信，需要我们排除敌对势力对中国道路的质疑和否定，保持战略定力，需要用马克思主义的历史发展实践的方法和观点认识中国道路、制度和理论，从而不断增强自信心。当今中国也到了一个能够自信的新的历史阶段。习近平总书记指出："我们说的道理自信、理论自信、制度自信，来源于实践、来源于人民、来源于真理。"[②] 自信来自伟大的实践，来自人民的选择、人民的拥护和支持，来源于真理。党的十八大提出"三个自信"后，习近平总书记又在多个场合提到"文化自信"的命题。强调要"增强文化自信和价值观自信"，强调"我们要坚定理论自信、道路自信、制度自信，最根本的还要加一个文化自信"，指出"文化自信是更基础、更广泛、更深厚的自信"。这些论述的核心思想强调的是"文化自信是最根本的自信"。

从构成文化自信的要素讲，中华民族的优秀传统文化、革命

---

① 《习近平总书记系列重要讲话读本》，学习出版社、人民出版社 2014 年版，第 24 页。

② 《习近平在中共中央政治局第七次集体学习时的讲话》，新华网，2013 年 6 月 25 日。http：//news. xinhuanet. com/politics/2013 -06/26/c_116299439. htm。

文化和社会主义先进文化是文化自信的源泉。实现传统文化的创造性转化和创新性发展、弘扬革命精神、大力发展社会主义先进文化是增强文化自信的重要路径，其中价值观的自信是文化自信的核心。提高国家的文化软实力，不断夯实软实力提升的经济技术基础；不断巩固社会主义核心价值体系，增强国家凝聚力；不断完善社会主义制度文化，增强国家决策力和发展模式的影响力等，都在不断诠释着我们的文化自信，增强着我们的文化自信，彰显着我们的文化自信。我们强调的增强国家文化软实力要走自觉、自信、自强的科学发展道路，强调的提升国家文化软实力以重塑文化自信等方面，都表达了提高国家文化软实力对增强文化自信的重要作用。

（四）塑造国家形象的重要途径

国家形象是“特定国家的外部国际公众通过复杂的心理过滤机制，对该国的客观现实（政治、经济、文化、地理及所作所为）形成的具有较强概括性、相对稳定性的主观印象”①。现代的国际关系更多地依靠国家之间的彼此印象和利益需求。良好的国家形象可以为一国赢得国际社会的肯定，拓展出更大的国际生存和发展空间，利用国际关系最大限度地增进本国利益。

国家形象对于我国而言，除了具有以上所说的一般意义之外，还具有更为重要的政治意蕴。我国是一个传统意义上的大国，无论从地理位置、领土面积、人口数量、自然资源方面而言，还是从经济规模、政治影响、军事力量、历史文化方面而言，都具有足以影响世界的大国实力和地位。我国还是一个社会主义大国，坚持科学社会主义的价值理念和共产党的领导。对于覆盖了世界绝大部分地区的资本主义理念和资产阶级政治统治而

---

① 吴友富：《中国国家形象的塑造和传播》，复旦大学出版社 2009 年版，第 4 页。

言，中国的意义不仅在于大，而且在于是一个在意识形态上迥然对立的国家，特别是对于西方主要资本主义国家而言，社会主义和共产党给他们造成的心理压力远远大于现实的中国综合国力带来的竞争压力。从我国的角度而言，我国在经济发展的起跑线上远远落后于西方主要资本主义国家，国家的发展和富强是我们的主要任务；在未来相当长的时期内，我们必须在一个资本主义力量远远大于社会主义力量的国际环境中发展自己的实力，也只有融入资本主义主导的经济全球化当中才能更快更好地发展自己。因此，如何尽量减少西方主要资本主义国家对“社会主义中国”的敌对情绪，充分展现我国在国际关系上的以合作求发展、以和平求发展的理念，从而使中国特色社会主义在全球化中充分发展就是一件具有重大意义的事情。这就赋予了塑造我国的国家形象以更为重要的政治意蕴。只有从文化软实力的战略高度来认识塑造我国国家形象的重要性，才能实现国家发展的重要目标。

塑造良好的国家形象有赖于以文化软实力提升整体国家实力。国家形象的塑造主要通过传播、交流、交往和国家外交行为等方式展现本国的客观状况和主观意图，从而使外部公众产生好感并得到外部公众的肯定和支持。在展示和形成互动之前，还有一个准备的阶段，即把自己期望对方了解的一面和容易引起对方好感的一面进行包装。在信息传播不发达的阶段，这种包装还可以进行主观选择，但是进入全球化和网络化的时代，开放式的信息交流极大限度地杜绝了国家形象“虚假”包装的可能性，更多的情况是对方可以直接通过各种渠道了解到几乎所有的真实信息。面对这种新阶段的新特征，就必须要整合各种国家资源，增强自身的硬实力和软实力，以在真实状态下呈现出的良好形象吸引外部公众，得到认同和支持。这个过程需要发挥文化软实力的整合功能，首先是对文化软实力资源的有效整合，使其发挥出最大的软实力功能，如对优秀的民族传统文化的整合，对社会主义价值体系中具有“普适性”价值的整合，对文化产业和文化事业的整合；其次是文化软实力通过对经济、政治等各种社会资源的整合，如科学文化与经济发展的结合、民主文化与政治体制的结合、传统文化与人的素质培养的结合、价值观念与文化产业的结合等，最终推动国家实力的提升，形成良好国家形象。例如，针对“中国威胁论”，我国通过各种国家外交行为展现我国以和谐发展为目标的发展理念，通过合作打击恐怖主义、进行军事互访等军事行为显示和平诚意，通过举办体育竞赛、会展等各类国际活动增加国家亲和力，通过发展对外经济贸易和保持货币稳定展示开放的胸怀、负责任的国际形象和合作共赢的精神，通过对外文化交流和在海外开设“孔子学院”阐释中国追求和平、和谐及与人为善的历史文化传统，通过熊猫外交、建立友好城市关系等国家和民间的交流活动表达与其他国家在文化、生活、社会等方面的共通性。所有这一切都围绕着文化理念和核心价值有效地整合为一种正面、积极的国家形象，有力地回击了“中国威胁论”。

塑造国家形象除了要从国家整体的形象入手外，还要塑造良好的国民形象。对于不了解中国的外部公众而言，他们所接触到的中国国民的外在形象直接决定了他们对中国的印象。这里所说的国民形象既包括具体实在的中国公民或外籍华人，也包括电影、电视、网络媒体、小说等形式所呈现的国民形象。这就更需要提高具体层面的文化软实力，加大对教育的投入，提升国民整体素质，注重文化产业的公益性和商业性的结合，提升全社会的公民道德修养和精神修养等。从根本上说，国民形象的塑造需要两个前提：第一，社会物质生产方式高水平发展和社会财富分配的公平秩序；第二，社会核心价值体系的确立和全社会的认同。只有两个条件都具备了，诸如拜金主义等丑恶现象才会在社会上没有立足之地，国民素质才能得到根本改善。从这个意义上讲，提高文化软实力是从根本上提高国民素质、改善国家形象的有效手段。

（五）保障国家文化安全的有力手段

20世纪80年代以来，和平与发展是当今时代的两大主题这一论断已被中国及其他广大发展中国家所认同，求和平、促发展、谋合作已经成为时代潮流，多极化趋势越来越明显。但是，以文化渗透、传播等为手段的文化侵略，已成为资本主义国家对社会主义国家和广大发展中国家侵略的新手段。通过提高国家文化软实力，以保障国家安全特别是文化安全十分重要。

1. 资本主义和社会主义的意识形态对立没有消亡。

文化的融合与冲突已成为当今时代文化变化、发展的重要特点。文化安全也就成为一个不可回避的重要问题。胡锦涛指出："当今世界正处在大发展大变革大调整时期，当代中国正在新的历史起点上向着新的奋斗目标迈进，文化的作用更加广泛而深刻。从国际看，综合国力竞争的一个显著特点就是文化的地位和作用更加凸显，许多国家特别是主要大国都把提高文化软实力作为增强国家核心竞争力的重要战略。在世界范围内各种思想文化交流交融交锋更加频繁的背景下，谁占据了文化发展制高点，谁拥有了强大文化软实力，谁就能够在激烈的国际竞争中赢得主动。同时，我们必须清醒地看到，国际敌对势力正在加紧对我国实施西化、分化战略图谋，思想文化领域是他们进行渗透的重点领域。我们要深刻认识到意识形态领域斗争的严重性和复杂性，警钟长鸣、警惕长存，采取有力措施加以防范和应对。"① 上述论述特别强调两点：一是对文化在当今社会的地位和重要性的认识；二是正确认识意识形态斗争的态势，必须高度警觉。实际上，"冷战"的结束并不意味着资本主义和社会主义对抗性意识形态的结束，传统的资本主义和社会主义意识形态的对立性以新

---

① 胡锦涛：《坚定不移走中国特色社会主义文化发展道路 努力建设社会主义文化强国》，载于《求是》2012年第1期。

的形式出现。西方国家依靠科技、经济、话语等优势，通过流行、时尚及所谓的大众文化的传播，借助于“普世价值”、“软实力”、民主、自由、人权等概念对包括中国在内的广大发展中国家进行文化侵略。“冷战”后国际形势的发展和演变不难看出这种侵略的存在。美国学者塞缪尔·亨廷顿曾指出“20 世纪 80 年代末，随着共产主义世界的崩溃，“冷战”的国际体系成为历史。在后“冷战”的世界中，人民之间最重要的区别不是意识形态的、政治的或经济的，而是文化的区别。[①] 我们不会完全认同亨廷顿的观点，但他对文化重要性提及的观点是当代人们所不能忽视的，特别是文化背后的意识形态属性应该引起高度重视。毫无疑问，今天的西方资本主义和中国特色社会主义都和过去的自己有很多的不同，文化的差异和新意识形态的斗争也必将呈现出新的情况，认为“冷战”的结束标志着全球对抗性意识形态的结束是幼稚的、有害的。

2. 提高文化软实力是全球化背景下保障文化安全的有力手段。

文化的融合与冲突以及西方国家的文化战略，使我们认识到国家文化安全是一个现实问题，也是当代世界各国面临的共同问题。近年来，中国学者对文化安全有较深入的论述，如“文化安全可以定义为主权国家的文化领域不存在威胁和危险，它主要包含两个方面：客观上是指主权国家文化外界的现状不存在文化威胁，即保持文化独立性；主观上是指人们的文化心态、心里不存在恐惧、害怕、担心等。”[②] 仅从文化安全与文化不安全的概念看，如果文化不能保持独立性、变化及发展的连续性、对社会制度及道路的有效解释力及其凝聚力，文化就是不安全的，反之可

---

① ［美］塞缪尔·亨廷顿著，周琪等译：《文明的冲突与世界秩序的重建》，新华出版社 2002 年版，第 6 页。

② 张骥等：《中国文化安全与意识形态战略》，人民出版社 2012 年版，第 15 页。

以理解为安全的。

随着经济全球化的深入发展，文化交流的广度和深度都在扩展。经济全球化客观上促进了全世界生产力总体水平的提升和人们物质生活条件的改善，但也造成了发展差距的拉大。西方国家在很长的时期借助于强势的经济、政治、军事以及话语权，通过网络媒体、报纸杂志、影视传媒及商品等积极开展文化的交流与传播，输出西方的价值观和民主制度，大力推销西方式消费主义的文化、美国式的大众文化、美国式的娱乐文化等。广大发展中国面临着艰巨的发展任务，在改革开放的背景下探索本国的经济体制改革、工业化道路、政治体制改革、文化发展道路等方面都会给西方的渗透、影响提供机会。从最近几十年世界的变化发展中可以看出，西方文化在交流中的强势性已展露无遗。西方国家在破坏他国文化的基础上推行“文化霸权主义”“文化殖民主义”以及“文化帝国主义”，试图按照自身的价值观去建构世界，无视世界文化的差异性、丰富性和发展道路的多样性。对广大发展中国家的民族文化造成很大的冲击和伤害，对世界的和平发展稳定造成很大的伤害，而这又反过来伤害着西方国家自身。

所以，在扩大对外开放的过程中，要确保我国的文化安全。通过做强做大经济、加快科技发展等都可以提高文化的自我保护、自我防范能力，但提高国家文化软实力是保障国家文化安全的有力手段。这是因为，国家文化软实力的基本构成要素已经包含了涉及文化安全的文化的独立性、文化变化发展的连续性、文化的解释力和文化的凝聚力等重要内容。通过不断增强国家文化软实力，增强制度的吸引力、核心价值的凝聚力、外交政策的影响力、发展道路的影响力等，推动社会主义文化大发展大繁荣，扩大中华文化的国际影响力，从而确保国家文化安全。

（六）增强综合国力的重要体现

一个国家的崛起，从根本上说在于综合国力的全面提升。如前所述，综合国力是一个包括了经济实力、政治实力、文化实力、军事实力、科教实力等内容的综合评价体系。其中，软实力已经日益成为衡量一个国家实现崛起的重要指标。综合运用软实力和硬实力，采用多种手段并重的方式提高综合国力，已成为各个民族国家的共识。提高文化软实力对增强综合国力的作用主要表现在以下几个方面。

1. 提高文化软实力对增强经济实力的作用。

文化软实力体现为强大的文化生产力，文化产品与服务已作为独立产业，成为综合国力竞争的重要方面。在一些发达国家和地区，文化产业已成为国民经济的重要支柱产业，西方发达国家的文化产业在 GDP 中的贡献都普遍高于 10% 。目前在世界文化市场中，欧美主要发达国家占有绝大多数的市场份额，我国所占市场份额还比较小，有很大的提升空间。另外，一个国家文化软实力对外直接表现为文化的感召力、发展模式的吸引力、参与制定国际制度的影响力。

首先，文化软实力的核心理念影响着经济的发展方向。价值观念是文化软实力的核心内容之一。选择什么样的经济体制，运用什么样的经济政策，采用什么样的方式指导和调控商品的生产、流通和消费等，所有这一切都受到了特定社会价值理念的制约。如果没有内在的文化含量和精神动因，经济活动必然是没有效率的。文化软实力为社会经济运动的顺利运行创造良好的价值目标、伦理秩序等人文环境，内化为经济活动者的个体价值观和伦理观念的社会整体价值观念，直接影响着经济活动的效率。从这个意义上讲，国家经济的繁荣发展离不开意识形态和价值观念的支撑。马克思·韦伯认为新教伦理所主张的节俭、奋斗、追求个人成功构成了资本主义精神，正是这种精神推动了资本主义经济的发展。这也反映了信仰、价值观等理念对经济发展方向的巨大影响。我国的社会主义核心价值作为主流的价值理念形成强大的经济导向作用，使我国社会沿着健康的方向持续高速发展。这也充分说明了文化软实力的核心理念影响着经济的发展方向。

其次，文化软实力的制度、习惯等形成的文化环境影响着经济的效率。制度作为正式的规范直接影响着经济过程，而传统习俗、生活习惯等非正式规范更是从潜意识层面影响着经济运行效率。各种正式和非正式的制度文化相互交错形成了一定的文化环境。如有着经商文化氛围的温州促进了温州个体经济快速发展，迅速走向世界，这种文化环境比物质因素更能促进经济的发展。不同的文化氛围中，社会个体对经济活动的理解不同，直接导致了个体从事经济活动的效率差别。从这个意义上讲，我国国有企业的改革在相当长的时期内不断地遭遇挫折，这种情况与计划经济体制的文化环境及该环境影响下的个体观念和习惯有着直接的关系。

最后，文化软实力的创新力也影响着经济的发展。现代社会的经济发展速度不是取决于人数、资源、能源的多少，而是取决于科学创新及科学创新进入经济流程的快慢。经济过程的科学含量越高，就越能在同样时间内生产出更多的社会财富，也就越能够满足人们的物质和精神需求，经济的活力也就越高，实力也就越强。

总之，经济发展越来越依赖于文化的支撑，文化正成为国与国之间竞争的利器。文化软实力的竞争，同时也是一个国家在世界各国对外形象的竞争、对世界主导权的竞争。文化发展与经济发展相辅相成，随着我国经济实力的逐步增强，需要形成与经济社会发展相适应的文化优势，建立与我国硬实力相匹配的文化影响力。

2. 文化软实力为政治实力的增强奠定基础。

软实力概念来自国际政治关系领域，文化软实力提出的一个原因就是为了增强文化软实力对政治资源的支配、稳定对内的政治统治，以及增加政治形象的外在吸引力和同化力。

首先，文化软实力是建构特定政治运行结构的基本条件。政治运行结构是上层建筑，受到特定社会的经济基础的制约，但是这种制约作用是以人为媒介的。人们在自觉不自觉地按照经济基础的需要建构政治运行结构时，是按照内心的思想观念的指导，以自身的文化素质的主观背景为条件做出的选择。当主观的认识符合了经济基础的实际需要，并且主观的文化背景满足了建构的基本条件时，随后形成的政治运行结构就能够转化为现实的政治实力发挥增强整体国力的作用，反之就会成为政治破坏力，削弱整体国力。在当前的社会阶段，政治体制改革已经势在必行，但是“怎么改?”的问题却是一个难题，关键就在于两个方面：第一，如何认识中国特色社会主义的经济基础对政治领域的具体要求；第二，广大人民群众的认识水平和文化背景能否彻底地贯彻政治运行结构的真实意图。从思想根源上讲，这两个方面都是文化软实力对社会个体的要求。

其次，文化软实力是政治实力提高与否的衡量标准。政治实力的衡量标准是政治结构的决策力、凝聚力和在国际事务中的影响力和协调力。这个衡量标准正是文化软实力本身的一部分。对内而言，我国的政治实力以人民满意度为最高标准，正如党的十七大报告中所说的：“全心全意为人民服务是党的根本宗旨，党的一切奋斗和工作都是为了造福人民。要始终把实现好、维护好、发展好最广大人民的根本利益作为党和国家一切工作的出发点和落脚点。”① 维护好了人民的利益，政府得到的认同度、支持度就高，政治实力就越强。对外而言，我国的政治实力是以国际社会的认同和参与国际事务的程度来决定的。无论是认同还是参与度，都首先取决于国家的政治形象及政治文化的吸引力。可见政治实力提高与否，关键还要看文化软实力发挥的程度。

① 胡锦涛：《高举中国特色社会主义伟大旗帜，为夺取全面建设小康社会新胜利而奋斗——在中国共产党第十七次全国代表大会上的报告》，载于《人民日报》2007 年 10 月 25 日。

最后，文化软实力是当代社会政治斗争的重要工具。这一点也是软实力的功能所在。特别是在经济全球化的今天，国际关系的依赖性在不断增强，各个国家的利益彼此交错，再加上联合国等国际机构的存在，战争形式不再是解决国与国纷争的主要方式。与经济全球化相适应的是，经济和文化在国际舞台上的分量加重，成为国际关系的两个重要领域。它们正逐渐成为决定国际政治领域斗争胜负的关键因素。从文化领域的斗争看，谁掌握了文化的主动权，谁就具有优势，谁就能够掌握国际规则的制定权，谁的政治实力就越强。这一点就反映在第二次世界大战后美国在国际关系中地位的上升过程中。美国在战后掌握了资本主义文化和经济的话语权，成为联合国里最具领导权威的国家，在随后的国际政治秩序和经济秩序的重新确立过程中，美国完全掌控了规则制定的权力，为所欲为，最终成就了美国的世界霸主地位，而这一地位也进一步扩展了美国文化软实力的作用范围，使世界成了美国文化的倾销市场。

除了以上所谈到的文化软实力对增强综合国力的作用外，还有文化软实力对科学技术和教育等方面的提升作用等。我国是一个社会主义国家，综合国力的增强还包括和谐社会与和平发展的问题。和谐社会的建设也要靠文化的理念来协调。通过协调文化理念，影响到制度的调整，进而推动社会主义和谐社会的建设。总而言之，提高文化软实力对综合国力的增强是以全方位和深层次的方式进行的，体现为对综合国力的持续作用和整合作用。

第二章

我国国家文化软实力建设的历程

马克思主义认为，人类社会存在的价值不在于社会群体形式的存在能提高人的物质生产能力和满足人的物质生活需求，而在于物质生产和生活发展的基础上的人类精神的解放、自主和自由。在马克思主义的社会实践过程中，精神解放和文化发展始终是与经济、政治的解放和发展并驾齐驱的重要内容。中华人民共和国的成立和社会主义制度的确立，实现了中国社会历史上最广泛最深刻的社会变革，为当代中国的一切发展奠定了根本的政治前提和制度基础，也为文化建设与发展奠定了政治前提和制度基础。新中国的文化事业深深植根于中华民族传统文化的深厚土壤，继承五四新文化运动的科学精神，发扬革命文化的优秀传统，不断适应新时代的发展需要，在对实践和规律不懈和反复的认识和探索中，对中国特色社会主义文化建设规律的认识达到了新的历史高度，国家文化软实力不断提高，走上了一条中国特色社会主义文化建设的康庄大道。本章从中国特色社会主义文化建设的历史和实践出发，在吸收理论界和学界研究成果的基础上①，从国家文化建设的理论和实践、党和国家领导人的社会主

---

① 包括：张国祚的《学习领会习近平关于提高文化软实力的大思路》；颜晓峰在第六届中国文化软实力研究高层论坛暨《中国文化软实力研究论纲》新闻发布会上做的题为“制度为本　传统为根　价值为魂”的演讲；周洪宇的《中国共产党文化软实力思想的历史考察及其现实观照》等。

义文化思想两个维度对国家文化软实力的建设历程进行梳理和阐述。

一、国家文化软实力建设思想的缘起

（一）1949~1978年：文化建设的转向与探索

中华人民共和国成立以后，我国从以革命战争为主要特征的阶段进入了以国家的恢复和发展为主要特征的阶段。文化建设从服务于革命与战争转变为服务于和平与发展，目标从批判半殖民地半封建社会的文化转变为构建新社会形态及其发展需要的文化。正如1949年9月30日，毛泽东在中国人民政治协商会议第一届全体会议宣言中提出：新中国“将领导全国人民克服一切困难，进行大规模的经济建设和文化建设，扫除旧中国所留下来的贫困和愚昧，逐步地改善人民的物质生活和提高人民的文化生活”①。这充分反映了文化建设是新中国的重要任务。

文化建设这种转变并非是在新中国成立后的短时间内提出和完成的，而是早在抗日战争时期，以毛泽东为代表的党中央就开始考虑文化建设的转变问题。1940年1月，毛泽东在陕甘宁边区文化协会第一次代表大会的讲话中提出：“建立中华民族的新文化，这就是我们在文化领域的目的”“要把一个被旧文化统治因而愚昧落后的中国，变为一个被新文化统治因而文明先进的中国”②。这种新文化即“民族的科学的大众的文化，就是人民大众反帝反封建的文化，就是新民主主义的文化，就是中华民族的

① 《毛泽东文集》（第五卷），人民出版社1996年版，第348页。
② 《毛泽东选集》（第二卷），人民出版社1991年版，第663页。

新文化"[①]"毛泽东的新民主主义文化建设战略思想，虽然是针对新民主主义革命阶段而提出来的，但它也为我党全面认识与把握中国新民主主义革命之后的社会主义的建设战略，包括为认识和制定社会主义的文化建设战略，提出了重要的思路。"[②]"新民主主义的政治、经济、文化，由于其都是无产阶级领导的缘故，就都具有社会主义的因素，并且不是普通的因素，而是起决定作用的因素""以社会主义为内容的国民文化必须是反映社会主义的政治和经济的。我们在政治上经济上有社会主义的因素，反映到我们的国民文化也有社会主义的因素；但就整个社会来说，我们现在还没有形成这种整个的社会主义的政治和经济，所以还不能有这种整个的社会主义的国民文化。"[③]新民主主义文化思想指导着新中国成立初期的新民主主义社会的文化建设，使新中国的文化事业得到了很快的恢复和发展。

随着1956年三大改造的完成，开始了从新民主主义文化向社会主义文化转向的过程，这个过程也是社会主义文化建设的探索过程。1956年4月，毛泽东在中共中央政治局扩大会议上提出："艺术问题上的百花齐放，学术问题上的百家争鸣，我看应该成为我们的方针"[④]，这里指出了社会主义文化的战略方针是百花齐放、百家争鸣。1957年3月，毛泽东《在全国宣传工作会议上的讲话》中提出："我们一定会建设一个具有现代工业、现代农业和现代科学文化的社会主义国家"[⑤]。这里明确指出了科学文化的现代化是社会主义文化建设的目标。1957年2月，毛泽东在《关于正确处理人民内部矛盾的问题》中提出文艺要"为人民服务，为社会主义建设事业服务"，明确把为人民服务

① 《毛泽东选集》（第二卷），人民出版社1991年版，第708～709页。

② 于文俊：《我党对社会主义文化建设战略的探索》，载于《学习论坛》2004年第6期，第14页。

③ 《毛泽东选集》（第二卷），人民出版社1991年版，第704～705页。

④ 《毛泽东文集》（第七卷），人民出版社1999年版，第54页。

⑤ 《毛泽东文集》（第七卷），人民出版社1999年版，第268页。

作为社会主义文化的发展方向。同时又进一步提到“我们的教育方针，应该使受教育者在德育、智育、体育几方面都得到发展，成为有社会主义觉悟的有文化的劳动者”。这点明了社会主义的文化建设要重视文化教育事业，培养又红又专的社会主义劳动者。然而，由于当时客观的国际国内形势和战略判断、政策转变方向的错误，使以上这些对社会主义文化建设的成功探索在实践中并没有始终如一地贯彻落实。特别是在 1966 年 10 月到 1976 年 5 月的“文化大革命”时期，以阶级斗争为核心的“文化革命”脱离了现实国情，尽管“文化革命”仿佛和共产主义的社会基础相符合，但是二者关系的这种相互呼应并不符合社会历史发展的客观规律和中国的具体国情。因此，文化建设更是反复曲折，甚至陷入停滞状态。

（二）毛泽东的文化建设思想

中国共产党可谓是“五四”运动后中国产生的新文化力量，自从其登上了历史舞台，旧中国的面貌便焕然一新了。作为党的第一代领导人，毛泽东就已经十分重视文化的作用了。他不仅在新民主主义革命期间提出了新民主主义文化建设理论，还进一步提出了一系列在社会主义社会进行文化建设的思想、理论。在其不同时期的诸多著作之中，可以寻见毛泽东对文化建设的相关思想。

毛泽东的文化建设思想不仅继承了马克思主义文化观认为的文化是特定社会经济和政治的反映，且能反作用于经济和政治，而且毛泽东直接把文化作为新民主主义革命的“思想准备”“重要战线”和“新力量”来认识。

抗战时期，毛泽东指出抗日战争是民族与民族之间的综合较量，文化也是其中一个“重要战线”，他主张建立文化的革命统一战线。因为“没有革命的理论就不会有革命的运动”①。因此，

① 《毛泽东选集》（第二卷），人民出版社 1991 年版，第 708 页。

毛泽东认为文化既是革命前的思想准备又是其中一条“重要”且“必要”的战线，文化运动对于革命实践具有相当大的重要性。要把文化领域作为“整个革命机器的重要组成部分，作为团结人民、教育人民、打击敌人、消灭敌人的有力武器，帮助人民同心同德地和敌人作斗争”。①

1940年，毛泽东在其代表性著作《新民主主义论》中指出：“新的政治力量，新的经济力量，新的文化力量，都是中国的革命力量，他们是反对旧政治旧经济旧文化的。”② 在这里，毛泽东把“文化”视作与“政治”“经济”一样，是具有革命的“力”的作用的客观存在。这表明了他认为要取得革命的胜利，不仅需要经济、政治的条件支持，同时也需要文化来“发力”。这里，毛泽东认为文化超越了单纯的思想观念领域的范畴，成了实实在在的力量，并且这种力量是可以“反帝反封建”的。中国共产党之所以可以取得新民主主义革命的胜利，就是因为中共的革命文化（革命纲领和价值理念）引起了人民大众的价值共鸣，对当时苦难深重的工农阶级具有极大的吸引力、凝聚力，唤起了中华民族的不屈精神，凝聚了千千万万中华儿女，取得了新民主主义革命的胜利。因此，毛泽东的“文化力量”观可以视作中国文化软实力思想的缘起之处。

新中国成立以后，毛泽东又提出了“百花齐放、百家争鸣”和“古为今用、洋为中用、推陈出新”的文化建设方针。这些方针是对文化发展内在规律的认识和反映，是对过去文化建设经验的深刻总结，充分调动了新中国成立初期广大文化工作者工作的积极性、创造性，促进了当时文化事业的发展。但遗憾的是，毛泽东在后期的社会主义建设过程中并未全面贯彻执行，反而形成了以“防修反修”和“继续革命”等为主的思想体系，这远

① 《毛泽东选集》（第三卷），人民出版社1991年版，第848页。
② 《毛泽东选集》（第二卷），人民出版社1991年版，第662～711页。

远偏离了马克思主义的指导和社会主义建设的初衷。十年“文化大革命”的出现不仅让我国仍然相当薄弱的国民经济等硬实力严重受挫，更使得教、科、文等软实力的发展停滞，许多优秀的文化遗产和民族传统被毁于一旦，我国的社会主义文化建设几乎遭受“灭顶之灾”，给国家和人民带来了重大的挫折和损失。

毛泽东在领导中国人民进行新民主主义革命和社会主义改造及社会主义建设过程中，提出了一系列文化建设理论，为而后几代党的领导集体的文化观奠定了理论基础，是党的文化软实力思想的缘起之处，对于今天发展我国文化软实力、建设社会主义文化强国也具有十分重要的借鉴意义。

二、国家文化软实力建设思想的萌芽

（一）1978～1989年：建设社会主义精神文明

“文革”结束后，在邓小平的主持下（1977年，恢复工作的邓小平主抓文化教育和科学技术方面的领导工作），文化建设重新成为国家生活的重要内容。党的十一届三中全会是重要的历史转折点，纠正“阶级斗争为纲”的方针，提出把国家的工作重心转移到经济建设上来，为文化建设重新回到社会主义现代化建设的正确轨道提供了充分的政治和制度保障。这一时期，文化界在揭批“文艺黑线专政论”“出版黑线专政论”等的基础上，进行了拨乱反正。强调对知识分子、科学技术、教育的重视。1979年9月29日，叶剑英同志代表中共中央、全国人大常委会和国务院在庆祝中华人民共和国成立三十周年大会上发表讲话指出：“我们要在建设高度物质文明的同时，提高全民族的教育科学文化水平和健康水平，树立崇高的革命理想和革命道德风尚，发展高尚的丰富多彩的文化生活，建设高度的社会主义精神文明，这些都是我们社会主义现代化的重要目标”①。这是党的正式文献中第一次提出建设社会主义精神文明是社会主义现代化一部分的论断。同年10月，邓小平进一步明确指出，建设高度的社会主义精神文明就是要提高全民族的科学文化水平和发展高尚的丰富多彩的文化生活。1982年9月，党的十二大报告详细地阐明了社会主义精神文明建设的内容：“社会主义精神文明的建设大体可以分为文化建设和思想建设两个方面。这两个方面又是互相渗透和互相促进的。文化建设指的是教育、科学、文学艺术、新闻出版、广播电视、卫生体育、图书馆、博物馆等各项文化事业的发展和人民群众知识水平的提高，它既是建设物质文明的重要条件，也是提高人民群众思想觉悟和道德水平的重要条件……一切文化建设当然也要在共产主义思想指导之下发展”②。1987年党的十三大报告进一步提出要把科学技术和教育放在首位，使经济建设转移到依靠科技进步和提高劳动者素质的轨道上来。

正是在这种思想氛围和政治环境中，文化建设有了快速发展，文化体制的改革也开始了破冰之旅。以国有直属文艺与演出单位和新闻出版单位为突破口实行转制，从事业单位转为企业单位，逐步政企分开、管办分开，文艺与演出单位要从计划订单走向根据市场需要开展文化活动，试行以承包为主的多种形式的责任制和演职员聘任制和干部任期制。新闻出版领域也进行了以实行承包责任制为主的内部体制改革。图书发行单位实行以国营书店为主体、多种流通渠道、多种经济成分、多种购销形式、少流通环节的发行体制，取消了统一定价，实行分级管理。音乐茶座和舞会等文化市场也日益活跃。值得注意的是，这一时期在文化领域也出现了对西方思想文化的盲目崇拜，文化领域的全面商品

① 《叶剑英选集》，人民出版社1996年版，第540页。

② 《十一届三中全会以来重要文献选读》（上册），人民出版社1987年版，第492页。

化、低俗化和思想领域的资产阶级自由化泛滥，严重影响了社会主义的文化建设。

（二）邓小平的社会主义精神文明建设思想

以邓小平为核心的党的第二代领导集体，在全面拨乱反正、重新确立了实事求是的思想路线的基础上，开辟了一条“社会主义市场经济建设”和“改革开放”并举的中国特色社会主义新道路。邓小平虽然也没有关于“文化软实力”这一概念的直接论述，但邓小平认识到“文革”之后文化建设的重要性和紧迫性，并根据新的历史条件提出了加强“社会主义精神文明建设”的重要思想，并强调物质建设和精神建设“两手抓、两手都要硬”，蕴含了丰富的文化软实力理念。

1. “社会主义精神文明”的新命题。

在对“文化大革命”的严重错误进行了拨乱反正之后，人民群众中曾一度出现了道德滑坡、理想信念动摇等问题；同时，由于党的队伍中“左”倾思想和旧社会农业小生产的落后观念依然存在，党内对于科学文化教育不重视、对于知识分子不尊重的旧观念仍然相当普遍。因此，改变当时情况下文化发展水平同经济发展不相适应的状况，加强文化建设、重塑社会精神、坚定理想信念、便成了关系社会主义建设整体大局的关键性问题。对此，1979 年党的十一届四中全会提出了“社会主义精神文明”① 的概念，同年，邓小平又提出了建设“社会主义精神文明”的新命题。邓小平认为，社会主义国家应该兼备高度的物质文明和高度的精神文明，所谓精神文明“不但是指科学、教育、文化，而且是指共产主义的信念、思想、道德、理想等等”。② 邓小平社会主义精神文明新命题的提出，体现了从建设社会主义精神文明的

① 《社会主义精神文明建设文献选编》，中央文献出版社 1996 年版，第 121 页。
② 《邓小平年谱》（1975 ~ 1997），中央文献出版社 2004 年版，第 700 ~ 701 页。

角度重视发挥“文化力量”的思想，强调了文化对于硬实力建设的推动作用以及对社会的凝聚力和影响力作用，认识到只有通过加强社会主义精神文明建设的途径，才能使文化建设更好地服务和推动社会主义物质文明建设。

2. “科学技术是第一生产力”思想——文化软实力理念表征。

自党和国家的工作重点转移到社会主义现代化建设以来，知识和人才对于我国的紧迫性和重要性日益凸显，不仅“文革”十年使国家人才发生了断层，同时国家建设也需要一大批掌握先进科技的人才。科技知识和人才的匮乏严重地制约了当时国家的发展。对此，邓小平发展了马克思“科学技术是生产力”的思想，针对当时中国和世界的现实情况，1988 年他提出了“科学技术是第一生产力”的著名论断①。他认为，“现代科技的发展使科学与生产的关系越来越密切了。科技作为生产力，越来越显示出巨大的作用”②。这一重要论断的提出，从文化生产力的角度揭示了文化之于社会的推动作用，揭示出科技现代化是中国文化现代化的第一块基石。“科学技术是第一生产力”的思想无疑是邓小平文化软实力思想的表征，也是中国特色社会主义文化思想的重要组成部分。

3. “教育为先”理念——文化软实力的源头建设思想。

文化需要传承和创新，传承和创新需要教育来做基础。邓小平在 20 世纪 70 年代曾对当时我国科研人员的情况做过分析，中国的科研人员只有 20 多万人，而美国和苏联分别有 120 万人和 90 万人。面对“文革”十年给国家带来的严重人才断层，在粉碎“四人帮”后，邓小平提出恢复高考制度的主张。邓小平指出：“同发达国家相比，我国的科技和教育落后了整整二十年，

① 《邓小平文选》（第三卷），人民出版社 1993 年版，第 274 页。
② 《邓小平文选》（第二卷），人民出版社 1994 年版，第 87 页。

抓科技的同时必须抓教育。”① “我们要发展科学技术，要实现现代化，不抓教育不行。”② 教育为文化的传承铸就了牢固的桥梁，为文化的“发力”奠定了坚实的基础。尤其是在当时“读书无用”论泛滥的情况下，要彻底改变当时中国消极的社会氛围，培养出现代化建设急需的科技人才，充分发挥科技对社会主义现代化建设的力量，教育成了文化建设的首要任务。中共十三大提出了“把教育事业放在突出的战略位置”的教育优先发展战略思想，这是中共文化建设思想的重要组成部分。只有教育工作做好了，科学技术这一文化软实力范畴的内容才能真正有了其发力的“源头”，邓小平的教育为先的理念对今天我国的文化软实力建设都具有十分重要的指导意义。

同毛泽东的文化建设思想一样，邓小平也没有明确提出软实力或文化软实力的概念，但是蕴含于邓小平文化建设思想和理论中关于战略管理、科技、教育等方面的内容都是文化软实力思想的重要组成部分。可以说，文化软实力思想在邓小平的文化建设理论思想中已经得到了相当大的体现，同时也内化到国家的政策方针中，为中国文化软实力思想的形成铺设了道路。

三、国家文化软实力建设思想的初步形成

（一）1989～2002年：建设社会主义先进文化

1990年1月，李瑞环在全国文化艺术工作情况交流座谈会上提出了建设“有中国特色的社会主义的文化”这一概念。他指出：“有中国特色的社会主义新文化，即我们的民族形式与社

① 《邓小平年谱》（1975～1997），中央文献出版社2004年版，第160页。
② 《邓小平文选》（第二卷），人民出版社1994年版，第40页。

会主义内容相结合的新文化，就其本质和主体上说，它应该是符合中国国情的，表现社会主义时代生活和时代风貌，揭示现实社会关系的本质和历史发展趋势的，应该是体现社会主义的时代精神的。这种新文化必然是以中国特色的社会主义的政治和经济为根据的，反转过来又给予政治、经济以重大的影响和作用。”①江泽民在 1991 年进一步指出社会主义文化要坚持马列主义、毛泽东思想的指导，坚持百花齐放、百家争鸣、洋为中用、古为今用的方针，坚持反映人民群众的利益和愿望，丰富群众生活，要坚持文化建设中的意识形态领导权。从 1992 年党的十四大开始的历次中央重要会议上都一再提出要加强文化建设的引导，坚持社会主义方向，发挥文化建设的武装人、引导人、塑造人、鼓舞人的功能，培育社会主义“四有”新人，繁荣社会主义文化。1997 年，党的十五大报告进一步明确了中国特色社会主义文化的概念：“建设有中国特色社会主义文化，就是以马克思主义为指导，以培育有理想、有道德、有文化、有纪律的公民为目标，发展面向现代化、面向世界、面向未来的，民族的科学的大众的社会主义文化。这就要坚持用邓小平理论武装全党，教育人民；努力提高全民族的思想道德素质和教育科学文化水平；坚持为人民服务、为社会主义服务的方向和百花齐放、百家争鸣的方针，重在建设，繁荣学术和文艺。建设立足中国现实、继承历史文化优秀传统、吸收外国文化有益成果的社会主义精神文明。”② 这一概念的提出标志着中国特色社会主义文化建设理论的基本形成。精神文明和文化建设被放到了更为重要的位置。2001 年 7 月 1 日，江泽民同志《在庆祝中国共产党成立八十周年大会上的讲话》中，提出中国特色社会主义文化建设的“根本任务是培

① 《社会主义精神文明建设文献选编》，中央文献出版社 1996 年版，第 367 ~ 368 页。

② 《十五大以来重要文献选编》（上），人民出版社 2001 年版，第 19 页。

养一代又一代有理想、有道德、有文化、有纪律的公民。要坚持以科学的理论武装人，以正确的舆论引导人，以高尚的精神塑造人，以优秀的作品鼓舞人。坚持和巩固马克思主义的指导地位，帮助人们树立正确的世界观、人生观和价值观，坚定对马克思主义的信仰、坚定对社会主义的信念、增加对改革开放和现代化建设的信心、增加对党和政府的信任，增加自立意识、竞争意识、效率意识、民主法制意识和开拓创新精神。坚持实施科教兴国战略，进一步普及教育，提高教育素质和全社会的教育水平；大力发展科学文化事业。加强科学知识、科学方法、科学思想、科学精神的宣传教育。唱响社会主义文化的主旋律，坚持为人民服务，为社会主义服务，实行百花齐放、百家争鸣，是发展先进文化必须贯彻的重要方针。要努力掌握和发展各种现代传播手段，积极推进先进文化的传播”①。2002 年 5 月 31 日，在出席中央党校省部级干部进修班毕业典礼时发表的重要讲话中，江泽民进一步强调要用“三个代表”要求统领社会主义文化建设。这就系统地提出了社会主义文化建设的任务和方针，既是改革开放以来文化建设经验的系统总结，也充分体现我国的文化建设战略日益清晰，为 21 世纪的文化建设指明了方向和道路。

这一时期的文化体制改革也进一步推动，从 20 世纪 80 年代的被动调整走向主动改革。文艺演出部门和电影部门的改革取得了重大突破，文化生产力得到了大幅度提高。特别是到了 90 年代末，体制改革已经积累了相当多的经验，逐渐把握到了中国特色社会主义文化建设的基本规律。《中共中央关于制定国民经济和社会发展第十个五年计划的建议》提出文化建设要“坚持把社会效益放在首位、社会效益和经济效益相统一的原则，深化文化体制改革，建立科学合理、灵活高效的管理体制和文化产品生产经营机制。继续实行支持文化事业发展的有关政策，增加对重

---

① 《十五大以来重要文献选编》（下），人民出版社 2003 年版，第 1907～1908 页。

要新闻媒体和公益文化事业的投入。加强文物保护工作。完善文化产业政策，加强文化市场建设和管理，推动有关文化产业发展”①。文化产业也得到了突飞猛进的发展，甚至成为部分省份的支柱型产业，各类文化市场也纷纷建立并完善，文化产业集团如雨后春笋般遍布各个文化行业，由全国人民代表大会常委会、国务院和中央文化管理部门陆续制定和颁发了 200 多部法律法规、政策性文件或部门规章，为后续的产业发展和文化体制改革提供了依据。

（二）江泽民的文化国力观

中国共产党的文化建设思想随着改革开放的推进不断深化，发展到以江泽民同志为核心的领导集体时，党的文化软实力思想已经基本初步形成。

1. 文化综合国力观——文化软实力思想的整体体现。

江泽民在把握国内外发展形势时，认识到了进行文化建设的紧迫性。国际竞争日趋激烈、国内市场经济的缺陷和消极因素在进一步的建设实践中反映出来。因此，江泽民提出了文化建设应该不仅要针对小康社会人们日益增长的精神文化需求，同时要“面对科技迅猛发展和综合国力激烈竞争”②，这表明以江泽民为核心的党的领导集体对于文化建设目标进行了新形势下的再定位。同时，他还强调了文化建设对于政党的重要意义：“坚持什么样的文化方向，推动建设什么样的文化，是一个政党在思想上精神上的一面旗帜。”③

江泽民在分析世界格局时，突出强调了文化建设对于综合国力国际竞争的重要地位。在世界多极化、经济全球化的国际潮流

① 《十五大以来重要文献选编》（中），人民出版社 2001 年版，第 1395 页。
② 《江泽民文选》（第二卷），人民出版社 2006 年版，第 33 页。
③ 《江泽民文选》（第三卷），人民出版社 2005 年版，第 158 页。

和我国建设中国特色社会主义市场经济的背景下，代表不同利益群体、阶层的思想文化相互交织、相互激荡，局面错综复杂。以江泽民为核心的中央领导集体深刻认识到，具有中国特色社会主义的文化成了综合国力的重要组成部分："有中国特色社会主义的文化，是凝聚和激励全国各族人民的重要力量，是综合国力的重要标志。"① 这是党首次把文化提升为"综合国力的重要标志"来看待，反映了文化建设在中共整体战略部署上地位的提升。

不仅从整体上把文化定位为综合国力的重要标志，同时，江泽民还对我国文化软实力的来源、作用和特征进行了描述。文化软实力的来源方面，他认为我国的文化是中国五千年文明的积淀同时又"植根于有中国特色社会主义的实践"②；对政治、经济等硬实力的关系方面，他认为我国的文化反映我国政治和经济的主要特征，"又对它们的发展起着巨大的促进作用"③；文化软实力的特征方面，他指出"文化的力量，深深熔铸在民族的生命力、创造力和凝聚力之中"。④

江泽民文化综合国力观的提出，表明了党中央领导集体认识到当今国际社会中，国与国之间的综合国力竞争，不但是经济、政治、军事力量等硬实力的竞争，更是文化这一"软"力量的竞争，使得文化建设提高到了综合国力的战略高度，这成为了党的文化软实力思想初步形成的标志。

2. "科教兴国"的战略思想——科教文化软实力思想的彰显。

江泽民"科教兴国"战略思想的提出内含了丰富的文化软实力思想。正是因为国家之间、资本主义和社会主义不同的社会制度之间的竞争越来越复杂化，作为文化软实力中重要的组成部分——科教实力变得更加重要。在充分肯定邓小平的"科技是第

① 《十五大以来重要文献选编》（上），人民出版社2000年版，第34页。
②③ 《十五大以来重要文献选编》（上），人民出版社2000年版，第35页。
④ 《江泽民文选》（第3卷），人民出版社2006年版，第558页。

一生产力”思想和“教育优先”思想的基础上他进一步提出了“科教兴国”的战略思想。1995 年全国科学技术大会上，中共中央正式提出了“科教兴国”的战略思想。1996 年，全国人大八届四次会议又把“科教兴国”战略正式定为我国的基本国策。

“科教兴国”战略思想的提出，以及将“科教兴国”定为我国基本国策的重要举措，体现了党中央领导集体对科教文化软实力的重视程度达到了前所未有的高度。

3. “以德治国”的全新时代内涵——治国文化软实力的表征。

江泽民对“以德治国”思想的全新阐释，表现了他重视文化在国家治理中的作用发挥，也是其文化软实力思想的具体体现之一。中外文化中“德治”思想古已有之，江泽民的德治思想不仅是简单的传承，更赋予“以德治国”的全新时代内涵。在2000 年 6 月的中共中央思想政治工作会议上，江泽民首次提出了“德治”的思想。他提到法治是通过权威性的强制手段来规范人的行为，而德治则通过说服、劝导等软性方式来提高人的思想和道德觉悟，以改善人的行为。2000 年 6 月，他又提出了在建设中国特色社会主义的过程中，不仅要一如既往坚持加强社会主义法制建设，做到依法治国；同时，“也要坚持不懈地加强社会主义道德建设，以德治国”①。他还认为“依法治国和以德治国要相辅相成，要建立一个与社会主义市场经济体系相适应、与社会主义法律规范相协调、与中华民族传统美德相承接的社会主义思想道德体系”②。“以德治国”思想的提出，极大地肯定了文化对人行为的影响力和塑造力，以及由此对经济和法治社会构建的重要意义，彰显了其在治国方面的文化软实力思想。

虽然以江泽民为核心的领导集体没有直接提出“文化软实力”

① 《十五大以来重要文献选编》，人民出版社 2011 年版，第 1578 页。

② 江泽民：《全面建设小康社会 开创中国特色社会主义事业新局面》，人民出版社 2012 年版，第 41 页。

的概念，但他把文化作为重要的综合国力，把“科教兴国”定为基本国策，把“以德治国”作为治国方针……这些新思想、新举措标志着党把文化建设上升到综合国力建设的重要层面，形成了“文化国力观”，这与同样是这个时期出现的约瑟夫·奈的文化软实力思想不谋而合。可以说，江泽民的“文化国力观”是对文化“软实力”的深入认识，极大地提高了文化建设在中国特色社会主义建设中的战略地位，可以认为中共“文化软实力”思想已经初步形成了。

四、国家文化软实力建设思想的正式形成

（一）2003～2012年：建设社会主义和谐文化

如果说20世纪八九十年代，我国的文化建设逐步确立了在国家生活中的战略地位，并且明确了未来发展的方向、目标、方针，那么进入21世纪的中国文化建设则是在新的历史条件下进一步明确了文化建设对社会主义的重要意义，尝试性地回答了文化建设中意识形态的先进性和文化产业的时代性之间如何融会贯通的问题。对于文化建设的战略性地位，胡锦涛同志在2003年指出，“大力发展社会主义文化，建设社会主义精神文明，是贯彻落实“三个代表”重要思想的必然要求，是全面建设小康社会的必然要求，也是促进经济社会协调发展和人的全面发展的必要要求。我们必须从全面建设小康社会的全局和实现中华民族伟大复兴的高度，深刻认识加强文化建设的战略意义，在推进社会主义物质文明和政治文明建设的同时，更加自觉地推进社会主义文化建设。”① 2005年12月，中共中央、国务院发出《关于深化

① 胡锦涛：《始终坚持先进文化的前进方向，大力发展文化事业和文化产业》，载于《人民日报》2003年8月13日。

文化体制改革的若干意见》，提出了“树立新的文化发展观”的思想。2006年9月，《国家“十一五”时期文化发展规划纲要》进一步指出，要“坚持树立新的文化发展观，不断深化对文化发展的地位、方向、动力、思路、格局和目的的认识，冲破一切束缚文化发展的思想观念、做法、规定和体制机制性障碍，不断解放和发展文化生产力，促进文化与经济、政治、社会协调发展”①。新的文化发展观所提出的问题就是，要正视全球化条件下的文化对经济社会发展起着日益关键的作用这一现实，既要看到西方的文化产业发展所包含的意识形态因素，也要看到文化生产力对经济发展的推动作用，要找到文化的产业化和意识形态化的结合点。党的十六届四中全会明确提出“深化文化体制改革，解放和发展文化生产力”“以体制机制创新为重点，增强微观活力，健全文化市场体系，依法加强管理，促进文化事业全面繁荣和文化产业快速发展，增强我国文化的总体实力”②。对于如何建设社会主义先进文化，李长春同志指出，“党要在以下六个领域提高建设社会主义先进文化的能力。第一，应当切实提高巩固马克思主义在意识形态领域指导地位的能力；第二，牢牢把握正确舆论方向，不断提高引导社会舆论的能力；第三，大力弘扬民族精神和时代精神，不断提高社会主义市场经济条件下思想道德建设的能力；第四，坚持解放和发展文化生产力，不断提高满足人民群众日益增长的精神文化需求的能力；第五，加强对外宣传和文化交流，不断提高推动中华文化走向世界的能力；第六，坚持“三贴近”的原则，不断提高创新宣传思想工作的能力。”③建设社会主义先进文化在新时期的目标具体化为社会主义的和谐

---

① 《国家“十一五”时期文化发展规划纲要》，载于《光明日报》2006年9月14日。

② 参见：《中共中央关于加强党的执政能力建设的决定》，人民出版社2004年版，第21页。

③ 李长春：《提高建设社会主义先进文化能力》，中国网，2004年12月8日，http：//www. china. com. cn/chinese/CU－c/733514. htm。

文化。2006 年 10 月，党的十六届六中全会通过的《中共中央关于构建社会主义和谐社会若干重大问题的决定》明确指出："建设和谐文化，是构建社会主义和谐社会的重要任务。社会主义核心价值体系是建设和谐文化的根本。必须坚持马克思主义在意识形态领域的指导地位，牢牢把握社会主义先进文化的前进方向，弘扬民族优秀文化传统，借鉴人类有益文明成果，倡导和谐理念，培育和谐精神，进一步形成全社会共同的理想信念和道德规范，打牢全党全国各族人民团结奋斗的思想道德基础。"① 2009 年 9 月，《文化产业振兴规划》由国务院常务会议审议通过，并向社会公开发布，标志着文化产业上升为国家的战略性产业。2011 年 10 月，党的十七届六中全会通过《中共中央关于深化文化体制改革、推动社会主义文化大发展大繁荣若干重大问题的决定》，明确了文化改革发展的指导思想、重要方针、目标任务、政策举措，是新形势下推进文化改革发展的纲领性文件。这一时期，我国的文化建设真正迎来了发展的黄金机遇期，在理论上较好地解决了方向性和时代性协调的问题，在实践上推动了文化体制改革的全面发展。

（二）胡锦涛关于文化软实力的重要论述

进入 21 世纪，人民的精神文化需求随着物质需求的满足而愈加提高，人民的思想活动也变得更加独立、多变，这无疑对社会主义文化建设提出了更高更新的要求。同时，全球兴起的"软实力研究热"标志着以文化为核心的软实力已日益成为国际竞争中的重要内容和手段，许多国家都已充分认识到软实力竞争的重要意义，积极提出了一系列建设国家软实力的政策和举措。

中华民族能否在激烈的国际竞争中立于不败之地，不仅取决

---

① 《中共中央关于构建社会主义和谐社会若干重大问题的决定》，载于《人民日报》2006 年 10 月 19 日。

于经济、科技、国防等硬实力，也取决于我国的文化实力。文化，作为一种“软力量”，是民族和国家的灵魂，是经济社会发展和文明进步的内驱力，它为民族振兴、国家发展提供理论上的指引、精神上的动力和思想上的保证。因此，提升文化软实力是满足人民群众文化需求、增强综合国力和国际竞争力的必然要求。为此，以胡锦涛为核心的中共领导集体为了应对新时期人民社会生活的深刻变化以及国际软实力建设的大潮流，提出了以“科学发展观”为灵魂和核心的文化软实力的重要论述。科学发展观的理论内涵极其丰富，是指导我国社会主义事业发展的世界观和方法论的集中体现，是中共文化观的创新与突破，也是我党文化软实力思想的集中体现，对于促进文化建设和政治、经济、社会各方面的建设和发展都具有深远的意义。

1. “国家软实力”概念的提出。

2006 年 11 月，在中国文联第八次全国代表大会、中国作协第七次全国代表大会上，胡锦涛指出“提升国家软实力，是摆在我们面前的一个重大现实课题”[①]。这是党首次明确提出“国家软实力”概念。会议还阐述了文化建设在党和国家工作全局中的重要地位，提出了“提升国家软实力”的战略号召，为全面建设小康社会时期的文化事业发展指明了前进的方向。

2007 年 7 月，全国政协围绕“以文化建设为主要内容的国家软实力建设”问题召开专题协商会。贾庆林在会议中指出“要深刻认识加强以文化建设为主要内容的国家软实力建设的重大意义。文化建设是国家软实力建设的重要内容，对增强国家综合实力具有重要作用，关系党和国家事业发展的全局”[②]。这里着重突出了文化对于整体国家软实力建设和综合国力建设的重要意义。

---

① 胡锦涛：《在中国文联第八次全国代表大会中国作协第七次全国代表大会上的讲话》，载于《人民日报》2006 年 11 月 1 日。

② 贾庆林：《围绕“以文化建设为主要内容的国家软实力建设”问题建言献策》，载于《人民日报》2007 年 7 月 25 日。

2. 文化软实力思想的正式形成。

2007年10月，在党的十七大上，胡锦涛系统地阐述了“提高国家文化软实力”这一重大战略决策，中国共产党明确把“提高国家文化软实力”作为重要命题写入党的报告。这一重要命题的提出体现了党在新的历史条件下的高度文化自觉，是在总结建党以来的文化建设实践，立足当前国际国内形势、着眼未来所做出的重要战略规划。十七大报告的一系列论述回答了什么是文化软实力、怎样建设文化软实力等问题，标志着党和国家把对文化软实力的建设上升到了国家战略层面，中共文化软实力思想正式形成。

3. 文化软实力思想的进一步完善。

2011年10月，党的十七届六中全会召开，这是新中国成立以来首次召开专门以文化改革发展为主题的中央全会。这次会议做出了《中共中央关于深化文化体制改革推动社会主义文化大发展大繁荣若干重大问题的决定》，该决定强调了提高国家文化软实力的战略重要性和紧迫性，对推动社会主义文化大发展大繁荣、兴起社会主义文化建设新高潮作出了全面的战略规划和战略部署。十七届六中全会提出了建设社会主义文化强国的战略目标和任务，在报告全文中多次强调了“提高（增强）国家文化软实力”① 的战略安排，充分反映了党对文化软实力建设的极度重视、高度的文化自觉、长远的战略眼光。

五、国家文化软实力建设思想的丰富发展

（一）2012年至今：建设社会主义文化强国

2012年11月8日，党的十八大在北京召开。十八大从国家

① 《中共中央关于深化文化体制改革、推动社会主义文化大发展大繁荣若干重大问题的决定》，人民出版社2011年版，第4～5页。

经济社会整体发展、全面建成小康社会的战略层面来进一步关注文化建设和文化体制改革，特别强调了社会主义“文化强国”的重大战略意义。从十七大的“文化大发展大繁荣”到“文化强国建设”，从抽象性的“发展”“繁荣”到实实在在的“文化强国”，说明中国共产党对文化建设的方向掌握得更清晰了。“文化强国”口号的提出，更体现了文化软实力建设的重要性，只有文化具有足够的软实力，国才可谓文化“强国”。报告指出，建设社会主义文化强国，要做到把深化文化体制改革和解放发展文化生产力相结合，这样才能激发全民族的文化创造活力，丰富人民的社会文化生活，保障和落实人民基本文化权益，同时提高人民的思想道德和科学文化素质，最终开创出“中华文化国际影响力不断增强的新局面”①。

党的十八大报告不仅用“扎实推进社会主义文化强国建设”的专章来谈文化建设和文化体制改革，同时还在整个报告的其他章节也涉及了文化强国问题。在描述国家发展到2020年全面建成小康社会的总目标时，将“文化软实力显著增强”单独作为一个段落来展开阐述。指出“要实现社会主义核心价值体系深入人心，公民文明素质和社会文明程度明显提高。文化产品更加丰富，公共文化服务体系基本建成，文化产业成为国民经济支柱性产业，中华文化走出去迈出更大步伐，社会主义文化强国建设基础更加坚实”②。这体现了党在文化自觉上的进步，把“提高国家文化软实力”的战略构想落实到全面建设小康社会的层面来进行阐述，进一步明确指出提升我国文化软实力的具体举措。十八大报告中对于文化建设的相关阐述是党的领导人站在新的历史起点上对文化建设作出的战略思考和科学谋划，体现了我国文化发展的时代要求和必然趋势。要实现到2020年全面建成小康社会

①② 胡锦涛：《坚定不移沿着中国特色社会主义道路前进为全面建成小康社会而奋斗》，载于《人民日报》2012年11月9日。

的文化目标，就必须按照党的十八大部署，深化文化体制改革，进一步解放和发展文化生产力，积极建设文化软实力，以实现文化强国的战略目标。

中共十八大提出了社会主义核心价值观，分别从国家、社会、个人三个方面概括了最具影响力的核心价值观，即“倡导富强、民主、文明、和谐，倡导自由、平等、公正、法治，倡导爱国、敬业、诚信、友善”①，这是社会主义核心价值体系构建的重要理论补充。社会主义核心价值观既传承了中华传统文化的精髓，又契合了当今的时代特征，在十八届三中全会上提出将社会主义核心价值观作为强基固本的基本战略工程，以及“要紧紧围绕建设社会主义核心价值体系、社会主义文化强国来深化文化体制改革”②，弘扬社会主义核心价值观，形成主流价值认同，使党和人民群众坚定信念，有助于深入文化体制的改革及文化强国的建设，诠释我国文化不仅要大还要强的概念。

2014 年 10 月 15 日，习近平总书记主持召开文艺工作座谈会并做重要讲话。习近平在讲话中指出，“实现中华民族伟大复兴需要中华文化繁荣兴盛，中国精神是社会主义文艺的灵魂，要创作无愧于时代的优秀作品，坚持以人民为中心的创作导向，加强和改进党对文艺工作的领导。历史和现实都证明，中华民族有着强大的文化创造力。每到重大历史关头，文化都能感国运之变化、立时代之潮头、发时代之先声，为亿万人民、为伟大祖国鼓与呼。中华文化既坚守本根又不断与时俱进，使中华民族保持了坚定的民族自信和强大的修复能力，培育了共同的情感和价值、共同的理想和精神。没有中华文化繁荣兴盛，就没有中华民族伟

---

① 胡锦涛：《坚定不移沿着中国特色社会主义道路前进为全面建成小康社会而奋斗——在中国共产党十八次全国代表大会上的报告》，人民出版社 2012 年版，第 31 页。

② 《中共中央关于全面深化改革若干问题的决定》，人民出版社 2013 年版，第 4 页。

大复兴。一个民族的复兴需要强大的物质力量，也需要强大的精神力量。没有先进文化的积极引领，没有人民精神世界的极大丰富，没有民族精神力量的不断增强，一个国家、一个民族不可能屹立于世界民族之林。”①

中国共产党十八届四中全会明确了全面推进依法治国的重大任务，建设中国特色社会主义法治体系，推进依法行政、保证公正司法、增强全民法治观念、加强法治工作队伍建设；加强和改进党对全面推进依法治国的领导；提供一个良好的法治环境，以保证党的文化建设过程得到法律的维护，以法律为保障。党的十八届五中全会提出了“十三五”时期是全面建成小康社会的决胜阶段，“十三五”规划必须紧紧围绕实现该奋斗目标来制定。必须牢牢把握中国特色社会主义事业总体布局，正确处理发展中的重大关系，推动物质文明和精神文明协调发展，加快文化改革发展，加强社会主义精神文明建设，建设社会主义文化强国，加强思想道德建设和社会诚信建设，增强国家意识、法治意识、社会责任意识，倡导科学精神，弘扬中华传统美德。②“思想文化是一个国家、一个民族的灵魂。无论哪一个国家、哪一个民族，如果不珍惜自己的思想文化，丢掉了思想文化这个灵魂，这个国家、这个民族是立不起来的。”③

（二）习近平关于国家文化软实力的重要论述

1. 中华优秀传统文化是建设国家文化软实力之根。

中华民族五千多年的发展和多民族文化间的相互吸收、包容共进，积淀出博大精深的中华优秀传统文化。民族文化渗入血

---

① 《习近平总书记在文艺工作座谈会上的重要讲话公开发表》，人民网，2015年10月15日，http：//culture. people. com. cn/n/2015/1015/c87423－27699235. html。

② 《中共十八届五中全会在京举行》，人民网，2015年10月30日，http：//cpc. people. com. cn/n/2015/1030/c64094－27756155. html。

③ 习近平：《在纪念孔子诞辰2565周年国际学术研讨会暨国际儒学联合会第五届会员大会开幕会上的讲话》，人民出版社2014年版，第9页。

脉、薪火相传，文化认同支撑起民族认同、国家认同。把 56 个民族凝聚在一起的文化纽带，是千百年来各民族文化交流融合的共同文化。中华文化是各民族在发展过程中共同浇灌的文化，是吸收各民族文化优秀成果融汇而成的文化。中华优秀传统文化为中华儿女构建了永久的精神家园，为各族同胞提供了牢固的价值认同，为每个国人注入了强烈的家国情怀，是文化软实力的不竭源泉。①

建设社会主义文化强国离不开中国特色社会主义文化的发展，而中国特色社会主义文化的繁荣主要立足于中华优秀传统文化。国家文化软实力的根基，是中国共产党成立以来建设新民主主义文化、社会主义文化、中国特色社会主义文化的全部成果，是近代以来文化变革和更新、建设新文化的重要成果，也是中华民族五千多年文化传承的优秀成果。中华民族五千多年的悠久文明，蕴育发展出根深叶茂、源远流长、丰富多样的优秀传统文化。优秀传统文化塑造了民族品格，滋养了中国精神，陶冶了中华儿女，是中华民族自立世界、生生不息的文化基因。我们的国家文化软实力，只有深深植根于中华优秀传统文化之中，才能干壮枝强。如果抛弃传统、丢掉根本，就等于割断了自己的精神命脉，文化软实力就会患上“营养不良症”“贫血症”。

党的十八大以来，习近平总书记多次在讲话中引经据典，强调传统文化的重要性，并将对传统文化的重视程度上升到文化自信的高度，提升文化软实力关键在于挖掘传统文化在当今时代的时代价值。在中华优秀传统文化问题上，主要从“如何看待传统文化”“传统文化有什么当代价值”“如何实现传统文化的当代

① 笔者注：第六届中国文化软实力研究高层论坛暨《中国文化软实力研究论纲》新闻发布会在中国社会科学院举行。国防大学马克思主义研究所研究员颜晓峰做了题为“制度为本　传统为根　价值为魂”的演讲。见《学习路上 · 习近平“治国理政观”系列之十二》，人民网，2015 年 2 月 9 日，http：//culture. people. com. cn/n/2015/1015/c87423 – 27699235. html。

价值”这三个方面进行新的阐述。[①]

在“如何看待传统文化”的问题上，习近平意识到中华优秀传统文化对现实高度的文化自觉的重要性，将其根植于其治国理政思想之中，并将对传统文化的重要性推向了一个新的高度。习近平在多次重要讲话中引用传统文化中的精髓来表述现实具体实际。在建党95周年的庆祝大会上，习近平引用司马光《资治通鉴》中的“明镜所以照形，古事所以知今”，指出现如今回顾历史，不是为了从成功中寻求慰藉，也不是为了回避现如今所面临的困难找借口，而是为了总结历史经验、把握历史规律，以从中增强开拓前进的勇气和力量。与此类似，在讲话中引经据典的例子还有很多，都反映了习近平总书记将中华传统文化与当前实现中华民族伟大复兴的具体实际相结合，并赋予其新的含义。因此，当今中国的发展离不开中华优秀传统文化，必须以传统文化作为支撑中国现代化建设的精神力量。

关于“传统文化有什么当代价值”，习近平在多次讲话中都有所说明，认为中华优秀传统文化是“中华民族的精神命脉”“中华民族最深层的精神追求”等。在纪念孔子诞辰2565周年国际学术研讨会暨国际儒学联合会第五届会员大会开幕会上，习近平总书记曾指出：“中国人民的理想和奋斗，中国人民的价值观和精神世界，是始终深深植根于中国优秀传统文化沃土之中的。”他强调，中国优秀传统思想文化体现着中华民族世世代代在生产生活中形成和传承的世界观、人生观、价值观、审美观等，其中最核心的内容已经成为中华民族最基本的文化基因，是中华民族和中国人民在修齐治平、尊时守位、知常达变、开物成务、建功立业过程中逐渐形成的有别于其他民族的独特标识。在他看来，

---

① 唐兴辉：《习近平文化强国战略思想研究》，中国知网，2017年2月27日，http：//kns. cnki. net/KCMS/detail/detail. aspx？ dbcode = CMFD&dbname = CMFD201702&filename = 1017046526. nh&v = MjQ3NjllUnFGeWptVmIzTFZGMjZHYk84R05UT3FaRWJQSVI4ZVgxTHV4WVM3RGgxVDNxVHJXTTFGckNVUkxPZlo = 。

中华优秀传统文化可以为我们实现中国特色社会主义建设所面临的问题提供启示，为治国理政提供启示，为当前人类所面临的重大问题提供启示。

关于“如何实现传统文化的当代价值”，习近平明确指出，在传承中华传统文化的基础上，又提出弘扬传统文化的新举措。明确指出将“爱国主义”“集体主义”“社会教育”等形式的教育融入思想政治教育之中进行文化宣传，从而培养人们的民族精神和民族素养，以提升国民素质。弘扬传统文化，不仅要在具体实践中增强传统文化的实践性，还要在理论上调整对待传统文化的方式。习近平以高度的文化自觉提出要实现对传统文化的创造性转化和创新性发展，这一思想将中华优秀传统文化与中国特色社会主义文化建设结合在一起，使其成为文化发展的动力。

习近平以科学的态度对待传统文化，将中华优秀传统文化作为民族的“根”和“魂”，倡导以“古为今用、洋为中用、去粗取精、去伪存真，经过科学的扬弃后使之为我所用”①，并提出对待传统文化不可厚古薄今，要结合现在的实践进行正确取舍。对待传统文化，要正确认识到，虽然传统文化对世界文化曾起着正面的积极作用，但是必须要清楚，传统文化中已有一些已经被快速发展的时代所抛弃了，已经不适应现代的社会发展需求了，甚至还存在许多糟粕，因此，不可以简单地复古、也不可以盲目排外，而是要做出辩证地取舍、推陈出新，继承一切积极合理的思想，摒弃不合理的消极思想，在中华优秀传统文化的基础上建立一种符合时代要求和人民需要的新文化。社会主义先进文化，扎根于民族文化的深厚土壤，继承优秀传统文化的全部成果，马克思主义中国化就包含着与中国文化的融合。因此，以文化软实力推动民族强盛，就是要自觉发展繁荣以中华优秀传统文化为渊

① 《习近平在全国宣传思想工作会议上的讲话》，中华人民共和国中央人民政府网，2013 年 8 月 20 日，http：//www.gov.cn/jrzg/2013－08/20/content_2470777.htm。

源、以社会主义先进文化为代表的中华文化。

建设国家文化软实力，要努力展示中华文化的独特魅力。在5000多年的文明发展进程中，中华民族创造了博大精深的灿烂文化，要使中华民族最基本的文化基因与当代文化相适应、与现代社会相协调，以人们喜闻乐见、具有广泛参与性的方式推广开来，把跨越时空、超越国度、富有永恒魅力、具有当代价值的文化精神弘扬起来，把继承传统优秀文化又弘扬时代精神、立足本国又面向世界的当代中国文化创新成果传播出去。要系统梳理传统文化资源，让收藏在禁宫里的文物、陈列在广阔大地上的遗产、书写在古籍里的文字都活起来。要以理服人、以文服人、以德服人，提高对外文化交流水平，完善人文交流机制，创新人文交流方式，综合运用大众传播、群体传播、人际传播等多种方式展示中华文化的魅力。

2. 中国特色社会主义制度是建设国家文化软实力之本。

文化是一定经济基础和上层建筑的反映，政治上层建筑对文化的影响最为直接和深刻。文化软实力很大程度上来源于制度软实力，制度赋予文化以属性、内涵、品格，文化软实力以制度软实力为力量支持。中国特色社会主义制度是适合中国国情、反映时代要求、保障公平正义、代表人民利益、经过实践检验的制度，具有深厚强大的生命力。这一制度对于文化软实力具有双重意义，一是制度自身成为文化软实力的政治基础和力量源泉，制度优势成为文化自信的基石。中国特色社会主义经济政治制度，以其制度的先进性增强了文化的软实力；二是制度本身作为一种文化存在，内在于文化软实力之中，是构成文化软实力的有机组成。制度的感召力、制度价值的影响力就是文化软实力，中国制度实质上也是中国形象。

2013年11月12日，习近平指出，“坚持把完善和发展中国特色社会主义制度，推进国家治理体系和治理能力现代化作为全面深化改革的总目标。我们之所以决定这次三中全会研究全面深化改革问题，不是推进一个领域改革，也不是推进几个领域改革，而是推进所有领域改革，就是从国家治理体系和治理能力的总体角度考虑的。”① 习近平强调，“国家治理体系和治理能力是一个国家制度和制度执行能力的集中体现”②。国家治理体系是在党领导下管理国家的制度体系，包括经济、政治、文化、社会、生态文明和党的建设等各领域的体制机制、法律法规安排。

完善和发展中国特色社会主义制度，提供一整套更完备、更稳定、更管用的制度体系，既是全面深化改革的总目标，也是文化软实力的强基固本。在一些领域、一些问题上表现出的制度缺失、制度悬置、制度失效，不仅不利于国家发展、民族复兴，而且不利于增强和发挥文化软实力。因此，我们的国家文化软实力，离不开更加成熟、更加定型的中国特色社会主义制度，制度是本体。

3. 中国特色社会主义文化道路是建设国家文化软实力之基。

中国共产党在领导革命、建设改革各个时期，高度重视文化建设，不断探索文化发展规律，在实践中走出了一条中国特色社会主义文化发展道路。党的十五大报告明确指出：“建设有中国特色社会主义的文化，就是以马克思主义为指导，以培育有理想、有道德、有文化、有纪律的公民为目标，发展面向现代化、面向世界、面向未来的，民族的科学的大众的社会主义文化。”十七届六中全会明确提出了“坚持中国特色社会主义文化发展道路，努力建设社会主义文化强国”的战略目标。党的十八大以来，习近平强调文化建设对于实现中国梦的重要作用。他指出，中华民族创造了源远流长的中华文化，也一定能够创造出中华文化新的辉煌。要坚持走中国特色社会主义文化发展道路，弘扬社

① 习近平：《切实把思想统一到党的十八届三中全会精神上来》，载于《求是》2014 年第 1 期。

② 习近平：《坚持制度自信不是要故步自封》，新华网，2014 年 2 月 17 日，http：//news. xinhuanet. com/politics/2014 －02/17/c_119373758. htm。

会主义先进文化，推动社会主义文化大发展大繁荣，不断丰富人民的精神世界，增强人民的力量，努力建设社会主义文化强国。

走中国特色社会主义文化发展道路必须以马克思主义为指导，必须发挥人民群众在文化建设中的主体作用，必须遵循“三个面向”（面向现代化、面向世界、面向未来）的方向，必须要符合“三个属性”（民族的、科学的、大众的）内涵，必须坚持一手抓文化事业、一手抓文化产业，必须坚持培育“四有”（有理想、有道德、有文化、有纪律）公民的目标。只有坚定不移地走中国特色社会主义文化发展道路，才能不断兴起文化建设热潮，推动文化大发展大繁荣，提高文化软实力，凝聚起实现中华民族伟大复兴的中国梦的文化力量。偏离这条发展道路，就会动摇国家文化软实力的根基。

4. 社会主义核心价值观是建设国家文化软实力之魂。

国家文化软实力是一个多要素、多层次、多维度的体系，在这一体系中，核心价值观是灵魂，是决定文化软实力最重要的因素。价值观是人们认定事物、辨别是非的一种思维或价值取向，从而体现出一定的价值或作用，具有相对稳定性和持久性。其中，核心价值观是在整个社会价值体系中占主导地位的优秀价值观，在社会思想观念体系中处于核心地位，它是一个民族在发展的历史进程中，依据社会经济、政治制度的基本属性，依据意识形态的本质要求，依据民族文化传统的深厚血脉，由国家正式确定的最基本的价值观念，作为全民族全社会全体人民的基本价值导向和遵循。确立了核心价值观，国家的基本价值就会更加彰显，社会的价值取向就会更加明确，全民的价值规范就会更加有效，文化的无形力量就会更加聚集。

社会主义核心价值观以社会主义核心价值体系为基础，体现了社会主义意识形态的本质，是中国特色社会主义价值形态的表达。以习近平同志为核心的新一届中央领导集体把培育和弘扬社会主义核心价值观作为凝魂聚气、强根固本的基础工程，作为社会主义文化强国建设的一项根本任务。习近平是从“是什么”“为什么”“怎么办”三个角度对社会主义核心价值观进行阐述并践行的。对于“是什么”的问题，习近平指出，社会主义核心价值观是体现时代精神的，是满足国家、社会和公民价值要求的价值观，既继承了中华优秀传统文化，也吸收了世界的有益文明成果。党的十八大报告也对此作出明确回答：“倡导富强、民主、文明、和谐，倡导自由、平等、公正、法治，倡导爱国、敬业、诚信、友善，积极培育社会主义核心价值观。”① 对于“为什么”的问题，习近平指出了三个方面：一是提升文化软实力方面，指出核心价值观是文化软实力的灵魂及建设的重点，是文化软实力的“方向盘”和“主心骨”，提高国家的文化软实力，最主要的是培育和弘扬社会主义核心价值观这个“魂”。二是国家治理体系和治理能力方面，习近平指出，构建社会主义核心价值观关系到国家的长治久安和社会的和谐稳定，“推进国家治理体系和治理能力的现代化，要大力培育和弘扬社会主义核心价值体系和社会主义核心价值观，加快构建充分反映中国特色、民族特性、时代特征的价值体系”②。同时认为只有在强大的价值观的引导下，才可以做好各项工作。三是丰富人民的精神世界方面，强调社会主义核心价值观是“国家的德、社会的德、个人的德”，它不仅要成为国家治理、社会生活等宏观层面的价值导向，还要深入人们的日常生活，成为人们精神世界的价值遵循。对于“怎么办”的问题，习近平多次强调必须立足于中华优秀传统文化，从中汲取丰富营养，抓好领导干部、青少年、公众人物、先进模范等重点人群，在知行合一中使其真正内化为人们的精神追求及自觉行动。

从“社会主义精神文明建设”“思想道德建设”“社会主义

---

① 《十八大以来重要文献选编》(上)，中央文献出版社 2014 年版，第 25 页。

② 《习近平谈治国理政》，外文出版社 2014 年版，第 106 页。

荣辱观”“社会主义核心价值体系”，再到“社会主义核心价值观”，并成为治国理政的新理念、新思想，体现出对社会主义核心价值观的价值自信、价值自强。新时期对社会主义核心价值观建设的突出贡献主要表现在以下两点：一是明确了该价值观念的基本内涵，从国家、社会、公民三个层面揭示了社会主义核心价值观的基本理念，使不同主体的价值追求和价值规范实现了有机统一。其内涵所提的内容所体现出的民族特性正是此价值观念与其他价值观念的区别所在。可以说，社会主义核心价值观是决定我国文化性质和引领我国文化方向的最关键尺度。二是培育和弘扬了社会主义核心价值观，使其内化于心、外化于行、教化于众、贯穿融入、常抓不懈，既把它当作基础性工程来长期抓，又把它当作要长期坚持的战略任务重视起来。

“推进国家治理体系和治理能力现代化，要大力培育和弘扬社会主义核心价值体系和核心价值观，加快构建充分反映中国特色、民族特性、时代特征的价值体系。”2014 年 2 月 17 日，习近平在省部级主要领导干部学习贯彻十八届三中全会精神全面深化改革专题研讨班开班仪式上强调，要坚守我们的价值体系，坚守我们的核心价值观，必须发挥文化的作用。民族文化是一个民族区别于其他民族的独特标识。要加强对中华优秀传统文化的挖掘和阐发，努力实现中华传统美德的创造性转化、创新性发展，把跨越时空、超越国度、富有永恒魅力、具有当代价值的文化精神弘扬起来，把继承优秀传统文化又弘扬时代精神、立足本国又面向世界的当代中国文化创新成果传播出去。

增强文化软实力，需要培育核心价值观。一个民族的发展兴旺，离不开进步的核心价值观引领方向；一个国家的团结和睦，离不开统一的核心价值观凝聚共识；一种文化的自信自强，离不开先进的核心价值观提供支撑。积极培育和践行社会主义核心价值观，对于巩固全党全民团结奋斗的共同思想基础，对于集聚实现中华民族伟大复兴中国梦的强大正能量，具有重要现实意义和深远历史意义。社会主义核心价值观，提供了强有力的精神力量，构成了文化软实力的精髓。

5. 实现文化自信是建设国家文化软实力之目的。

当前我国已进入实现民族复兴的关键时期，大力促进我国文化与世界其他国家文化的交流与合作，增强中国文化在世界的影响力和吸引力，促进我国与世界各国的了解和友好交往，让世界更真实地了解中国，让中国文化走向世界，对于我国建设文化强国战略、实现民族复兴的意义非凡。习近平主张以“文明互鉴”的外交理念和包容、开放的精神来推动中国与世界各国的交流与发展，树立新型大国形象，提倡在坚定文化自信的基础上，实现中国文化与世界文化的互学互鉴、求同存异，让世界看到一个更加开放、更加自信的中国。

习近平总书记总结了中华文明的产生与发展，指出其最早产生于中国的广袤土地上，并在与其他文明的相互交流中不断发展开来，同时也鲜明地表达了将“文明互鉴”作为我国的外交理念。在与其他国家进行文化交流时，习近平总书记始终坚持中华文化“和而不同”的理念，以此来表明中国与其他国家进行文化交流的基本出发点。习近平总书记对文化交流的阐述，可以概括为三点，即多样性、平等性、包容性，这三点体现出我国文化交流的原则，即在于相互借鉴、共同进步，营造一个良好和谐的交流环境，为中华文化的发展增添新活力。

习近平文化交流的思想是具有开放包容精神的，在中法建交50周年的纪念大会上，他就表达了对法国文学的喜爱；在德国科尔伯基金会演讲中，也表达了对德国优秀文学作品的喜爱并深受其影响。这些都表现了习近平对待文化的开放包容的态度，只有在对其他文化的认识、了解的基础上，才可以更好地发展中国文化。在文化交流中还处处体现出对中华文化的自信，在历次出国访问中，习近平总书记不仅在言谈中表露着中华文化的博大精深，其穿着也彰显出中华文化的魅力。在访问荷兰期间，身着具有中国元素的服装赴国宴，体现出中华文化的特性与魅力。在与世界各国进行文化交流中，要明确自身所具有的优势，使中华优秀传统文化走向世界，实现文化自信。

在这个方面，以习近平同志为核心的新一届中央领导集体的创新是对中华文化自信的强调及交流互鉴、求同存异的思想。中华文化作为五千多年中华民族的文明积淀，可以体现中华民族的精神特质和价值认同，可以坚定中华民族的文化自信，增强中国人民的底气。同时，在进行文化交流中，要从我国的具体需要出发作出正确的取舍，虚心学习、借鉴世界各民族的思想文化，以此来增强中华民族的文化自信。

6. 提高国际话语权、塑造国家形象是建设国家文化软实力之关键。

建设国家文化软实力，要重视提高国际话语权和塑造良好的国家形象。提高国家文化软实力，是党中央在当代中国和当今世界两方面都发生广泛而深刻的变革和变化的背景下，尤其是针对全球范围内和平与发展的新形势新特点，而提出的一个崭新理念。它既是党的十七大“推动社会主义文化大发展大繁荣”部署的重要方面，也是十七大重申的“维护世界和平、促进共同发展的外交政策宗旨”的具体体现。再进一步说，“提高国家文化软实力”的要求，是全面建设小康社会新要求的重要内容，是实现各族人民过上更好生活新期待的重要举措，也是中国同外部世界开展新关系的重要部署。

提高国家文化软实力，要努力提高国际话语权，加强国际传播能力建设，精心构建对外话语体系，发挥好新兴媒体的作用，增强对外话语的创造力、感召力、公信力，讲好中国故事，传播好中国声音，阐释好中国特色；要加大对中国人民、中华民族优秀文化和光荣历史的正面宣传力度；通过学校教育、理论研究、历史研究、影视作品、文学作品等多种方式，加强爱国主义、集体主义、社会主义教育，引导我国人民树立和坚持正确的历史观、民族观、国家观、文化观，增强做中国人的骨气和底气。

2013 年 12 月 30 日，习近平在中共中央政治局第十二次集体学习时发表重要讲话指出："要注重塑造我国的国家形象，重点展示中国历史底蕴深厚、各民族多元一体、文化多样和谐的文明大国形象，政治清明、经济发展、文化繁荣、社会稳定、人民团结、山河秀美的东方大国形象，坚持和平发展、促进共同发展、维护国际公平正义、为人类作出贡献的负责任大国形象，对外更加开放、更加具有亲和力、充满希望、充满活力的社会主义大国形象。"① "四种形象"，就是文明大国形象、东方大国形象、负责任大国形象、社会主义大国形象。这"四种形象"的提出，是习近平同志独到的贡献，塑造起这四种"大国形象"，中国文化软实力必然大大提升。

回顾新中国成立以来关于文化发展、建设思想的历史演进，可以很清晰地看到中国化的"马克思主义文化软实力理论和实践"的一个时间发展线索。这个发展线索体现出党从一开始就十分重视文化建设，是一个具有高度文化自觉的政党。在继承了毛泽东的文化建设思想、邓小平的社会主义精神文明建设思想，以及江泽民的文化综合国力观的基础上，胡锦涛建设性地提出了文化软实力的建设思想。以习近平同志为核心的新一代领导集体在此基础上，在不断深化文化软实力建设的过程中，继续为中国共产党的文化软实力思想理论体系注入新的活力，使之更为完整，发挥更大的指导作用；并且把国家文化软实力建设提高到新的高度。

中国共产党文化软实力思想形成的过程是一脉相承的，植根

---

① 《习近平在中共中央政治局第十二次集体学习时强调朝着建设文化强国目标不断前进》，中华人民共和国国家新闻出版广电总局网，2014 年 1 月 2 日，http://www.gapp.gov.cn/news/1656/185626.shtml。

于中国特色社会主义文化建设的思想体系中，逐渐改变了以往把文化建设单纯作为意识形态建设的传统思维，使文化软实力相关理论随着历史演进不断得到升华，文化软实力的影响逐渐蔓延到经济、政治以及社会生活的方方面面，为各方面的发展提供重要的理论支撑和导向，文化软实力建设成为治国的重要方略，成为发展文化战略新的着力点。

第三章

我国国家文化软实力建设取得的成就及经验

发展文化软实力就是要激发文化的活力和潜力，使文化成为国家实力的精神支柱。中国特色社会主义是一种前无古人的社会发展模式，要在当代的国际环境中生存、发展、壮大，必须要充分认识到文化的作用，运用好丰富的历史文化资源和科学的社会主义文化理念，提高文化软实力的水平，科学运用文化软实力对社会资源进行有效整合。新中国成立以来，中国特色社会主义文化建设取得了巨大成就，国家文化软实力不断提升，在国家文化软实力建设方面积累了宝贵的经验。本章总结我国文化软实力建设取得的成就及取得的经验。

一、我国国家文化软实力建设取得的成就

中国自古以来就重视文化软实力的建设。在前面的分析中，我们可以看到文化概念在中国出现的初始意义就是“文治教化”。这个概念从产生的那天起就是从国家和统治集团的维度来考虑的。从这个意义上讲，中国古代传承下来的文化讲的

就是文化软实力。尽管近代以来，我们引进了西方的文化概念，但是，文化软实力意义的文化概念始终在我国对文化各种意义的理解中占据着最为重要的地位。21世纪以来，党和国家更加重视文化软实力的建设问题，针对不同时期国家文化软实力不同层面的提升问题，我国的文化软实力建设取得了一定的成就。

（一）文化体制改革长足进步

新中国成立以后，我国参照苏联的文化体制模式并根据中国的实际国情形成了一套具有自身特点的社会主义文化体制。以中共中央宣传部为实际的最高领导部门和协调部门，以文化部为行政管理主体，取消文化产业，以国有和集体作为文化经营单位的形式，重视文化的意识形态功能和政治功能，通过行政手段对文化事业和文化生产进行指令性调节。这种体制对处于特定历史时期的社会主义文化建设做出了应有的贡献，但还存在着种种弊端。首先是政治统领文化，只强调文化的意识形态功能和阶级属性，追求纯粹的社会主义文化；其次是政府办文化，政府既是文化事业的管理者，也是文化的生产者，政事不分；再次是文化生产依靠行政指令调节，忽略了文化生产和文化传播的规律。十一届三中全会以后，与经济体制改革相适应，文化体制的改革也逐渐铺开。20世纪90年代初，邓小平“南方谈话”坚定了改革开放的道路，党的十四大指出了社会主义市场经济的改革方向，这给文化体制改革打了一剂“强心针”，加快了文化体制改革的进程。进入21世纪以来，随着社会主义市场经济体制的逐步完善，我国文化体制改革也进入了整体推进阶段（见表3－1）。

表 3－1　21 世纪以来我国文化体制改革的政策推进表

时间	中央文件	关于文化体制改革的主要内容
2002. 11	党的十六大报告：《全面建设小康社会，开创中国特色社会主义事业新局面》，将“继续深化文化体制改革”列为第六部分“文化建设和文化体制改革”的第 6 节	根据社会主义精神文明建设的特点和规律，适应社会主义市场经济发展的要求，推进文化体制改革。抓紧制订文化体制改革的总体方案。逐步建立有利于调动文化工作者积极性，推动文化创新，多出精品、多出人才的文化管理体制和运行机制
2003. 12	国务院：《文化体制改革试点中支持文化产业发展的规定（试行）》和《文化体制改革试点中经营性文化事业单位转制为企业的规定（试行）》	①降低投资准入门槛，鼓励各类社会资本对文化产业进行投资经营；②加大直接融资比例，强化资本市场对文化产业发展的支持力度
2005. 12	中共中央、国务院：《关于深化文化体制改革的若干意见》	①第一次完整表述文化体制改革基本框架。②明确划分文化事业和文化产业的范围和界限。③允许转制为企业类的文化单位，可以吸收部分社会资本，进行投资主体多元化的股份制改造。④把文化体制改革和结构调整紧密结合。⑤对实施对外文化贸易作出战略部署和政策安排。⑥具体部署文化体制改革。
2006. 03	十届全国人大四次会议：《中华人民共和国国民经济和社会发展第十一个五年规划纲要》，其中第十二篇第四十四章《加强社会主义文化建设》将“深化文化体制改革”列为第三节	第十二篇第四十四章《加强社会主义文化建设》将“深化文化体制改革”列为第三节。明确提出了要形成“两个格局”，即“以公有制为主体、多种所有制共同发展的文化产业格局和民族文化为主体、吸收外来有益文化的文化市场格局”。特别提出改进对公共文化单位的扶持方式，促其增强活力、改善服务

续表

时间	中央文件	关于文化体制改革的主要内容
2009. 07	中宣部、文化部：《关于深化国有文艺演出院团体制改革的若干意见》	①重点培育新型市场主体。②以资源整合推进结构调整。③探索公益性演艺服务供给方式。④评奖指标增加经济效益比重。⑤给予人员安置足够政策空间。⑥所有院团将一视同仁，以艺术生产水平、群众欢迎程度作为评价标准，确定重点院团，由国家予以扶持
2009. 09	国务院常务会议审议通过《文化产业振兴规划》并向社会公开发布	明确提出要通过深化文化体制改革，进一步解放和发展文化生产力，激发全社会的文化创造活力。充分发挥文化产业在调整结构、扩大内需、增加就业、推动发展中的重要作用
2010. 10	党的十七届五中全会：《中共中央关于制定国民经济和社会发展第十二个五年规划的建议》	对“十二五”时期文化改革发展作出部署
2011. 10	党的十七届六中全会：《中共中央关于深化文化体制改革、推动社会主义文化大发展大繁荣若干重大问题的决定》	明确了文化改革发展的指导思想、重要方针、目标任务、政策举措，是新形势下推进文化改革发展的纲领性文件
2012. 02	《文化部“十二五”时期文化产业倍增计划》	①实施文化产业差异化区域发展战略。②培育骨干文化企业，扶持中小文化企业。③注重质量效益，鼓励集聚发展。④扩大文化消费，实施文化消费补贴制度。⑤推进文化科技创新。⑥明确 11 个重点行业发展思路。⑦加强政府政策引导、公共服务职能

续表

时间	中央文件	关于文化体制改革的主要内容
2013. 11	《中共中央关于全面深化改革若干重大问题的决定》第十一部分《推进文化体制机制创新》	①完善文化管理体制。②建立健全现代文化市场体系。③构建现代公共文化服务体系。④提高文化开放水平
2014. 2	《深化文化体制改革实施方案》	明确了改革的指导思想、目标思路、主要任务和政策保障，为今后一个时期的文化改革发展规划了路线图、明确了时间表、布置了任务书
2017. 5	《国家“十三五”时期文化发展改革规划纲要》	明确了文化发展改革的指导思想、新理念、目标任务，加强思想理论建设，提高舆论引导水平，培育和践行社会主义核心价值观，传承弘扬中华优秀传统文化，文化体制改革，等等

中国特色的社会主义市场经济体制包括三个层次的含义：一是中国特色。中国的基本国情是改革和发展的客观基础，体制的改革和发展必须既适合中国的现实国情又具有适当超越现实国情的前瞻性。二是社会主义。表明了中国改革和发展的基本性质和价值取向。体制的改革必须有利于中国特色社会主义的发展，而不能偏离或否定社会主义方向的改革和发展；必须符合“三个有利于”的要求。三是市场经济。运用市场机制来激发民众的积极性和创造性，市场经济在这里是手段而不是目的。我国的文化体制改革是和社会主义市场经济相对应的，也应当具有以上三个方面的特性。文化体制经过 40 年的改革和发展，确立了“一主多元”文化格局的体制改革方向，明确了文化体制改革的基本问题和目标，在实践方面获得了长足的进步，主要体现

在以下几个方面。

第一，文化管理体制的改革正在从外层制度向核心制度稳步有序推进。在改革开放初期到 1992 年十四大召开之前的这段时间里，我国文化体制改革在理念上认识到了要摆脱文化领域（主要是文艺活动）管办一体的官僚体制，还文化活动以自由，但在制度上还没有形成明确的改革措施，主要集中在对计划管理体制的尝试性突破，还是浅层次、低水平和被动式的改革方法。从 1992 年十四大召开到 2002 年十六大召开的这段时间是文化管理体制改革开始提速的时期。在管理体制改革问题上，从理念进入了外层制度的实践，改革和重组了中央文化工作的多个部门，从被动式的改革变为主动式的调整。2002 年至今是文化管理体制改革的快速发展时期，在理念上明确了政府管理、行业自律和企事业单位依法运营的管理体制改革方向，并对文化事业和文化产业两种不同类型的文化经营单位规定了不同的管理体制，体现了文化体制核心层改革的有序推进。

第二，形成了与社会主义精神文明建设相一致的运行理念和机制。文化的发展不仅要符合文化自身规律和市场经济的运营规律，也要与社会主义精神文明建设导向相一致。文化运行机制要促进两方面的同时发展，才能既保证我国的文化繁荣发展，也保证文化发展的正确方向。改革开放之初，我们认识到传统文化体制在运行中过于强调阶级属性的意识形态，因而提出用市场手段来发展文化，减少文化的政治倾向，鼓励文化的经济化倾向。40 年的文化体制改革也始终把文化的产业化作为中国特色社会主义市场经济的重点目标。在发展过程中，我们也逐渐认识到文化体制改革中一味地市场取向会导致对社会主义原则的偏离，也不利于健全人格的培养及全民思想和道德素质的提高，容易引发社会整体的价值混乱和国家凝聚力的涣散。

在 1996 年 10 月《中共中央关于加强社会主义精神文明建设若干重要问题的决议》和 2000 年 10 月《中共中央关于制定国民

经济和社会发展第十个五年计划的建议》两个文件中，也相继提出了文化体制改革的社会主义精神文明建设的方向问题。《中共中央关于加强社会主义精神文明建设若干重要问题的决议》提出了新时期文化体制改革要符合精神文明建设的要求，遵循文化发展的内在规律，发挥市场机制的积极作用，要区别情况，分类指导。《中共中央关于制定国民经济和社会发展第十个五年计划的建议》提出要“坚持把社会效益放在首位、社会效益和经济效益相统一的原则，深化文化体制改革，建立科学合理、灵活高效的管理体制和文化产品生产经营机制。继续实行支持文化事业发展的有关政策，增加对重要新闻媒体和公益文化事业的投入。加强文物保护工作，完善文化产业政策，加强文化市场建设和管理，推动有关文化产业发展”。这两个文件说明了中央开始在文化产业化的同时注重文化政治功能和经济功能、社会效益和经济效益相统一，在社会主义国家要更加强调文化的社会效益，以克服市场经济的“物化”文化倾向对社会主义的侵蚀。进入 21 世纪后，我国从具体运行机制方面在发展文化产业的同时，也注重提升文化社会效益的社会主义文化的发展，如加大了对社会科学的投入，通过加大奖励和引进竞争增强社会主义文化的活力，推动社会主义先进文化与现代信息技术的结合，通过“文化下乡”等活动的长期化推动社会主义文化与民众日常生活的融合等。

2011 年党的十七届六中全会更是提出要坚持中国特色社会主义文化发展道路，深化文化体制改革，建设社会主义文化强国，就是要着力推动社会主义先进文化更加深入人心，推动社会主义精神文明和物质文明全面发展，不断开创全民族文化创造活力持续迸发、社会文化生活更加丰富多彩、人民基本文化权益得到更好保障、人民思想道德素质和科学文化素质全面提高的新局面。强调要推进社会主义核心价值体系建设、巩固全党全国各族人民团结奋斗的共同思想道德基础，全面贯彻“二为”方向和“双百”方针、为人民提供更好更多的精神食粮，大力发展公益性文化事业、保障人民的基本文化权益，加快发展文化产业、推动文化产业成为国民经济支柱性产业，进一步深化改革开放、加快构建有利于文化繁荣发展的体制机制。

第三，形成了与我国国情相适应的文化投入和发展机制。针对文化产业的发展，我国鼓励多方主体投资文化产业，并建立良好的投融资平台促进社会资金进入文化产业，有力地促进了我国文化产业的发展。针对那些投入大、见效慢的文化事业，以及具有社会公共产品性质的文化事业和具有社会主义意识形态性质的文化事业的发展，按照社会公益性程度的标准分类对待。采取以国家投入为主的投入和发展机制，形成各得其所、相得益彰的文化投入和发展机制，构建了以公有制为主体、多种所有制共同发展的投资主体多元化的产业格局。根据国家统计局数据，在文化产业中，2008 年实收资本 83 238 亿元，其中公有资本与非公有资本之比为 47.5∶52.5，与 2004 年的 51∶49 相比，非公有资本所占比重有所上升。鼓励和引导非公有资本进入文化产业的政策效果明显。

（二）文化产业迅速发展

从“文化产业”一词在 2000 年 10 月《中共中央关于制定国民经济和社会发展第十个五年计划的建议》中正式进入中央文件以来，我国文化产业从无到有、从无序竞争向有序和自觉的产业发展迅猛推进，对国民经济和社会的贡献与日俱增。

1. 文化产业已成为新的经济增长点。

我国已经形成了门类齐全的文化产业，文化产业对国民经济的贡献值逐渐上升，成为我国新的增长点。根据国家统计局的数据，2004 ~ 2008 年，全国文化产业法人单位增加值年均增长 23.3%，比同期国内生产总值增速高 6 个百分点；2008 ~ 2010 年，文化产业法人单位增加值年均增长 24.2%，继续保持了高速增长的势头。2010 年，文化产业增加值在国内生产总值中的比重稳步提高，按照单位类型计算的文化产业增加值突破 1 万亿元，占国内生产总值的比重达 2.75%，比 2004 年提高了 0.81 个百分点。同时，文化产业的内部结构也不断优化。其中，文化产品服务单位、文化产品制造单位和文化产品销售单位增加值占文化产业法人单位增加值的比重是 53.7∶39.7∶5.8，而在 2009 年的这一比例为 40∶47.7∶12.3。[①] 分地区看，北京、上海、江苏、湖南、湖北、广东、云南等省市，文化产业的增长速度年均超过 20%，占国内生产总值的比重均达 5% 以上，成为当地新的支柱性产业。根据国家统计局《2008 年我国文化产业发展情况的报告》，截至 2008 年底，我国文化产业从业人员总数为 1 182 万人，增加 186 万人，增长 18.6%，占全国从业人员的 1.53%，占城镇从业人员的 3.91%。[②] 这说明，文化产业不仅成为新的经济增长点，而且在吸收就业方面的社会效益日益凸显。

2015 年 1 月 23 日，国家统计局发布了 2013 年中国文化产业年报，文化产业增加值为 21 351 亿元，占 GDP 的 3.63%。其中，文化产业法人单位增加值为 20 081 亿元，比 2014 年增加 2 010 亿元，增长 11.1%，比同期 GDP 现价增速高 1 个百分点。相比较而言，2012 年我国文化产业法人单位实现增加值 18 071 亿元，比 2011 年增长 16.5%，比同期 GDP 现价增速高 6.8 个百分点；2013 年文化产业的增速再次明显下降，几乎与同年 GDP 增速持平。[③] 据对全国规模以上文化及相关产业 5.0 万家企业的调查，2016 年，上述企业实现营业收入 80 314 亿元，比 2015 年

---

① 国家统计局：《2010 年我国文化及相关产业法人单位增加值 11052 亿元》，中国政府网，2011 年 9 月 16 日，http://www.stats.gov.cn/ztjc/ztfx/fxbg/201109/t20110916_16149.html。

② 《数据解读：文化产业发展驶入快车道》，2010 年 6 月 9 日，见 http://cpc.people.com.cn/GB/64093/82429/83083/11822119.html。

③ 霍文琦：《〈中国文化产业发展报告（2015－2016）〉发布“十三五”时期我国文化产业将进入关键阶段》，中国社会科学网，2016 年 4 月 15 日，http://www.cssn.cn/dybg/gqdy_gqcj/201604/t20160415_2969284.shtml。

增长7.5%（名义增长未扣除价格因素），增速比2015年高0.6个百分点。文化及相关产业10个行业的营业收入均保持增长，文化服务业快速增长。其中，实现两位数以上增长的3个行业分别是：以“互联网+”为主要形式的文化信息传输服务业，营业收入5 752亿元，增长30.3%；文化艺术服务业，营业收入312亿元，增长22.8%；文化休闲娱乐服务业，营业收入1 242亿元，增长19.3%。[①]

2. 文化市场空前繁荣。

“我国电影产量由2003年的100部以下上升到2010年的526部，成为世界第三大电影生产国和第一大电视剧生产国，电影票房增速连续6年保持30%以上，票房过亿的国产电影达43部，改变了进口大片主导我国电影市场的格局。影视动画产量从2005年的4.2万分钟增加到2010年的22万分钟，增长了4倍以上，扭转了进口片占主导的局面。新闻出版业总资产、总产出、总销售比“十五”时期翻了一番，印刷业翻了两番。”[②] 中国电影行业正处于爆发式的增长阶段。国家新闻出版广电总局电影局的公布数据显示，2015年全国电影总票房为440.69亿元，较2014年增长48.7%。按人口计算，中国民众到影院观影的次数为人均1.4次，与美国和加拿大2014年合计的人均到影院观影次数3.7次相比。中国电影市场在未来还有很大的增长空间。[③] 据统计，在电影生产方面，2016年我国共生产电影故事片772部、动画电影49部、科教电影67部、纪录电影32部、特种电影24部，总计944部。其中，故事影片数量和影片总数量分别

① 国家统计局：《2016年全国规模以上文化及相关产业企业营业收入增长7.5%》，中国政府网，2017年2月6日，http：//www.stats.gov.cn/tjsj/zxfb/201702/t20170206_1459430.html。

② 中央外宣办：《2010年我国核心文化产品进出口总额143.9亿美元》，中国网，2011年2月28日，http：//news.hexun.com/2011－02－28/127604306.html。

③ 清华大学发布传媒蓝皮书《中国传媒产业发展报告（2016）》，万方数据，2016年7月1日在线出版。http：//d.wanfangdata.com.cn/Periodical/zggb201606048。

比 2015 年增长 12.54% 和 6.31%。在票房方面，2016 年全国电影总票房为 457.12 亿元，同比增长 3.73%。其中，国产电影票房为 266.63 亿元，占票房总额的 58.33%。全年票房过亿影片 84 部，其中国产电影 43 部。国产电影的海外票房和销售收入为 38.25 亿元，同比增长 38.09%。在影院建设和观影数据方面，2016 年全国新增影院 1 612 家，新增银幕 9 552 块。城市院线观影人次为 13.72 亿，同比增长 8.89%。目前中国银幕总数已达 41 179 块，成为世界上电影银幕最多的国家。①

3. 文化企业发展迅速。

文化体制改革的深入发展推动了大量文化企业的出现。“根据新闻出版总署 2003 年统计，我国出版、报业集团中有 31 家进入我国企业 500 强，年收入几十亿元的出版集团 14 个，年收入 10 亿元以上的报业集团 9 个，年收入 10 亿元以上的发行企业、印刷企业已经数十家，单品种发行千万册以上图书、百万份以上报纸、三百万份以上期刊、百万张以上光盘的企业已经有相当数量。”② 截至 2008 年，我国共有文化企业 38 万个，占全部文化产业和文化事业单位的 82.6%。与 2004 年相比，这一比重提高近 4 个百分点，从业人员增加 14%，资产增加 55%，主营业务收入增加 65%。在我国的文化企业中，资产超过 1 亿元的文化服务企业有 1 582 家。在 2011 年《中国 500 最具价值品牌》的排行中，文化传媒品牌共有 46 个，占全部品牌的近 10%，涉及文化传媒企业共 40 个，品牌价值总额超过 4 000 亿元。

文化产业的蓬勃发展为我国文化走出国门打造了与国际接轨的平台，更有利于我国通过文化产品的出口宣传我国优秀的文化

---

① 李蕾：《2016 年中国电影总票房 457 亿元　迎来理性发展转折点》中国经济网，2017 年 1 月 3 日，http://www.ce.cn/culture/gd/201701/03/t20170103_19337259.shtml。

② 张晓明、胡惠林、章建刚：《回首 2003：蓬勃发展的中国文化产业》，载于《中国经贸导刊》2004 年第 3 期。

资源，也有利于我国进行社会主义先进文化价值观对国内和对国外的传播，彰显中国特色社会主义的魅力，增强文化吸引力和凝聚力，提升我国文化的软实力。

（三）区域文化软实力快速成长

区域文化软实力是一个新的概念，与之相类似的是区域软实力。在2007年中国社会科学院出版社出版的《区域软实力的理论与实施》一书中，区域软实力被定义为“在区域竞争中，建立在区域文化、政府公共服务（服务制度和服务行为）、人力素质（居民素质）等非物质要素之上的区域政府公信力、区域社会凝聚力、特色文化的感召力、居民创造力和对区域外吸引力等力量的总合。这种‘软’的力量能够吸引区域外的生产与消费要素，协调本区域社会经济系统的运作，提升本区域社会、政治、经济和文化的发展品位，塑造良好的区域形象，提高区域竞争力，为区域经济社会的和谐、健康、跨越式发展提供有力支持”。[①] 从这个概念中，可以看到区域文化软实力基本上等同于区域软实力，细微的差别在于区域文化软实力强调的是软实力来源背后的精神因素，而区域软实力强调精神因素与物质载体结合的外在表现。

区域文化软实力是和国家文化软实力既相联系又相区别的一个概念。从空间构成看，这里所说的区域是国家的一部分，地理、植被、气候、经济联系、行政划分等表征的独特性是把区域看作国家内部相对独立的一部分的原因。区域文化软实力是国家文化软实力的一部分，其对于国家文化软实力的意义在于：首先，国家文化软实力的价值理念、发展战略构思等因素针对国家内部民众产生的凝聚力、创新力和整合力等软实力需要在区域文

① 马庆国等:《区域软实力的理论与实施》，中国社会科学出版社2007年版，第11页。

化软实力的具体实施中才能实现。其次，区域文化软实力是国家文化软实力的有机组成部分，通过提升区域文化价值、经济价值及促进与周边区域竞争和合作，实现了国家政治统治合法性的增强、人心的凝聚、社会经济发展等国家实力的整体提升。区域文化软实力与国家文化软实力的区别在于：国家具有独立的主权和领土要求，国家文化软实力就具有了维护主权和领土完整等国家安全和国家利益的功能，如意识形态功能、制度设计功能、主权的国际竞争功能等；而区域文化软实力则不需要考虑意识形态、国家整体制度设计及国际政治中独立主权的竞争等因素。一般而言，区域文化软实力的目标体系主要包括经济发展、社会稳定、就业和区域生态环境这四个方面。21 世纪以来，我国的区域文化软实力在国家的区域整合与发展战略的实施中得到了快速成长。一方面，以珠三角、长三角等大区域在经济一体化过程中也实现了整体文化软实力的提升；另一方面，以省为单位的区域文化软实力在对经济飞速发展经验和理念进一步升华的基础上也得到了快速提升，如上海精神、浙江精神、重庆精神、广东精神等。另外，城市文化软实力在城市圈经济一体化和文化产业集聚中也得到了快速发展，如北京、上海、深圳、广州、天津、重庆、成都、武汉、杭州、长沙、西安、青岛等城市已经形成了一定的城市文化品牌和城市形象。

区域文化软实力的快速成长主要表现在以下几个方面：

1. 区域文化产业的快速发展。

经济发展是区域文化软实力提升的基本动力。通过对区域内部文化资源的整合和引进外部文化资源，使文化优势转化为经济和社会发展的动态比较优势，成为区域发展新的经济增长点。例如，文化创意产业已经成为北京的支柱产业，通过对已有的历史文化资源的整合和改造，形成了创意文化、风景旅游文化、城市人文景观文化、遗址文化、古玩艺术品文化、生态文化、传媒文化、软件与信息科技文化、会展文化、影视创作基地文化等 17

个文化产业集聚区。2010 年，北京市仅文化创意产业增加值就占地区生产总值的比重达 12%，全市文化创意企业总量和门类、文化艺术品交易总量、电视剧出品集数、电影产量、电影票房等多项指标居全国之首。白皮书显示，北京文化创意产业的整体实力持续增强，2015 年全市规模以上文化创意产业收入合计 13 451.3 亿元，同比增长 14.0%；资产总计 20 140.2 亿元，同比增长 20.6%；从业人员 122.3 万人，同比增长 6.2%。2015 年全市文化创意产业实现增加值 3 179.3 亿元，占地区生产总值的比重达 13.8%，比 2014 年提高 0.6 个百分点，在全国占比最高。此外，在文化消费、对外文化贸易、文化企业竞争力等多项指标方面，北京在全国均处于领先地位。①

2. 区域精神的提炼和传播。

区域文化软实力通过对区域发展过程中的人文精神加以提炼总结，成为体现时代精神的典型，提升了区域的整体形象，也成为凝聚区域民众和激发区域创新活力的精神支柱。例如，浙江精神把浙江发展过程中所体现出的良好文化基因、早发的市场经济教育、不事张扬的个性等因素升华为浙江人的“意识形态”，这种“意识形态”成为促进浙江发展和团结浙江民众的精神旗帜，是充满地域文化个性与特色及特有的价值取向与内在风貌。2000 年提炼出的浙江精神是 16 个字：“自强不息、坚忍不拔、勇于创新、讲求实效”。2005 年，进入发展新时期的浙江，又把浙江精神再次提炼为 12 个字：“求真务实、诚信和谐、开放图强”。从根本上讲，浙江精神是“以人为本”执政理念与浙江本地发展实践的结合，体现了创新、发展的时代精神和自强不息的民族精神的结合。进入 2011 年，全国各大城市也都纷纷推出了独具城市个性、反映城市历史文化和发展现状的城市精神，在资源和要

① 《北京文化创意产业发展白皮书（2016）》，中国经济网，2016 年 11 月 22 日，http：//www.ce.cn/culture/gd/201611/22/t20161122_18008974.shtml。

素趋同的今天，为城市发展注入了新的精神血液。例如，2011年11月以“爱国、创新、包容、厚德”为内容的“北京精神”表述语正式对外发布，再如上海的“海纳百川、追求卓越、开明睿智、大气谦和”，杭州的“精致和谐、大气开放”，成都的“和谐包容、智慧诚信、务实创新”，长沙的“心忧天下、敢为人先”，南宁的“能帮就帮、敢做善成”等，都是一座城市对自我精神的总结、提炼和诠释。

3. 区域发展模式的升华和推广。

区域发展既得益于好的政策、资源的支持，也得益于发展战略的制定和实施。把区域发展的基本经验和路径通过理论提炼，从而为其他区域的发展提供借鉴，促进整个国家的发展，也成为区域经济的名片，塑造区域的良好形象，这是区域文化软实力提升最明显的体现。在我国的经济发展过程中，相继出现了温州模式、苏南模式、上海模式、天津模式、重庆模式、广东模式、西安曲江模式、深圳华侨城模式等各具特色的发展路径。例如，温州模式是指浙江省东南部的温州地区以家庭工业和专业化市场的方式发展非农产业，从而形成小商品、大市场的发展格局。小商品是指生产规模、技术含量和运输成本都较低的商品。大市场是指温州人在全国建立的市场网络。温州模式又被称作“小狗经济”，贴切形容了温州遍地的小企业、小家庭作坊场景。和苏南模式的集体经济、产品主要为大工业配套服务不同，和广东模式注重利用外资发展也不同。政府在经济发展的过程中，扮演了“无为”者的角色，更多的时候，政府对民间的经济行为采取“睁一只眼闭一只眼”的态度。在当时的政治经济环境下，让那些不符合主流的事情和现象存在和发展，而非压制和取缔，当地政府及其官员为此冒着极大的政治风险。直到20世纪90年代初，当地政府仍然需要面对外界对温州私营经济比重过高的指责。但如今，温州模式已经成为让世界瞩目的经济发展奇迹，成为区域经济发展的典型案例。这种区域发展模式的推广为区域文化软实力和国家文化软实力的发展注入了更为强大的生命力。

（四）传统文化得到进一步发掘和弘扬

如果说发端于20世纪六七十年代的西方世界的“精神危机”是资本主义“文化工业”发展的必然结果的话，那么改革开放后出现在我国的“精神危机”和“道德危机”现象则是我们融入全球化过程中西方文化入侵和我国体制转轨过程中本土文化自我调整滞后的必然结果。当代的人们恐慌于道德和价值观转型过程的茫然和混乱，更加渴望内心关怀、和谐自由、伦理秩序等大同社会的理想。与此同时，当代社会的人们也看到了西方工业文明背后无止境的贪婪和物欲，困惑于理想的共产主义和现实社会主义的巨大差距。于是，已经渐行渐远的封建农业社会遗留下来的、烙印在人们心目中的民族传统文化成了反抗现代工业文明和逃避转型时期混乱与冲突的选择。人们试图从传统文化中找到解决现代问题的方法，而传统的儒家文化圈内的日本、新加坡等国，以及中国台湾等地区在现代化过程中把儒家精神与现代社会相结合的路径也仿佛佐证了这一方法的合理性，正如信奉基督教的韩国前总统金大中所说：“汉文化圈国家（地区）经济发展能取得如此成功，可能同儒教的许多特征有重大关系。”① 抛开传统文化与现代化的本质的截然差别，至少从表面看来，传统文化的某些精神理念的确针砭时弊，正中现代社会显露出来的种种缺陷。

在这一背景下，传统文化再一次进入当代人们的视野。一方面，发掘传统文化当代价值的“国学热”成为显学。人们正在从传统伦理和礼仪文化中寻找适合现代社会的内容，来填补当代“道德之树”的空缺；从传统制度文化中寻找适合当代中国的管

① 金日坤：《儒教文化的集权秩序与现代化》，载于《当代韩国》1995 年版，第 2 页。

理理念和方式；从传统生态文化中寻找有利于促进现代社会生态保护的精神支持；从传统人际交往文化中发现建设当代和谐社会的理论依据；从传统文化的物质和非物质遗存中挖掘有利于现代经济发展和社会进步的资源。另一方面，传统文化对现代背景下的国家治理和国际关系互动的正面效应也被进一步挖掘，如爱国主义、知行合一、仁爱思想、中庸、和谐、诚信等思想，这些思想有利于增加国家凝聚力、增进世界和平与发展，构成了我国文化软实力的重要部分。最后，传统文化在当代得到进一步发掘并非一般意义的移植，而是赋予传统文化外壳以新的时代精神内核和先进价值内核。虽然语言符号没有变化，但内在的精神实质已经千差万别，这也是传统文化仍然具有当代价值的必要原因所在。

传统文化得到进一步发掘主要表现在以下几个方面：

1. 对传统文化的保护力度不断加大。

对传统文化的保护程度体现着一个国家对自身历史的尊重和文化的自觉程度。通过对传统文化的保护、传承和弘扬，可以为国家凝聚力提供基础，为经济社会发展提供精神动力和智力支持，促进经济、社会、文化的协调发展。我国在保护传统文化方面明确了保护为主、抢救第一、合理利用、继承发展、政府主导、社会参与、长远规划、分步实施、明确职责、形成合力的原则，建立了从国家到地方、从政府到个人的全方位的保护网络。从国家层面上看，主要体现在对世界文化遗产和联合国非物质文化遗产的发掘与保护上。

1972 年，联合国教科文组织在巴黎通过了《保护世界文化和自然遗产公约》，成立联合国教科文组织世界遗产委员会，其宗旨在于促进各国人民之间的合作，为合理保护和恢复全人类共同的遗产作出积极贡献。截至 2013 年，经联合国教科文组织审核被批准列入《世界遗产名录》的中国的世界遗产共有 45 项（包括自然遗产 10 项、文化遗产 31 项和双重遗产 4 项），在数量上居世界第二位，仅次于意大利。首都北京拥有6项世界遗产，是世界上拥有遗产项目数最多的城市；而苏州是至今唯一承办过世界遗产委员会会议的中国城市（2004年，第28届）。借由世界文化遗产的申请和保护，我国不断地发掘传统文化的物质遗存，通过世界文化遗产的强制性规定促进传统文化的保护，同时也提高了我国传统文化的知名度和外在形象，促进了地方经济的发展。

中国是世界上非物质文化遗产最丰富的国家之一，也颇为重视非物质文化遗产的保护工作。2004年8月28日，十届全国人大常委会第十一次会议表决通过了全国人大常委会关于批准联合国教科文组织《保护非物质文化遗产公约》的决定，12月2日中国向联合国教科文组织递交了公约批准书，是世界上第6个递交批准书的国家。在国内立法方面，1997年国务院颁布了《传统工艺美术保护条例》，2003年11月形成了《中华人民共和国民族民间传统文化保护法》草案，为借鉴公约的基本精神，2004年8月改名为《中华人民共和国非物质文化遗产保护法》。《保护非物质遗产公约》生效之前，作为试验，联合国教科文组织分别于2008年、2009年和2010年命名了三批世界非物质遗产，共90项，其中中国4项，即昆曲、古琴、新疆的木卡姆民族歌舞和与蒙古国联合申报的长调民歌。中国目前是世界上拥有世界非物质遗产数量最多的国家。中华人民共和国国务院先后批准分别于2006年、2008年和2011年命名了三批国家级非物质文化遗产名录：2006年5月20日第一批国家级非物质文化遗产名录（共518项）；2008年6月14日第二批国家级非物质文化遗产名录（共计510项）；2011年6月10日第三批国家级非物质文化遗产名录（共计191项）。总计1 219项。此外，还有省级非物质文化遗产、市级非物质文化遗产、县级非物质文化遗产的多处。非物质文化遗产的类别涵盖民间文学、民间音乐、民间舞蹈、传统戏剧、曲艺、杂技与竞技、民间美术、传统手工技艺、传统医药、民俗。非物质文化遗产的保护和开发有力地促进了民间传统文化的充分发掘，许多濒临失传的文化形式得到了保存和复兴，在政府的倡导下得到了重新发展。

2. 传统文化的经济价值得到进一步发掘。

传统文化的发掘不仅在于发现和保护传统文化的物质和非物质遗存，更在于把传统文化保护和文化产业开发融为一体，成为提升区域文化软实力的重要途径，特别是传统文化的经济价值对于区域的外部形象树立和内部经济发展有着至关重要的作用。在传统文化的保护和开发相结合的探索过程中，2007 年文化部出台《国家级文化产业示范园区管理办法（试行）》，截至目前共命名了三批 6 个国家级文化产业示范园区。为培育市场主体，增强企业活力，发挥骨干文化企业的示范、窗口和辐射作用，2004 年至今，文化部先后命名了五批 266 家国家文化产业示范基地、四批 8 家国家级文化产业示范园区和首批 4 家国家级文化产业试验园区。

例如，西安曲江位于西安城区东南部，为唐代著名的曲江皇家园林所在地，境内有曲江池、大雁塔及大唐芙蓉园等风景名胜古迹。曲江是中国古代园林及建筑艺术的集大成者，被誉为中国古典园林的先河之一。曲江也有丰富的文化历史积淀，特别是作为唐代长安的皇家园林，流传了很多以曲江为主题的名人诗词佳句和故事。目前，曲江新区已成为我国的文化产业国家级示范区、5A 级景区和生态区。西安曲江文化产业园区经过近五年的发展，深入发掘西安的传统文化，较好地实现了传统文化保护、传播与现代文化产业开发的结合。西安曲江，不仅为“西安—关中—天水”经济区提供了重要经济增长点，而且使汉唐文化被国内外所关注，提升了西安以城市形象、文化品位和文化产业为代表的文化软实力。

（五）中国文化走出去成绩斐然

2010年，胡锦涛同志在中共中央政治局第二十二次集体学习时的重要讲话中强调，要精心打造中华民族文化品牌，提高我国文化产业国际竞争力，推动中华文化走向世界。这是当前和今后一个时期重点要抓好的工作。[①] 推动中华文化走向世界，可以向世界展现中国人民的精神风貌，让世界充分感受到中国的历史文明和当代的巨大进步，提升中华文化对其他国家和人民的巨大吸引力以及对国内人民的凝聚力，更有助于增进了解、消除误解、澄清曲解，提高我国文化产业的国际竞争力，树立文明、民主、进步的国家形象。

对外文化交流是推动中华文化走向世界的重要途径。一方面，我国积极主动地开展了主题鲜明的多层次的文化交流活动，在交流中借鉴吸收他国的优秀文化成果；另一方面，精心组织、积极推介能够充分代表中华文化的精品力作。对外文化交流形成了国家发动和主导、社会各方面力量广泛参与的良好局面，国家和社会形成了强大合力。经过长期的不懈努力，我国的对外文化交流取得了不菲的成绩。

我国对外文化交流正在向更广的空间和更多的层次发展，初步形成了以政府力量为主导，包括社会组织、民间力量在内的多层次文化交流主体，同世界上多数国家开展了文化交流主题活动、文化论坛、对外教育、对外广播和影视等多种形式和多层次的文化交流，从不同视角和层面展示和推介中华文化，提高中华文化的吸引力。从交流对象上看，我国已经和160多个国家形成了良性的文化交流和互动，与145个国家签订了政府间文化合作

① 《加大对外文化交流，推动中华文化走向世界》，载于《求是》2010年第18期，第10~12页。

协定。从交流方式上看，我国在2011年制定并实施了近800个年度文化交流执行计划。在文化主体活动上，成功举办了“欢乐春节”“中国文化年”“中国文化节”“相约北京”“中非文化聚焦”“感知中国”“春节品牌”、西班牙“中国艺术节”“巴黎·中国非物质文化遗产节”、赫尔辛基“中国春节庙会”“凡尔赛宫中国文化之夜”系列文化活动等大型品牌文化活动。在对外文化教育上，在海外设立96个使领馆文化处（组）、9个中国文化中心、322个孔子学院。[①] 截至2015年12月，我国已在134个国家和地区建立了500所孔子学院、1 000个孔子课堂，注册学员超过190万人，初步形成了多层次、多样化、广覆盖的格局。[②]在对外媒体传播上，仅在2007年，新华社海外有效用户增加到14 500多家，新闻信息产品已进入200多个国家和地区；用中、英、法、西、印尼文5种语言向海外用户提供专版服务，月均120版，落地稿件3 000多条。中央电视台第四、第九、西语、法语频道新增落地项目10多项，长城（北美）平台订户数超过4万户，成为美国最大的中文卫星直播平台。中国国际广播电台每天累计落地431小时，覆盖60多个国家和地区。新华网用多语种、多媒体每天24小时向全球播报重要新闻，受众遍布世界200多个国家和地区，在每天1个多亿的页面浏览量中，来自境外的访问接近20%，被境外网民誉为‘中国最好的互联网站之一’；中国网拥有9种外文语种和11个外文版，成为中国对外宣传的一个重要窗口；国际在线以42种语言、48种语音上网，数量分别居世界第一位和第二位。

---

① 《加大对外文化交流，推动中华文化走向世界》，载于《求是》2010年第18期，第10~12页。

② 《中国已建立500所孔子学院　遍及134个国家和地区》，中国新闻网，2012年2月7日，http：//www. chinanews. com/gn/2015/12 -07/7659351. shtml。

二、我国国家文化软实力建设的经验

新中国成立六十多年来的文化建设取得了丰硕的成果，走出了一条中国特色社会主义文化建设的道路，构建了文化建设的理念和制度体系，文化体制改革稳步推进，国家文化软实力建设成效显著，也积累了丰富的经验，这些经验主要表现在：

（一）确立文化建设在国家生活中的战略性地位

对于任何一个国家来说，文化建设都是同政治和经济制度的建设一样，是国家生活的重要内容。文化是一个社会的精神生活的总称，从这个意义上来看，传统社会的文化建设主要从两个方面对一个国家的经济生活和政治生活起作用：第一，文化以宗教、教育、媒介（包括典籍和现代的多媒体）等形式发挥着“国家意识形态机器”的功能，为现有的统治秩序提供理论支撑。第二，文化以科学知识或经验传承的形式发挥着技术生产力的功能，为社会的经济发展提供动力。至少在 20 世纪之前的国家历史中，前者是自觉地发挥着作用，后者是无意识地推动着社会的发展。无论何种功能，文化建设对于一个国家而言都具有至关重要的影响，在国家生活中处于战略性地位。在中国，春秋战国时代对国家治理文化的需求直接推动了诸子百家的文化繁荣，诸子百家的学说也成为诸侯争霸过程中最关键的因素。秦始皇统一六国后所做的最重要的事情就是统一文化和思想，掌握文化控制权。西汉武帝之后的历朝历代也都把儒家文化作为治国的核心理念，对文化建设的重视也是农耕时代中国保持对周边文明统治的关键所在。在欧洲，公元 313 年，罗马皇帝君士坦丁发表了《米拉赦令》，确立了基督教在罗马帝国的合法地位。公元 392 年，狄奥多一世颁布法令宣布基督教为国教。中世纪的欧洲正是由于基督教的存在和努力，使罗马文明的火种得以留存和传播，文化在这里以宗教的形式为欧洲大陆文明的最终形成和发展作出了巨大贡献。而西欧资本主义文明发展起来以后，科学知识和制度文化对人类社会和国家的意义更是超过了历史上任何一个时期，极大地推动了经济社会的发展，形成了“东方从属于西方”的世界秩序，一直持续到20世纪初。

在今天，文化在国家生活中的战略性地位除了以上两个功能之外，文化还成为经济发展的最主要引擎，直接构成社会财富。文化的意识形态功能越来越融入文化产业的发展和文化产品的输出，科学技术的意识形态性质也越来越明显地体现出来。文化全球化是当代每个国家必须要引起足够重视的现象。美国式的资本主义文化借由全球化在全世界形成文化霸权，侵蚀着每个民族国家的精神支柱，直接危及国家存在的合法性，特别是对于资本主义包围中的社会主义国家，更要确立文化在国家生活中的战略性地位，在发展社会主义国家的文化产业过程中增强社会主义文化的生命力和传播力。

新中国成立以来始终重视文化的战略性地位，以毛泽东为代表的第一代领导集体早在新中国成立之前就把新民主主义文化建设提高到与新民主主义经济和政治同等重要的地位，新中国成立后更是特别重视文化的意识形态功能，甚至希望通过文化的革命推动共产主义在中国的实现。以邓小平为代表的第二代领导集体也以文化为突破口，改变人们的思想观念进而把国家主题转换到经济建设上来，并且把文化的发展作为社会主义现代化的重要目标。文化的战略性地位在以江泽民同志为核心的第三代领导集体和以胡锦涛为总书记的领导集体中越来越明确地表达出来。“江泽民提出‘三个代表’重要思想，把文化建设从党所领导的一个方面的工作上升到我们党的建设的本质层次和政治方向的高度。胡锦涛从全面建设小康社会的全局和实现中华民族伟大复兴的高度，对加强社会主义文化建设的战略意义有了更深刻的认识。”[①] 在2011年党的十七届六中全会上，明确指出了文化建设的战略性地位：“改革开放特别是党的十六大以来，我们党始终把文化建设放在党和国家全局工作重要战略地位，坚持物质文明和精神文明两手抓，实行依法治国和以德治国相结合，促进文化事业和文化产业同发展，推动文化建设不断取得新成就，走出了中国特色社会主义文化发展道路……社会主义先进文化是马克思主义政党思想精神上的旗帜，文化建设是中国特色社会主义事业总体布局的重要组成部分。没有文化的积极引领，没有人民精神世界的极大丰富，没有全民族精神力量的充分发挥，一个国家、一个民族不可能屹立于世界民族之林。物质贫乏不是社会主义，精神空虚也不是社会主义。没有社会主义文化繁荣发展，就没有社会主义现代化。”[②] 作为新时期的文化建设纲领，充分肯定了文化建设的战略性地位，必将带来新一轮的文化建设高潮。

（二）社会主义文化的先进性依赖于文化建设中的社会主义核心因素的与时俱进

社会主义文化的先进性的理论根源来自马克思主义对资本主义的批判、超越，现实根源来自中国特色社会主义实践，以及中国化的马克思主义对现实资本主义的超越。社会主义文化的先进性一方面是实质和内容的先进性，另一方面是途径和方式的先进性，只有两个方面的统一才能确保先进性转化为社会主义文化的吸引力、引导力、同化力、支持力。因此，社会主义文化的先进性依赖于文化建设中的社会主义核心因素从实质到实现路径的与时俱进。具体而言体现在以下几点：第一，中国共产党对文化建

① 徐学庆：《论中国共产党领导文化建设的基本经验》，载于《中州学刊》2011年第9期。

② 《中共中央关于深化文化体制改革推动社会主义文化大发展大繁荣若干重大问题的决定》，载于《人民日报》2011年10月26日。

设的领导能力要与时俱进。不断提升领导能力是保持党对文化建设领导权的关键。党是中国特色社会主义事业的领导者，党对社会主义的认识能力和认识程度直接决定着文化建设的层次和水平，党对社会主义的领导能力和领导水平直接决定着文化建设的繁荣和发展程度。第二，作为文化建设指导思想的中国化的马克思主义要与时俱进。马克思主义不是教条，而是认识和改造世界的方法，必须与时俱进地把马克思主义和具体社会条件相结合才会始终保持马克思主义指导各领域工作的科学性和合理性。第三，坚持文化建设的社会主义方向要与时俱进。现实阶段的科学社会主义是什么，以及怎样发展现实的科学社会主义是坚持社会主义发展方向首先要回答的问题，只有与时俱进地深化对社会主义方向的认识，才能明确文化建设的根本目标、方向和发展路径。

新中国成立以来的文化建设尽管经历了一些曲折，但是从整体上坚持了发展社会主义先进文化的基本方向，关键就在于与时俱进地理解社会主义的核心要素在现实阶段的具体表现。从社会主义的本质是解放生产力和发展生产力到经济建设为中心，从加强社会主义精神文明建设到发展社会主义国家的文化软实力，从“三个有利于”到“三个代表”再到“科学发展观”，从文化体制改革到社会主义文化的大繁荣和大发展等，每一次对社会主义文化核心要素的进一步理解都推动了文化建设的快速发展。

（三）坚持文化建设的中国特色、时代特色的统一

坚持社会主义文化的先进性是对文化建设向着正确的方向前进的必要保障。坚持文化建设的中国特色、时代特色的统一则要求文化建设充分运用丰富的中国特色的历史资源并吸收全球化时代的最新成果和方法，要古为今用、洋为中用，取其精华、去其糟粕。

中国是四大文明古国之一，连绵不断的历史传承性本身就是

值得仔细研究和借鉴的宝贵财富。几千年延续下来的民族精神和民族性格已经深入中华民族每一个成员的骨髓中，这是我们进行文化建设最基本的思想氛围和环境，不可能一朝一夕而改变，这种氛围和环境也通过每个社会成员的思想合力根深蒂固地影响着文化建设从根本目标到具体步骤等方方面面的过程，这种动态的结构整体使社会主义中国的文化建设具有鲜明的中国特色。就民族传统文化的遗存而言，里面既有勤奋、拼搏、互助友爱、和谐等数之不尽的优秀民族精神，也有专制、奴化、抹杀个性等令人憎恶的所谓民族劣根性。只有从中择其善者而从之，把民族文化的优秀成果融入文化建设中，并从文化建设中反馈优秀的成果丰富民族精神。保持文化的民族性，取其精华、弃其糟粕是在全球化过程中确保社会主义文化先进性的重要条件。

当今时代的全球化是资本主义主导的全球化，尽管我们充分认识到当代资本主义的消费文化、享乐文化使人沦为资本的奴隶，但是我们也要看到整个资本主义发展过程中，并不仅仅只有这些内容，和任何文化一样，资本主义的文化也是过去、现在、未来的文化元素的复杂混合体，也有反映自然、社会、思维的基本规律的文化因子。在当代社会，整个资本主义文化已经随着资本主义文化产业的全球化入侵了所有存在市场经济影响的地方，这种文化霸权的存在就是我们文化建设所面临的时代特色。

社会主义先进文化的发展离不开中国传统文化和民族精神构成的民族心理结构的基础，也离不开当今资本主义文化霸权的时代环境。我们必须积极吸收两种文化的优秀成果，为我所用，同时坚持中国特色社会主义文化的主导作用。以社会主义文化为“体”，以传统文化和西方文化为“用”，把传统文化和外来文化进行社会主义改造，吸收一切人类历史上的物质和精神文明的成果为我所用，是我国文化建设永葆先进和走出国门的必要条件。

（四）以人为本，保障人民群众的文化权益，满足人民群众的文化需求

社会主义文化要把人放在第一位，这是马克思主义的精神实质所在，也是中国特色社会主义文化获得民众认同、支持和拥护的源泉所在。以人为本是党和国家的执政理念，在文化建设上就是要保障人民的文化权益，满足人民的文化需求，激发人民的文化创新力。在文化全球化这样一个公开竞争的文化平台，只有能够取得民众认同和支持的文化才能继续生存和发展。在这样的背景下，一种文化在理论上的先进性并非必然会得到民众拥护的原因，关键在于对民众文化权益的尊重程度、对民众文化需求的满足程度，以及对民众文化创新的实现程度。前两者是文化获得民众好感和亲近的基础，民众文化创新力则是文化获得长久生命力的原因。中华人民共和国成立以来的文化建设历程表明，凡是尊重人民群众文化权益、文化需求和文化首创精神的时期都是文化建设取得非凡成就的时期，如改革开放初期的思想解放大讨论和联产承包责任制的发明，再如当今文化产业飞速发展背后的民间力量等都体现了这一点。

（五）文化建设要坚持分类指导，循序渐进的方法

“‘分类指导、循序渐进’是指从管理的目的和改革的目标出发，对不同文化行业采用不同的方法，既要积极又要稳妥，又要充分考虑不同区域发展的水平，坚持一切从实际出发、实事求是，分类提出不同的改革要求。”① 关键在于要区分文化建设的性质和功能，把公益文化和非公益文化区分开来，分类指导。非公益类文化建设可以进行市场化操作，通过大力发展文化产业推

① 孟宪平：《中国特色社会主义文化建设的基本经验论析——对中国共产党文化建设的认识》，载于《中共四川省委党校学报》2011 年第 4 期。

动文化生产力的快速提高，对于公益类的文化则必须要由政府出面进行各方面的支持。实践证明，正如市场经济的公共性缺陷一样，面对社会公共文化产品，文化产业化的道路并不适用，如果一味推行的话，反而会造成文化建设的倒退和社会矛盾的激增。对于社会主义意识形态的文化，尽管我们可以通过文化包装，赋予它时代特色和民族特色，但是从实质上讲是和资本本性截然对立的，因此，这一类文化也必须要加强政府的直接领导和干预。循序渐进就是指文化建设要按照规律逐步推进，过快或过慢都会导致社会问题的出现。对于这一点，将在下面做详细分析。

（六）加强国家文化软实力建设，实现中国和平发展

实现和平发展，是中国人民的真诚愿望，也是中国人民的不懈追求。坚持走和平发展道路，是改革开放以来中国共产党和中国政府根据国内外形势的变化所作出的重大战略抉择。中国坚持走和平发展道路是对中国历史文化的传承，又赋予这一文化新的内涵。中国坚持走和平发展道路是中国基本国情的要求，基本国情、文化传统和国家根本利益、长远利益是中国和平发展的决定因素和内生动力。中国坚持走和平发展道路是顺应世界潮流的选择。当今世界，不同制度、不同类型、不同发展阶段的国家相互依存、利益交融，形成了命运共同体。[①]

自 20 世纪 70 年代末实行改革开放以来，中国成功地走上了一条与本国国情和时代特征相适应的和平发展道路。邓小平曾明确指出，我们搞的社会主义“是主张和平的社会主义”[②]。进入 21 世纪新阶段，根据国际局势的变化和中国特色社会主义事业面临的新形势和新任务，党提出了中国走和平发展道路的要求。

---

① 顾海良：《“中国特色社会主义理论与实践研究”专题讲义》，高等教育出版社 2012 年版，第 265 ~ 266 页。

② 《邓小平文选》第三卷，人民出版社 1993 年版，第 328 页。

2004 年 8 月，胡锦涛在第十次驻外使节会议上发表重要讲话，强调中国要高举和平、发展、合作的旗帜，坚持走和平发展道路，争取和平稳定的国际环境来发展自己，又以自己的发展来促进世界的和平与进步。2005 年 12 月，国务院新闻办公室发表《中国的和平发展道路》白皮书，首次以政府文告的形式，系统阐述了中国的和平发展道路的内涵：一是争取和平的国际环境发展自己，又以自身的发展促进世界和平；二是依靠自身力量和改革创新实现发展，同时坚持对外开放；三是顺应经济全球化发展趋势，努力实现与各国的互利共赢和共同发展；四是坚持和平、发展、合作，与各国共同致力于建设持久和平与共同繁荣的和谐世界。2011 年 9 月，国务院新闻办公室发布的《中国的和平发展》白皮书，对中国和平发展道路的内涵给予了明确界定。中国和平发展道路最鲜明的特征，就是坚持科学发展、自主发展、开放发展、合作发展、共同发展。

“中国和平发展”的提出是对我国各项事业已有成就的肯定，而不是作为一种发展战略的开端。从更为宏观的历史背景看，中国和平发展是中国物质性成长和社会性发展相统一的过程，这个和平发展不是作为中国对外扩张和武力征服意义的崛起，而是相对于 1840 年以来中国逐步成为半殖民地半封建社会的耻辱历史的发展。

通常意义上理解的“中国发展”是从综合国力的提高及由于国力的提高而使国际力量对比和国际秩序产生重大影响的角度而言，主要指我国改革开放以来综合国力快速发展的历史阶段，这种快速发展首先直接得益于新中国成立后 30 年间的努力。到了 20 世纪 80 年代初，我们在经济上建立了比较完备的工业体系；政治上拥有一套较为成熟的制度体系和责任心较强的领导集体；外交上恢复了在联合国安理会的常任理事国地位，实现了主权稳定和周边和平；军事上成为为数不多的拥有核武器的国家，具备了核威慑的能力；发展战略上确定了以经济建设为中心和改革开放的正确思路；再加上经历了“文革”时代的全国人民求变心切和一大批优秀干部的锐意进取。因此，各种因素促成了从20世纪80年代初到21世纪头十年的这一阶段是中国发展的迅速成长期，我国各方面事业都有了突飞猛进的发展。这一时期的快速发展可以通过经济方面、政治方面、文化方面、生活方面、外交方面表现出来。

种种迹象都表明，中国的发展在改革开放以来的这一时期内发展迅速，这一点得到了国内外的一致承认。从未来的趋势看，中国发展的步伐还将继续迈进：首先，已有的发展成果为后续的改革奠定了良好的基础。其次，国家领导集团对未来经济改革和发展的战略思维清晰科学，实施有力；对未来政治体制改革发展的方向明确，符合中国实际需要；对社会的矛盾和问题有清醒认识并积极致力于问题的解决。再次，从国家制度层面上看，中国特色社会主义市场经济体制不断完善，民主集中制原则下的政治体制不断巩固。最后，从外部环境看，尽管小型冲突和摩擦不可避免，但是中美、中日、中欧之间发生战争的可能性在短期内较小，在诸多国际事务上，彼此依赖要大于彼此对立，互利共赢的原则能得到较多共识。中国负责任的与和平发展的大国形象正在逐步树立，文化传播和交流渠道的畅通使国际对中国的正面看法也在逐渐增加。总之，中国的发展还会继续，中国的和平发展问题还将继续在未来成为一门国际关系领域的显学，中国需要世界，世界更需要中国。

中国在发展的过程中始终伴随着西方社会对中国猜疑、惊恐、敌视的目光，但是随着中国综合国力的强大、和平发展意愿的不断释放以及世界经济形势的急转直下，西方国家在嫉妒中国快速发展的同时也越来越感觉到世界的进步离不开中国的发展。中国和平发展得到国际社会越来越多的肯定和认同。从“北京共识”到“中国模式”，众多针对中国的研究从根本上讲是为本国在国际关系上制定未来针对中国的政策服务，或者出于“捧杀”

中国的目的，或者出于寻找不同于西方新的发展道路和经验的目的等。

无论何种目的，对于我国而言都是一个深化国际社会对中国的认知的过程。通过该过程，是增加了国际社会对我国的认同还是增加了国际社会对我国的敌视？关键在于我们怎样做来让对方向着我们希望的方向去认识我们。这就对我国驾驭文化软实力的能力提出了更高的要求。其中的关键首先在于，我们自己如何来看待和回应西方提出的“中国模式”。如果以客观的态度来看的话，至少可以得出以下事实：“中国模式”以自身的特点与优势对中国和世界产生了较大的影响，对世界各国客观上也产生了一定的积极影响，中国模式为发展中国家提供了一条可借鉴的路径。中国改革开放的伟大成就和成功经验，是落后国家如何建设社会主义、如何实现现代化的经验，它不仅是中国也是人类社会的共同精神财富和文化遗产，是对人类社会的重要贡献，必将对在探索中前进的其他国家产生积极的影响。“中国模式”的相对成功，带来的不仅是中国人的崛起，而且是一种全新的思维，是中西方现存理论和话语还无法解释的新知识。“中国模式”是经济全球化背景下一种积极回应和参与全球发展的社会发展模式，是坚持社会主义、强调民族特色，同时又倡导不同制度、不同社会制度和意识形态“共处竞争、对话合作”的社会发展模式。

中国走和平发展道路具有重要的现实意义和长远的历史意义。中国的发展目标不是征服和称霸，而是内部的繁荣稳定和外部的和平共赢。一个不争的事实就是：中国正在重新成为一个世界性的政治、经济和文化大国，无论中国和世界相互适应的过程会朝哪个方向发展，至少在目前看来中国的和平发展对世界的和平和发展是起着积极作用的。

第四章

我国国家文化软实力建设的现状与面临的挑战

在上一章分析我国文化软实力建设取得成就和经验的基础上，本章指出了中国国家文化软实力建设存在的主要问题，分析了我国文化软实力建设面临的挑战。

一、中国国家文化软实力建设的现状

今天的中国昂首前行、充满活力，并且日益拥有发展的战略眼光和智慧。我们不再满足表面的物质成绩，而是要追问一个问题：无论是在文化产业的发展上，还是在社会意识形态的提炼和推出上，为什么我国文化软实力建设同西方社会相比存在如此大的差距？我们必须正视这些问题的存在，找出问题的根源、有的放矢，才能真正提高我国的文化软实力。

（一）软实力和硬实力发展不均衡

改革开放以来，我国的经济发展突飞猛进，巨大的贸易顺差给我国经济发展带来了丰厚的资金储备。但是在文化领域，长期以来却处于文化贸易逆差的尴尬境地，文化赤字严重。我们在国际上缺乏文化品牌，企业力量弱小、没有话语权……软硬实力发展的不均衡已经越来越威胁到中华文化的生存空间。

1. 文化创新力薄弱。

文化创新力是国家文化软实力的重要内容，特别在现代社会中，一个国家在知识、制度、发展理念等方面的创新能力直接成为衡量国家文化软实力的最重要标准。社会科学文献出版社2011年12月出版的《G20国家创新竞争力黄皮书：二十国集团（G20）国家创新竞争力发展报告（2001~2010）》表明，2009年中国在G20集团中创新竞争力排名第十位，前九位分别是美国、日本、德国、法国、韩国、英国、加拿大、澳大利亚和意大利。从得分看，美国的创新竞争力得分是我国的两倍之多。虽然我国的GDP规模已经位居世界第二位，但是我国的文化创新力极度薄弱，不仅影响到经济发展方式的转变和经济的持续发展能力，也影响到我国以文化软实力为核心的国际竞争力的大小。更为重要的是我国文化创新力的薄弱不仅是一个结果，而是由教育、社会环境、产业发展等多方面组成的社会创新系统的整体能力欠缺。这种欠缺往往决定了未来15~20年国家的国际竞争力。

我国文化创新力的薄弱并非一贯如此。中国传统文化蕴涵着丰富的创造力和创新精神。古代中国为世界贡献了无数独特的思想和科学技术发明，极大地改变了世界的发展进程。只是到了近代，我国的文化创新力越来越弱，对世界的贡献也越来越小。这种“文化赤字”从近代开始就始终成为萦绕在国人心中的痛，滋生了近代以来“西学东渐”的浪潮。如今我国成为世界制造大国和出口大国，但是在思想和文化上却是一个弱国。近20年的时间里，经济的飞速增长并没有带来文化创新力的大幅提高，这是值得我们深思的事情。虽然我国历史上有大批对世界文化思想发展作出重要贡献的思想家、文化家，但现实中能影响世界的思想大家和文化大家还远没有出现，正如李约瑟在其编著的15卷《中国科学技术史》中正式提出的著名的“李约瑟难题”：“如果我的中国朋友们在智力上和我完全一样，那为什么像伽利略、托里拆利、斯蒂文、牛顿这样的伟大人物都是欧洲人，而不是中国人或印度人呢？为什么近代科学和科学革命只产生在欧洲呢……为什么直到中世纪中国还比欧洲先进，后来却会让欧洲人着了先呢？怎么会产生这样的转变呢？”我国著名科学家钱学森也问道：“为什么我们的学校总是培养不出杰出人才？”这些问题都说明了一个事实：近代以来我国的软硬实力发展不均衡，“文化赤字”严重。

2. 文化软实力发展滞后。

改革开放以来，我国确立了以经济建设为中心的非均衡发展战略，所有的方针政策、政绩考核都围绕着经济增长的硬性数字指标来设计。这就造成了我国的软硬实力不均衡的问题，具体表现在：

（1）我国文化软实力发展的动力不足。在我国，文化软实力的推动者主要是政府机关、教育科研机构和媒体，是以一种自上而下的舆论带动社会对文化软实力的关注，这就忽视了广大民众、企业、非营利组织等下层力量的积极性和创造性；并且行政色彩过浓的文化软实力建设模式往往是闭门造车，研究的多而实施的少，对问题根源的针对性不足，远不能满足文化软实力发展的需要。这种脱离了群众的发展模式造成了当代中国文化软实力的渗透力不足，而且缺乏有效而又持久的发展动力。

长期以来，我国对文化发展的支持力度也远远不够，仅以教育事业的发展来看，“财政性教育经费占 GDP 的 4%”这一目标，从 1993 年提到了 2006 年，实现目标的时间，也从 2000 年推迟到了 2010 年。2006 年全国人大通过的“十一五”规划再次提及 4% 这一目标，这使国家财政性教育经费支出占 GDP 的比重从 2006 年开始直线上升，最终在 2012 年实现了这一目标。相比之下，日本教育经费总值占 GDP 的比例一直处于较高的水平。除 1970 年因 GDP 快速提高使得此比例有所减少外，均保持在 5% 以上，1980 年甚至高达 6.8%。1998 年日本教育经费总额占

GDP 的比例为 6.0%。当美国 1999 年的教育投入达 7%、印度 2003 年的教育投入达 5% 时，我国的教育投入却一直没有超过 3.5%。我们已经说了很久的“教育立国”，但教育投资永远是“剩余财政”。这种对文化教育的漠视和对文化软实力发展的战略缺位直接导致我国文化软实力发展动力的严重不足。除了教育之外，我国在公共文化事业上的投入也远远不够，文化设施、文化产品、文化活动远不能满足民众的需求。虽然文化产业得到了快速发展，但是发展多集中在低层次的通俗性、娱乐性和商业性的文化，而公共文化的发展相当滞后，特别是在农村地区，文化设施极度欠缺。这些都严重影响着文化软实力的发展动力。

（2）文化资源开发不够。我国有着非常丰富的传统文化资源，但是对这些资源的挖掘和利用保护远远不够，并且现有的利用和开发也不尽合理。这些年来，风靡全球的美国好莱坞影片《花木兰》《功夫熊猫》等都是我国自有资源被蚕食的典型。花木兰和熊猫在中国文化中的意蕴被颠覆，完全成了美国价值观的代言人，进而又影响着中国青少年的价值理念。与此相似的还有日本对《西游记》《三国演义》的动漫改造，韩国用儒家文化的理念打造众多优秀韩剧。诸如此类，让我们国人汗颜。除此之外，我国的物质文化遗产和非物质文化遗产的保护也面临困境，一些承载着厚重历史文化的古代建筑不断地以开发的名义被夷为平地，一些传统工艺和艺术品都面临着后继无人的境地，这对我国宝贵的文化资源的生存构成巨大威胁。当前我国文化资源开发不足主要表现在以下几个方面：第一是缺乏整体布局和统一规划，使文化资源的整体和核心优势被埋没。第二是开发盲目。对文化资源的开发缺乏长远眼光，只着眼于短时的利益。第三是开发粗放且无序。没有完善的项目前期论证，缺乏宏观深刻的把握，结果低水平开发和随心所欲的开发普遍存在。

（3）经济发展的文化含量不高。改革开放以来，我国的经济以年均 9% 以上的速度增长，成为“世界工厂”和“能源资源消耗大户”。从我国的产业结构类型看，基本上属于初级和中级的产品加工，缺乏有知识产权的、高附加值的终端产品生产。如汽车行业，我们还没有能够在国际上叫得响品牌的发动机生产厂家，关键部件还受制于美欧日韩等国，我国只是一个汽车加工组装大国和汽车消费大国。其他如电脑、软件等高科技产品，我国基本上被边缘化。尽管我们提出转变经济发展方式，但是在新材料、新能源等核心技术上，我们还是要仰仗欧美的眼色行事。经济发展的文化含量不高直接限制了我国文化软实力的发展。

3. 文化产业整体水平落后，“文化逆差”现象严重。

尽管经过三十年的发展，我国的文化产业成长迅速；但是与西方发达国家相比，我国的文化产业发展程度低、市场化程度不高，创新能力匮乏，整体水平落后。主要表现在以下几个方面：

（1）文化产业的发展方式粗放。我国的文化产业从起步算起还不到三十年的时间，粗放式的产业发展模式造成了文化资源的极大浪费，直接影响我国的文化产业国际竞争力。从产出效益看，资源分散和效益低下并存，我国的文化产业是在计划经济体制中产生的，不可避免地带着计划经济体制的某些特点。如大量的文化资源分别隶属于不同的行政机构，并且受到不同机构的内部行政规章的保护。这就导致资源分散，经营单位众多，无法有效地实现集约经营。这一特点在广大中小城市的文化产业格局中非常明显，即便是在中央直属的文化单位中，也普遍存在。以文化部直属文化产业机构为例，据统计，截至 1999 年底，我国文化部下属的企事业机构共 33.07 万家，从业人员共 166.15 万人，当年国内演出场次是 42.3 万场，国内观众达 4.69 亿人次；有文化娱乐业机构 17.47 万个，90.3 万人；还有文化市场其他经营机构 9.7 万个，23 万人。[①] 如果平均算下来，文化部下属每单位平

① 《2001－2002 年中国文化产业蓝皮书总报告》（节选），中国网，2012 年 1 月 25 日，http：//www.china.com.cn/ch－whcy/6.htm。

均才有5人左右。从产出效益上看，根据我国新闻出版总署2010年全国新闻出版业基本情况的数据，2010年我国音像制品出版单位共374家，全国每年共出版各类音像制品4.89亿件，平均每家企业年生产130万件，月生产仅有10万件。而销售单位有167 882个，每年正版音像制品共销售8 900万件，平均每个销售点一年不过卖530件，月平均只有44件。[①] 2015年，全国共有音像制品出版单位368家。全国共出版录音制品9 860种，出版数量为2.34亿张（盒），平均每家企业年生产63.5万张，每月生产5.29万张。[②] 资源分散和粗放经营还表现在地方文化产业单位的管理上，绝大部分中西部地区的文化单位依然靠财政拨款生存，并且规模狭小、效益低下，资源闲置和浪费严重，远不能满足民众的文化需要。

（2）文化产业发展水平低，结构升级慢。我国的文化产业还处于较低水平的发展状态，按照国际平均水平，人均GDP超过1 000美元时，文化产业的消费应占GDP比重的40%左右。但是2008年我国的人均GDP已远远超过1 000美元，达3 000美元，而我们包括文化产业在内的第三产业的消费仅占GDP的33.2%，以此推算我国的文化产业供需缺口在3 000亿美元左右。2015年我国人均GDP达7 904美元，包括文化产业在内的第三产业的消费2013年占GDP的比重为46.9%，这个数据在2014年提高到48.2%，2015年为51.6%，比重进一步提高，但是我国的文化产业发展仍然是低水平状态。从产业结构看，我国2008年文化产业核心层（新闻出版、广播电视电影、文化艺术）、外围层（网络、休闲娱乐、其他文化服务）和相关层（文化用品、设备及相关文化产品生产销售）实现的增加值之比为

---

① 根据国家新闻出版总署发布的《2010年全国新闻出版业基本情况》数据计算得到。

② 《2015年全国新闻出版业基本情况》，科印网，2016年9月1日，http://www.keyin.cn/news/sczc/201609/01-1097984_7.shtml。

34∶30∶36，代表新兴产业的外围层比重远低于核心层和相关层。这说明我国的文化产业仍然是传统产业占主导地位，新兴产业发展薄弱，整体的产业结构升级缓慢。就产业的发展模式看，主要是对西方发达国家文化产业的简单模仿，部分模仿甚至偏离了主流价值取向，文化创新和对传统文化的挖掘力度远远不够。

（3）文化产业技术力量和人才匮乏。信息技术和数字技术是推动文化产业发展的强劲动力。美国、日本的文化产业之所以能够成为国民经济的支柱产业，一个重要原因就是在文化产业中广泛应用高科技，推动文化产业从生产到流通到消费的全过程都高科技化，这就进一步带动了相关产业的快速发展。如迪斯尼把高新科技与娱乐业相结合，从 1993 年到 1997 年四年时间就增加销售额 160 亿美元。而我国的文化娱乐业在高新技术应用方面还非常欠缺，如《英雄》《满城尽带黄金甲》等电影的大制作以及电脑特技基本都是在美国、新西兰等地完成，我国还没有与其相媲美的公司，而高成本主要就来自这一部分。技术的落后也导致我国文化遗产的保护因为技术不到位而频频受损。我国文化产业的专业人才短缺较为严重，体制、机制保守，再加上管理落后、报酬低下，很多优秀的文化产业人才都流失到了国外。技术和人才的缺乏制约着文化产业的发展。

（4）文化产业国际竞争力薄弱，“文化逆差”现象严重。我国文化产业融入国际市场后，宏观竞争环境发生了巨大变化。跨国公司和外国文化商品大量进入我国市场，对我国本来就弱小的文化产业形成冲击。同时，我国的文化企业对于 WTO 的规则和国际惯例还不熟悉，常常在国际竞争中吃“哑巴亏”。我国文化产业与外国相比，竞争力方面存在三大基本差距：首先，综合实力悬殊。以电影产业为例，1999 年美国平均每部电影的投入金额为 5 150 万美元，相当于我国 1999 年全部电影的拍摄费用。在营业收入方面，2010 年美国电影票房收入为 105 亿美元，相当于我国同年的 6 倍。其次，经营能力悬殊。西方发达国家的文化企业市场经验丰富，运营能力强大。美国文化娱乐产业为了抢占加入 WTO 之后的中国市场，早就展开了对我国文化市场的全面研究，而我国企业很少做市场调研和定位。最后，我国文化产业的“文化逆差”现象严重。我国当前的文化产业存在着不容忽视的结构性缺陷，文化产品的进出口存在巨大的贸易逆差。尽管中国人口占世界总人口的 1/5，但它只承载全球信息资源的 4%。中国的文化产业呈现出“量小质不高”的特点。例如，2007 年，中国从美国进口的电视节目与我国出口节目的金额比为 6.69∶1，小时比为 34.6∶1，这里面的逆差很大。再以出版业为例，2010 年全国共引进出版物版权 16 602 种，共输出出版物版权 5 691 种，引进数量是输出数量的 2.92 倍，2008 年和 2009 年分别是 6.9 倍和 3.28 倍；2010 年全国出版物累计进口 37 392.28 万美元，累计出口 3 758.16 万美元，进口金额是出口金额的 9.95 倍，2008 年和 2009 年分别是 7.97 倍和 8.87 倍。2015 年，全国累计出口图书、报纸、期刊 2 112.45 万册（份）、7 942.60 万美元，与 2014 年相比，数量下降 1.19%，金额增长 1.43%。其中，全国出版物进出口经营单位累计出口 1 552.63 万册（份）、5 726.74 万美元，与上年相比，数量下降 8.10%，金额增长 1.36%。2015 年，全国出版物进出口经营单位累计进口图书、报纸、期刊 2 811.75 万册（份）、30 557.53 万美元，与 2014 年相比，数量增长 10.75%，金额增长 7.67%。[①] 2016 年，全国出版物进出口经营单位累计进口图书、报纸、期刊 3 108.18 万册（份）、30 051.73 万美元，与 2015 年相比，数量增长 10.54%。[②] 由此可见，长期以来，我国的文化产业都处于逆差状态，据统计，中国对外文化贸易逆差严重，总体达 10∶1，对欧美国家甚

① 《2015 年全国新闻出版业基本情况》，中国经济网，2016 年 9 月 1 日，http://www.chuban.cc/yw/201609/t20160901_175346.html。

② 《2016 年全国新闻出版业基本情况》，中国新闻出版广电网，2017 年 7 月 25 日，http://www.chinaxwcb.com/info/20957。

至超过100∶1。“文化赤字”较为严重。在文化交往中，国外文化产品像“洪流”一样大量涌入我国文化市场，而我国流向国外的文化产品却像涓涓的小溪。“文化逆差”的存在是我国只能成为发达国家文化输出、文化渗透、文化殖民、文化侵略的对象，国家文化软实力的提升更无从谈起。

总而言之，我国软实力滞后和“文化赤字”严重的现象既是中国近现代的历史事实，也是当代中国的社会现实。一方面，我们必须看到我国的文化软实力正在逐步提升，开始走上了良性发展的轨道；另一方面，文化的历史欠账仍然很多，我们还需要做好持久战的准备，徐徐图之。关键在于，我们要有清醒的认识，用心去做，重在培育，创造让人充分发挥原创力的环境，实现国家文化软实力的长远、持续发展。

（二）国家文化软实力现实竞争力不强

中国文化软实力发展正面临着新的形势和新的环境。能否在这种背景下占领主动，是国家文化软实力提升面临的重要任务。而在文化软实力的诸多构成要素中，竞争力又是最为现实的要素。文化软实力现实竞争力指的是特定国家或地区的文化在传承、开放、创新发展等方面所具有的综合比较优势。我国文化软实力已经形成了独特的竞争优势，当然也存在着诸多不足。

1. 未能很好地解决价值体系的历史传承、开放吸收与创新发展。

一个社会的价值体系有其历史传承性、开放吸收性和时代独创性。其中，历史传承性和时代独创性是主流。中国作为一个社会主义国家，其主流意识形态与价值体系当然也应包括这三大部分，即中国的社会主义意识形态与价值体系既有对中国五千年传统价值合理精华的继承，又有对当今世界各种文明价值体系优秀品质的开放吸收，但这不应是最主要的，最主要的是当代中国共产党人在马克思主义的基础上，结合中国经过长期革命战争和社会主义建设的实践所积累起来的当代中国无产阶级意识形态和价值观。这是由意识形态的阶级性所决定的。当代中国文化软实力在这三个方面做得都不够好，且存在着很大的问题。其表现在：第一，在对传统文化的继承方面，我们始终缺乏一种辩证唯物主义和历史唯物主义的正确态度，忽而严重贬低传统文化的价值，忽而无限拔高传统文化的作用。更有甚者，一些人对于历史采取实用主义的态度，肆意曲解历史，从而严重扭曲了传统价值体系的实际内容，所有这些行为使传统文化在当代中国核心价值体系的构建过程中所能起的正面作用大打折扣。尤其需要重视的是，一些文化媒体和文化人士对中国近现代史特别是中华人民共和国历史恶意歪曲与肆意割裂，他们的行为已经严重地动摇了中国共产党人经过长期斗争和建设而形成的价值观，威胁到了主流意识形态的传播及其主导地位。第二，在吸收外来文化的有益养分方面，这些年来工作成绩不小，但问题也非常多。我们的文化媒体在宣传西方思想时缺乏辩证的态度，盲目地对西方大唱赞歌，只知盲目地从理论或学术的角度对西方资产阶级意识形态进行研究与欣赏，盲目鼓吹所谓的“普世价值”，严重忽略了意识形态和核心价值体系的阶级性以及民族国情等特殊性，从而导致对西方意识形态和价值体系的盲目推崇，在相当一部分中国人中，特别是青年人中间形成了一种西方一切皆好、一切好的东西皆来自西方的严重幻觉。从而使西方资产阶级的一些腐朽价值观乘机而入，如极端自由主义、享乐主义、反社会主义意识形态，甚至腐化堕落的价值观也登堂入室，成为腐蚀中国价值体系的主因之一。更有甚者，在文学自由和新闻自由的口号下，有些媒体和文化界人士自觉或不自觉地传播了敌对意识形态的观点，引起社会在价值体系上的混乱和某种焦灼感。第三，在时代独创性方面，这些年来我们的建树不多，始终未能建立健全一整套符合时代要求的价值体系，所谓的创新基本上表现在概念与口号的令人眼花缭乱的花样翻新上，没有多少实际内容，更没有一种持之以恒的坚持，所以大多数口号与概念提出后，热闹了一阵并被束之高阁、抛到脑后，很快淡出人们的视线和记忆中。

2. 未能建立积极主动的、生动活泼和坚强有力的主流意识形态与核心价值传播体系。

主流意识形态与核心价值观是需要宣传才能被人民大众接受的，而宣传是要注意方式方法的。在这一点上，我们的做法是非常有必要加以改进的。长期以来，我们在宣传主流意识形态与核心价值观上存在着不少问题，其表现为：在传播手法上千篇一律、简单粗暴；在传播内容上枯燥乏味、缺乏时代感；在传播效果上流于应付、效果不彰，甚至容易引起逆反心理。以爱国主义宣传为例，我们一直满足于对学生进行课堂说教，对一般大众进行理论灌输，结果是大家慢慢地对这类教育产生了疲倦感，流于应付和形式，效果并不显著。而在这方面，西方社会就做得不错。以美国为例，美国为进行其爱国主义宣传，动用了从教堂、学堂到好莱坞等一切手段，甚至将爱国主义渗透到日常生活的仪式和礼仪上，如西方对国旗国歌的尊重，对为国牺牲的先烈的纪念，以及各种形式和规模的国家纪念活动都比较成功地宣传了西方的爱国主义与道德观念。这方面，我们做得很少、很不成功。例如，尽管我国文化历史悠久，近代历史苦难深重，革命和建设艰苦卓绝，但至今我们没有一个国家级的纪念先烈的仪式，没有一个国家级的国耻纪念日，对于那些为中国革命和建设作出巨大贡献的英模和劳模缺少法律上的国家关怀。这一切对于宣传和弘扬主流意识形态和核心价值观是不利的。

3. 对科学技术在意识形态与核心价值观传播中的重大作用重视不够、管理不力。

主要表现在对网络传播的重视和管理上。目前，中国互联网对于主流意识形态的挑战越来越不容忽视。尤其是对中国共产党的领袖人物进行疯狂的人身攻击；另外，抓住查处中的腐败案件和一些突发事件，特别是抓住有关部门在处理这些事情上的某些失误或不如人意处，进行攻击，煽动网络民意的激烈情绪，并及时地把攻击的矛头指向主流意识形态和价值体系。网络化还催生了快餐文化、低俗文化、腐朽文化、舶来文化的流行，诱发了物质主义、纵欲主义和拜金主义的滋长，这些都使民族文化的生存与发展遭遇了空前的挑战。同时，中国某些网络在宣传西方价值体系和意识形态方面却又不遗余力，为西方意识形态和价值观的入侵制造了舆论平台。目前，还有一个非常值得关注和研究的问题，是中国国内不少知名网站的老板都已分别加入美国等国的国籍，我们不能不关注由外国籍人士主导中国网络的负面影响，由这些宣誓效忠其国籍所在国的人士在国内拥有文化平台或主导中国文化话语权，他们真的能够让中国的文化软实力为与西方有着极大差异的共产主义意识形态服务吗？由此可见，加强对中国网络的管理已经迫在眉睫。

4. 文化软实力在培养国民的大国心态和大国意识方面做得不够。

无论以什么物质标准衡量，中国都是当今世界的大国和某种意义上的强国。但是，由于中国的独特历史经历，中国国民的国家认知始终在弱国与强国之间摇摆，在行为举止特别是思维方式上时常在自卑与自傲两个极端摇摆，时而有着强烈的唯我独尊的民族主义情绪，时而又表现出一定的崇洋媚外、苟且偷安心态。中国社会这种国民心态和国民意识特别不利于中国处理对外事务，也不利于对外交往。其表现为，在相当长的时期内，在对外交往中我们都无法正确应对外部世界加之于中国的种种言行，也无法正确对待外来文明对于中国价值体系的影响与评判。我们很多国民无法正确对待来自外部世界的批评，常常表现为一触即跳或惶惶不可终日的浮躁心态，在批评甚至恶意的诽谤面前缺少一种大度与冷静，从根子上讲是缺少一种大国的自信与自尊。同样地，我们也无法正确对待来自外界的表扬和赞誉，常常表现为沾沾自喜或自高自大，一副五百年前我最阔的架势。在赞誉，特别是一些廉价的奉承面前缺少一种从容和淡定，从根子上讲缺少一种大国的雍容与尊贵。

二、我国国家文化软实力建设面临的挑战

进入20世纪90年代以来，世界政治格局发生了巨大转变，一超多极的国际政治格局日益明晰。国际格局的变化导致了国家之间的依赖性增强，对话与合作成为主流。与此同时，国际利益的争夺更为激烈，国际力量博弈的触角已经延伸到了世界各地。在这种环境条件下，中国的崛起无疑给国际竞争增添了无穷的变数。一方面，国际社会事务越来越离不开中国的参与，中国强大的经济实力和国际政治地位也使很多国家不得不寻求中国的支持；另一方面，西方国家始终对中国心存芥蒂、疑惧重重，总是试图遏制、诋毁、打压中国，使中国的国际形象受到损害。这就给我国的文化软实力建设带来了巨大的挑战。

（一）在文化传播、话语权方面的建设任重道远

话语权是指舆论主导力，“国际话语权是指通过话语传播影响舆论，塑造国家形象和主导国际事务的能力。”① 注重国际话语权能力的提升，赢得国际话语主导权力，是后发国家维护自身国际权益的重要手段，话语权能力的高低反映了国家文化软实力的高低。话语权是通过媒体的文化传播来实现的，拥有话语权，就意味着拥有了媒体舆论和文化传播的主动权和制高点，可以积极地引导舆论向对自身利益有益的方向发展，从而塑造自己的国

① 张国祚：《中国文化软实力研究报告》（2010），《社会科学文献出版社》2011年版，第164页。

际形象，赢得国际社会的认同和支持。但是当今的国际竞争更为激烈，资本主义文化霸权的直接矛头对准了我国，我国文化传播力量薄弱，远没有形成具有国际公信力的国际传播战略，我们在文化传播、话语权方面的建设任重道远。

1. 对国际话语权的争取面临重重困难。

（1）发达国家对我国充满警惕和敌意，阻碍了我国对国际话语权的争取。资本主义文明率先在欧美开花结果，资本主义的发展给欧美带来强大物质文明的同时，也让欧美在精神文明的历史进程中先行一步，引领了早期工业文明、现代文明的道路。毫不夸张地说，近代以来的几乎所有伟大的文明成就都发生在欧美发达国家。文明的先行性造就了西方发达国家在国际话语体系中的霸权地位，似乎人们也早已适应了这种话语霸权的存在，西方在文明上的先行性强化了欧美国家的种族、体制和文化的优越感，这种根深蒂固的优越感也加强了发达国家对话语霸权的占有欲。20 世纪以来的民族解放和独立运动造就了一大批脱胎于西方殖民地的国家，国际产业分工格局也促进一大批经济上有所发展的新兴国家，新兴国家日益要求在国际事务中分享话语权。于是，发达国家的话语霸权与新兴国家反霸权的矛盾不断激化。

我国是新兴发展中国家的代表，随着改革开放以来的快速发展，形成了一个经济总量跃居世界第二、综合国力不断增强、经济发展模式影响越来越大的新兴社会主义大国。中国的存在直接对西方发达国家的价值观和发展模式形成挑战。在发达国家看来，中国是西方主导下的国际体系中难以控制的、与资本主义价值直接对立的因素。在西方国家看来，中国的存在使他们不能随心所欲地安排世界秩序，中国的快速发展造成了国际力量的失衡，中国的发展模式是对他们自认为最完美的资本主义市场经济和民主道路的挑战与否定，中国的发展榜样给了其他发展中国家挑战现有不平等的国际政治经济体系以勇气。这些都是发达国家难以容忍的。因此，发达国家始终抱着对中国的警惕、怀疑、敌意，总希望按照他们的模式改造、规范、遏制中国，用西方的价值观和民主制度作为标准来衡量和批判中国。围绕着人权、西藏、新疆、台湾、民主等问题或事件，西方媒体积极地争夺中国在国际上的话语权，先声夺人地用强大的国际话语权优势压制中国的声音，主导国际社会对中国的了解和认知过程。这对我国话语权的争取形成了极大的压力。

（2）发达国家的话语霸权依然强大，短时间内不会改变。话语权虽然是软实力，但是话语权背后却以硬实力为基础。无论西方发达国家在各自利益问题上的争端有多大，一旦面临着与中国相关的问题，都无一例外地站在一起，形成一个声音。这就意味着我国在国际社会上争夺话语权的对手不是某一个西方发达国家，而是发达国家群体所形成的话语霸权。例如，在对“非典”事件、“三聚氰胺”事件等突发性事件的报道中，西方媒体不约而同地对我国采取了大肆丑化的话语攻势。基于这一点来看，我国的综合国力与西方发达国家群体的综合国力相比有很大差距，甚至可以说不具有可比性。在文化软实力的比较上，西方国家依据强大的经济实力和科技实力，经过上百年的发展和磨合，已经形成了覆盖全球、无孔不入的庞大媒体网络，凭借该媒体网络，可以轻而易举地掩盖掉中国在国际社会上的声音，可以完全左右国外民众对中国的印象，可以形成针对中国的、铺天盖地的话语攻势。以美国主流媒体为例，有学者曾对美国的主流媒体对中国的报道进行过统计，统计的范围是《纽约时报》《华盛顿邮报》、美联社、CNN 等。在一个季度里，按题目来说，负面的占一半，中性的占 25%，有一点积极意义的也占了 25%；如果按字数或文章长短算，90% 以上是负面的，因为负面的文章长、正面的文章短。这种强大的话语霸权是当今中国刚刚起步的文化软实力所难以应对的。从长期来看，西方发达国家对中国的经济、军事、科技、文化优势还将持续下去，甚至部分领域还会进一步扩大，这也就决定了发达国家的话语霸权依然强大，短时间内不会改变，我国话语权的建设依然步履维艰。

（3）我国尚未做好争夺话语权的充分准备。回顾这些年来我国在国际话语权争夺战中的表现，可圈可点，也透露出我国的诸多缺陷。无论是硬件建设还是软件发展，无论从战略角度还是从策略角度来看，我国还称不上是做好了充分的准备。这主要表现在：第一，我国的经济实力还不足以支撑和西方发达国家进行话语权争夺战。我国的人均 GDP 远远落后于发达国家，文化产业也才刚刚起步，国内诸多事务都需要资金，不可能拿出大笔社会财富去和西方发达国家打话语权争夺战。第二，我国的国际关系战略思维尚未完全定型。这些年来我国的国际地位有了大幅提升，与此对应的是以往的国际关系战略已经初步显现出与当前的国际地位不相适应，需要在发展中作出调整，以适应新的国际形势。目前，我们正在进行这种调整，从“韬光隐晦”向更加有所作为的国际大国角色转变，但这种转变才刚刚起步，具体的战略部署还需要在实践中进一步完善。从我国掌握国内话语权的媒体来看，依然是立足于自身的视角、以宣传的角度来审视国际关系和设置国际议题，没有形成“他者”眼光和互动性的国际视野，缺乏战略性的思维，难以在国际话语权的争取过程中获得认同和支持。

2. 我国的文化传播力量弱小、传播效果不佳。

文化传播是文化软实力的重要方面，对外文化传播是争取国际话语权的重要途径。我国的对外文化传播力量在国际上仍然属于弱势一方，在文化传播的议程设置方面始终被西方传播媒体牵着鼻子走，甚至在对自身形象的国际传播中也没有占据主导权，也就是说在国际社会中，中国的形象不是由中国来设计，而是由西方来设计。如此一来，连自身形象的话语权也被别人控制，更谈不上争取国际话语的主导权了。

（1）我国的对外文化传播缺少具有国际竞争力的跨国媒体集团。尽管我国的 GDP 总量排名世界第二，但是我国的综合国力在世界排名第七，在美、日、德、意、法之后；综合国力中的国际传播力目前也只有美国的40%。这种客观情况决定了我国还不可能出现具有国际竞争力的跨国媒体集团。我们回顾历史，美国在世界上超级大国地位的确立也基本上与美国传媒国际舆论霸权的确立是同步的，可以说，美国的超级大国地位离不开一批具有国际竞争力的跨国传媒集团对国际话语权的掌握。

改革开放以来，我国的文化传播媒体有了快速发展，但是整体实力依然落后。第一，目前我国传播媒体的传播力分散。行政区划是媒体进行传播经营的主要依据，各个传媒分散在各个省、自治区和直辖市，传媒的背后又有着各个地方政府的身影。这种情况下很难实现跨区域的合作和资源的集约效应。第二，整体实力弱。发达国家的文化传播媒体所创造的GDP平均占GDP总量的3%左右，而2010年我国传播媒体创造的GDP仅占全国GDP的0.9%。这说明我国文化传播媒体的整体实力比较弱小。第三，整体规模小。中国最大的传播媒体集团是中央电视台，但其每年的营业收入不足美国时代华纳一家的1/4。即便把所有中国的电视台加在一起，在世界电视台百强的排名中，也才占到第25名（2000年）。第四，我国文化传播媒体的粗放式发展和同质化竞争现象严重。20世纪90年代以来，通过传媒集团合并重组，出现了几家规模相对庞大的传媒集团，但是规模的增加并没有带来效益的提高，只有传媒资源数量的扩张，而缺少传媒资源质量的提升。同时内部竞争同质化严重，有研究者通过对北京的几份报纸进行研究后发现，《京华时报》对《北京青年报》《北京晚报》《北京晨报》《北京娱乐信报》的内容替代率为“1.5、1.4、1.1、1.4”[①]。这说明，我国的文化传播媒体还没有形成自己的核心竞争力。第五，我国对外文化传播的媒体发展呈现“两

---

① 陈燕君：《报业中国》，中国三峡出版社2000年版，第107页。

头小、中间大”的发展态势。长期以来，我国对国际市场重视不够，还不能在全球范围内进行生产布局并进行本土化生产，对传播的外部资源和外部市场整合能力有限。2004 年，在对中美日印俄五国的传媒实力对比及其动态变化进行分析后，胡鞍钢、张晓群提出中国媒介的国内传播实力相对最强，而国际传播和传播经济实力相对较弱，分别相当于美国的 14% 和 65%。与日本相比，在国际传播和传媒经济方面相对较弱，尤其是传媒经济实力，只相当于日本的 1/4。①

（2）我国的对外文化传播缺乏有效的国际传播战略。我国目前的对外文化传播还没有形成清晰的发展思路，存在盲目性。首先，我国的对外文化传播对理念、内容、方式和对象还认识不清。在传播理念上，依然用传统的“宣传”理念来代替现代的“互动”理念，宣传理念往往在实际操作中变成了塑造正面形象的理念，最终形成了宣传好的方面，回避或隐瞒消极的方面。如此一来，国际公信力就会大大受损。在传播内容上，不善于根据国际受众的关注内容、关注兴趣进行恰当设置，依然秉持片面的、静止的、绝对的、形而上的“以我为主”的报道方针，结果我们传播的内容并不会在国际社会形成强大的吸引力。在传播对象上，只是简单区分国内和国外两部分受众，而没有针对不同的国外群体进行细分，如 CCTV－9 的定位是“世界了解中国的窗口”，这里的“世界”是一个不明确的概念，文化传播缺乏针对性。在传播方式上，实效性、主动性、现场性往往不足，特别是在重大危机性事件中，还是习惯于先等待上级行政机关的批示，然后根据批示选择要不要报道、该怎么报道。往往在西方媒体抢先一步、早已形成强大传播攻势时，我国表现出“集体失声”的状况，严重损坏国家形象。

---

① 张志国：《我国对外传播中的问题与发展策略》，载于《广西广播电视大学学报》2008 年第 1 期。

（3）我国对外文化传播面临国际话语转换的困境。除了我国对外文化传播过程中自身存在的问题之外，我们还面临着诸多客观上的制约因素。

首先是语言的转换问题。英语是国际文化传播的通用语言，在这个方面，西方国家具有着先天的优势，我国则具有语言转换所带来的话语困境。“在对外传播中，很多问题都出在语言转换和文化对接上，语言转换不到位，文化对接再有问题，对方就不容易理解你，这就是传播屏障。”① 中央外宣办主任王晨也指出，“非西方媒体包括中国媒体在本土化发展方面取得一定优势，但能否将这种影响由本土文化圈渗透到西方主流社会还是个未知数，这其中有个将本土化转化为国际化的问题，这个问题重在翻译。”为了改变这一局面，我国也注重了传媒发展过程中的本土化，即聘用本土雇员开展对外传播，但是仍然存在着诸多问题。例如，截至2010年底，新华社在非洲地区有全职雇员168人，在亚太地区有86人，在拉美地区也有51人；与此形成对比的是，新华社在欧洲地区只有全职雇员33人，而在北美则仅有2人。这种“强弱倒挂”的状况难以满足我国实现影响和引导国际舆论战略目标所提出的各种需求。②

其次是文化对接问题。跨文化交流不仅是字面翻译的问题，更重要的在于语言背后的文化背景、生活方式、思维模式等整个社会系统的适应性问题。亨廷顿认为：“不同的文明对上帝与人、个体与群体、公民与国家、父母与子女、丈夫与妻子的种种关系有不同的观点，对权利与责任、自由与权威、平等与阶级的相对

---

① 程曼丽：《北京大学教授程曼丽：对外传播要有创新意识》，人民网，2008年10月16日，http：//media. people. com. cn/GB/40606/8179915. html。

② “中国媒体国际传播能力建设战略研究”课题研究成果：《我国媒体海外人员本土化面临的问题与对策建议》，全国哲学社会科学规划办公室，2011年11月14日，http：//www. npopss－cn. gov. cn/GB/219471/219486/16237462. html。

重要性亦有迥异的看法。”① 我国的对外文化传播要将本国文化转换成对方文化中的意义，还要符合对方的文化背景、表达习惯、思维模式，这本身就是一件非常困难的事情，如《红楼梦》的英译文永远不可能达到中文原文的意境。一旦文化对接不成功，就会使传播效果大打折扣，甚至起反作用。我国当前的文化交流不仅面临着与西方主流语言文化的对接问题，即便是对海外华人，也存在这个问题。美国杰出华裔组织百人会 2009 年 4 月公布的一份美国公众对华裔及亚裔看法的调查结果显示，48% 的美国华裔认为自己一半中国化一半美国化，39% 的美国华裔认为自己更美国化，只有 12% 的华裔认为自己更中国化。② 这充分说明，即便面对同文同种的华人也存在文化对接问题。

最后，我国对外文化传播媒体面临着西方意识形态的敌视。我国是社会主义国家，西方主流媒体作为西方政府的“喉舌”，时刻也没有放松对我国对外文化传播的戒备和警惕，会有意识地在中国媒体之前加上中共“喉舌”或官方媒体的标签，试图以此来抵消中国媒体的国际公信力。

3. 对外文化交流活动的效用没有充分发挥。

近些年来，我国的对外文化交流活动开展得如火如荼。对外文化交流活动增强了中国文化走向世界的能力，使更多的人了解、熟悉中国。但是从文化交流的内容上看，范围狭窄，主要集中在器物和行为文化方面，而制度、精神理念等深层文化的交流较少。例如，我国文化商品多年来主要输出的是中国功夫、花草虫鱼、丝绸、茶叶、瓷器、琴棋书画等内容，这些交流仅能够开阔国外受众的眼界，丰富他们对中国文化表面的知识，对更为深层的文化内核，难以真正感受到。20 世纪 80 年代，一些在国际

① ［美］缪塞尔·亨廷顿著，周琪等译：《文明的冲突与世界秩序的重建》，新华出版社 2002 年版，第 26 页。

② 《调查结果显示：多数美公众对华裔及亚裔有认知误区》，人民网，2009 年 4 月 21 日，http：//world. people. com. cn/GB/9164096. html。

上获得较高评价的中国电影，其主题和基本内容往往是对中国传统文化、社会的阴暗面以及扭曲人性的揭示。这在很大程度上迎合了西方受众的猎奇心理，却远远未能反映中国传统社会与文化的真实面貌，甚至在很大程度上是对中国文化的歪曲。这里面既有营销策略的原因，更有我们在文化交流过程中创新能力不足、创新理念缺位等方面的原因。

我国的对外文化传播除了媒体之外，近些年来还产生了一个新的渠道，就是国家依托孔子学院等机构进行的“汉语国际推广”活动。据统计，目前绝大多数进入海外孔子学院学习的人员是出于个人工作方便、更好的个人发展等实用目的而学习汉语。孔子学院在推广我国的世界观、价值观等深层文化方面还有缺陷。西班牙《中国政策观察》2011 年 11 月发表了西班牙中国问题专家胡利奥 · 里奥斯的题为《中国：软实力?》的文章中称：“加强中国文化的国际影响力是提升软实力的又一重要因素，但想要通过孔子学院和其他一些蓬勃发展的类似平台就建立起自己的公民战略联盟，显然还远远不够。绝大多数接触孔子学院和类似机构的人只是本着务实的愿望，而不是从政治支持角度出发的专业或文化上的兴趣。这是应该注意的一点。”新加坡《联合早报》发表题为《西方世界为什么改变了对中国的看法?》的文章，里面也提到：“随着中国的崛起，中国有关方面越来越注意中国的国际形象问题。大国需要一个好的形象，或者说需要软实力，这一点早被注意到。这些年来，中国启动了很多庞大的公关工程（如孔子学院、媒体走出去等），希望改变国家形象。不过，在实际层面，在很大程度上说，中国的形象问题似乎越来越严重。随着中国崛起，外界对中国的担忧越来越甚。”据有关学者一项对美国、泰国孔子学院学生的调查，国外青年在感知中国文化时，对中国的物质文化如兵马俑、茶叶、中国菜等的了解愿望强烈，且认知更为正面；对中国的行为文化如中国人的中庸之道等持较为中性的看法；而对中国的制度文化以及价值观等精神文化，则比较抵触。[①] 这一调查结果表明，中国文化的对外传播效果并不理想，中国文化核心层次的内容并未得到认同。文化国际传播要担负起提高国家文化软实力、塑造良好国际形象的使命，还有赖于中国文化不断创新，彰显独特的价值，展示自身的魅力。

（二）国民素质的缺憾和人才的流失

1. 我国整体的国民素质与提升文化软实力的要求有一定差距。

改革开放以来，我国在提高国民素质方面做出了不懈的努力。通过推行经济体制改革、政治体制改革和文化体制改革，实施科教兴国战略等使我国的国民素质随着经济社会的发展得到了不断提高。在文化素质方面，仅在 2004 年，我国 93.6% 的人口地区基本普及九年制义务教育，青壮年的文盲率下降到了 4% 以下，全国小学在校生达 1.12 亿人，学龄儿童净入学率达 98.95% 。在生理素质方面，我国公民的生理健康重要指标已经接近或已达发达国家水平，到 2008 年，我国居民人口平均期望寿命从改革开放初的 68 岁提高到 73 岁，在联合国提出的千年发展目标中，我国是发展中国家人类发展指数提高最快的国家，由 1990 年的第 105 位上升到 2007 年的第 81 位。在道德素质方面，我国公民的道德文明素质正在取得进展。但是我们也要看到，我国国民素质在取得巨大发展进步的同时也存在着巨大的缺憾。《人民日报》在 1997 年 10 月 20 日的社论《着力提高国民素质》中就明确指出："中华民族曾经为人类创造过灿烂的文化，但由于长期的落后和不发达，我国的国民素质远不能适应现代化建设的要求，已经成为国家经济和社会发展的严重制约。"

（1）人口的文化素质低，高素质的人才缺乏。我国人口中

---

① 王庚年：《世界格局变化中的文化国际传播战略》，中国共产党新闻网，2011 年 12 月 5 日，http：//theory. people. com. cn/GB/82288/83851/83861/16501296. html。

的文盲和半文盲人口的比例较高，总体的文化水平较低。2010年，我国人口总数为13.7亿。15岁以上受国民教育年限为8.5年左右，比发达国家和新型工业化国家低了3～5年。在总人口中，初中及以下文化程度的人口比重为77.4%，具有高中及以上学历的人口仅为22.6%；而美国的高中及以上学历人口则达90%以上。截至2010年第六次人口普查，我国内地仍有5 465.7万文盲人口（15岁以上）。人口的整体素质较低已经制约着我国的经济发展方式转变和结构转型，成为国家综合实力提升的极大制约因素。

（2）国民科学素质较低，创新能力不足。在现代国际竞争中，科学技术是关键因素，国家公民掌握科学技术知识的程度也就成为决定国家竞争力和创新力的核心要素。从我国所处的经济发展阶段来看，目前公民的科学素质远远不能满足经济社会发展的需要，制约着我国创新能力的提升。根据中国科协2010年公布的第八次中国公民科学素养调查结果显示，中国公民基本具备科学素质的比例仅为3.27%。尽管这一数据比2005年的1.60%提高了1.67个百分点，比2007年的2.25%提高了1.02个百分点；但是“目前我国公民科学素养水平仅相当于日本（1991年3%）、加拿大（1989年4%）和欧盟（1992年5%）等主要发达国家和地区20世纪80年代末、90年代初的水平”①。2015年我国具备科学素质的公民比例达6.20%，进一步缩小了与西方主要发达国家的差距。我国公民科学素质总体水平大幅提升，圆满完成了“十二五”时期我国公民科学素质水平超过5%的目标任务。② 具体到内部构成来看，农民具备基本科学素养的比例仅为1.51%。从科普经费的统计看，2008年我国科普经费筹集额

① 《第八次中国公民科学素养调查结果公示》，2010年11月25日，见http：//news. youth. cn/kj/201011/t20101125_1410314. htm。

② 《我国公民的科学素质水平大幅提升》人民网，2015年9月29日，http：//www. edu. cn/rd/zi_xun/201509/t20150921_1318399. shtml。

只有64.84亿元，各级政府划拨的指定用于开展科普活动（基础建设经费除外）的科普专项经费为24.42亿元，由此计算得出全国人均政府投入的科普专项经费仅为1.84元。[①] 科技部发布的2014年度全国科普统计数据显示，2014年全国共有科普人员201.23万人，比2013年增加1.72%。截至2013年底，全国科技馆增至409个，科学技术博物馆增至724个。全年共有4 192.31万人次参观科技馆，比2013年增长12.27%。统计显示，科普经费投入增长明显，渠道仍以政府为主。2014年全社会科普经费筹集额为150.03亿元，比2013年增长13.49%。其中，科普专项经费为64.01亿元，全国人均4.68元，比2013年增加1.27元。科技部全国科普统计工作具体负责人邱成利说，照这个增速，2015年末有望实现并超过全国人均年科普专项经费达5元的“十二五”规划目标。[②]

显然，我国的科普经费无论是人均还是占GDP的比例都比较低。2010年，我国公民获取科技信息的渠道主要是电视(87.5%)。“目前大众媒体科技传播方面的节目、作品数量都不足，质量不高，信息量不大，科普报纸萎缩，报纸的科普版面压缩，不能满足提高公民科学素质的需求。”[③] 科学素质的低下难以适应现代化生产的需要，近些年来屡次发生的重大安全生产事故的原因之一就在于不懂科学操作流程。越来越多的产品质量和食品安全问题，也和人的基本科学素养有关。我国公民整体科学素养的低下已经显现出了对国家综合实力提升的影响，最直接的表现是我国的科技创新能力相对国家经济转型升

---

① 《科技部：统计显示我国人均科普经费升至1.84元》，中国教育和科研计算机网，2009年11月11日，http：//www.edu.cn/shu_ju_pai_hang_1088/20091111/t20091111_420141.shtml。

② 《我国2014年人均科普经费达4.68元》，载于《人民日报》2015年12月1日。

③ 陈正良：《中国“软实力”发展战略研究》，人民出版社2008年版，第250页。

级要求的滞后。

（3）国民思想道德素质与社会主义现代化要求不符。国民思想道德素质有多方面表现。首先，我国公民的主体意识薄弱。公民是现代社会成员的基本身份，公民的主体意识是公民对自身的权力、义务的自觉认识、认同和承担。我国公民意识受封建主义影响较深，社会成员的“百姓”“臣民”意识还根深蒂固。虽然也提倡“国家兴亡，匹夫有责”，但是这里的匹夫和公民有着本质的区别。在日常生活中，漠视自身权利和义务的现象普遍存在，不懂得维权和故意逃避义务同时并存。其次，我国国民的道德素质存在较多问题。现代社会金钱至上观念的冲击和封建思想的残余相结合，导致了社会伦理危机、精神危机。是非善恶的标准越来越模糊，不讲诚信、见利忘义、损公肥私等反而成了社会公共伦理的常态。极端个人主义抬头，职业和家庭道德败坏，人际关系日益功利化，乡村封建宗法关系甚至凌驾于法律之上。最后，法治观念淡薄，“潜规则”盛行。我国的社会秩序序列中，法律还远没有到达至高无上的地位，与法律的显规则相比，人情关系的潜规则更得人心。结果往往是造成守法者吃亏、违法者逍遥的局面。

（4）健全的国民人格的培养存在问题。中国以吃苦耐劳的国民素质而著名，但是在现代社会中，青少年的身上缺少了诸如勤俭朴素、吃苦耐劳、自立自尊、迎难而上等优秀的品质。越来越多的独生子女在社会竞争面前败下阵来，从根本上讲，这和我国的家庭和学校教育观念以及制度有着密切的关系。

（5）大国外交呼唤大国国民心态。大国国民心态的特点是自信、进取、宽容、责任，但是我国在国民心态上依然延续着近代以来的屈辱感和自卑感。一方面，无论是个人之间的事件，还是言语沟通的差异，只要是把中国人和从中文来理解的侮辱性词汇联系在一起，都会激起狂热的批判和爱国情怀。这种民族主义和爱国主义的极端化往往发生在中日、中韩青少年群体的网络交流中，彼此的对骂成为主要的沟通方式。另一方面，面对我国科技、经济、社会等方面与发达国家的差距就感到无比自卑，甚至认为西方的一切都是好的，中国从国民性格上就是难以被拯救的，凡此种种，都体现了我国的国民心态与我国当前的大国地位不相符合，缺乏一种宽容、自信的心态和平等、分享的精神。

2. 人才流失严重，使文化软实力的提升后继乏力。

人才流失是当今世界上发展中国家面临的普遍问题。全球化时代，我国的经济发展已经融入国际大市场环境中，市场经济的规律支配着劳动力和生产资料的流动趋向：劳动报酬低的人才向劳动报酬高的地区流动是当今世界人口移动的自然趋势。发达国家掌握着绝对的资金和技术优势，主导着全球化的格局，劳动力从发展中国家流向发达国家实属必然。尽管我国经过了40年的飞速成长，综合国力迅猛提升，但是在收入水平、生活水平方面与发达国家仍然有很大差距。有研究表明，“美国和中国之间的人均收入比差在20∶1以上；日本的人均收入是中国人均收入的32倍，即使按实际购买力计算也有15倍。中国福州长乐是近年来中国移民国外最多的地区之一，年人均收入高于全国平均水平，移民前后的平均收入相差20倍，如果将无固定收入者因素计算在内，出国前后的收入更相差55.8倍”①。再加上我国的居民生活水平和发达国家相比存在较大差距，食品安全事件2004年以来频发，社会保障系统改革进程缓慢，居民的不安全感比较突出。总之，巨大的收入差距和生活水平差距都驱使着我国的人才流向发达国家。发达国家的经济结构趋向高端化和知识化，而长期以来美国、欧洲等发达国家和地区始终处于人口负增长的局面，人口结构的老化导致劳动力（特别是高端人才）的短缺必须依靠吸引国外的人力资源来补充。与此相反的是，我国人口基

① 《2007年：全球政治与安全报告》（三），中国网，http：//www.china.com.cn/node_7000058/2007-04/01/content_8044071.htm。

数庞大，新增人口以年均 800 万～1 000 万人的速度增长，再加上我国的产业结构不合理，高端人才难以有用武之地，于是在世界范围内寻找就业机会就成了越来越多人的选择。

当前我国的人才流失集中表现在两个方面：第一是教育移民现象。我国在 1978 年开始公派留学生，留学出国人数激增，1981 年开放自费留学后，经济发展使一部分家庭有能力支撑留学费用，从 1993 年起，自费留学比例大幅超过公派人数。在这两种留学出国人员当中，有相当大部分没有选择回国发展。根据教育部公布的统计数字，从 1978 年到 2005 年，我国共派出留学人员 93. 34 万人，学成回国人员仅有 23. 29 万人，占全部人数的 24. 95%，超过 3/4 的留学人员滞留国外，选择在当地工作和生活。从 1978 年到 1996 年，自费留学 13. 9 万人，回国的仅有 0. 3 万人，回归率为 3%。即便是海外归来的留学人员，也有相当一部分利用各种机会寻求到国外发展。据统计，在 1997 年，通过国家公派、单位公派和自费留学到国外教育机构学习和研究的人员中，只有 32% 的学生和学者返回国内。在人才接收地中，美国接收留学生最多，占我国所有留学人员的 40%。留学途径导致的人才流失在近些年有扩大的趋势。根据联合国 2006 年 5 月 31 日公布的《2006 年世界教育数据汇编》显示，我国已经是世界上出国留学人数最多的国家，全世界几乎每 7 名留学生中就有 1 名中国人。① 2014 年 3 月 4 日，教育部国际合作与交流司官员在出席 2014 年中国留学生论坛时指出，中国已成为全球最大留学生生源国。2013 年出国总人数达 41. 39 万人，与 2012 年相比增长了 3. 5%。预计未来这一数字仍会增加。② 在当前我国经济继续平稳发展的背景下，出国留学增长格局不会有太大变化，人

---

① 《2007 年：全球政治与安全报告》（二），中国网，http：//www. china. com. cn/node_7000058/2007 －04/01/content_8044063_3. htm。

② 路阳：《当前中国富裕阶层的海外移民浅析》，载于《东南亚研究》2016 年第 3 期。

才流失将越来越严重。第二是投资移民。投资移民不仅意味着我国的人才流失，还意味着我国的财富流失。“据《法制晚报》报道，近期国内多份权威调查报告显示，近年来，随着欧美发达国家纷纷推出移民优惠举措，投资移民海外的中国人暴增。据不完全统计，从2009年起，每年随中国内地富豪流向海外的财富高达100亿元以上。”[①] 2010~2011年可以说是投资移民美国的“蜜月期”，美国国土安全部公民与移民服务局负责人艾勒简德鲁解释说：“美国必须继续放开政策，吸引来自世界各地最出色的企业家、投资者，帮助美国提振经济，创造就业。对于那些致力于发展美国经济的外国投资者，我们现有的移民法都支持，并会进一步推行。”《2015年中国私人财富报告》显示，可投资资产超过1 000万元的“高净值人群”投资境外市场的热情进一步增加。在“高净值人群”中，拥有境外投资比例从2011年的19%增长到2013年的33%，再提高到2015年的37%。超高净值人士拥有海外资产的比例更高，拥有境外投资的比例也从2011年的33%，增长到2013年的51%，2015年则达57%。[②] 据统计，我国投资移民海外的人基本上以社会中坚阶层为主，他们在各个社会领域中都属于高级人才，投资移民带走的不仅是财富，更是我国宝贵的人才资源。

人才资源的大量流失造成了我国经济社会发展的后继乏力，特别是科技人才、商业人才的流失直接制约着我国经济发展方式的转变，影响国家综合国力的提高。

---

① 《中国富豪投资移民每年流走逾100亿财富》，新浪网，2012年2月14日，http://finance.sina.com.cn/money/lczx/20120214/072811371679.shtml。

② 路阳：《当前中国富裕阶层的海外移民浅析》，载于《东南亚研究》2016年第3期。

第五章

当代中国国家文化软实力提升的路径

从以上对我国文化软实力的分析可以看出，我国文化软实力的提升需要从核心的价值理念到具体行为的全方位的发展，文化软实力的提升也需要经济实力、政治实力和军事实力的增强。因此，我们要继续在推进改革开放中夯实国家软实力提升的物质技术社会基础，在推进社会主义民主政治改革中巩固提高我们的政治实力，继续推动文化繁荣发展，提高国家的凝聚力和创新力等，为文化软实力的提升打牢基础。

一、夯实国家软实力提升的物质技术社会基础

从软实力概念的提出及其演变历程中可以看出，国家软实力作用的发挥依赖于一定条件。夯实物质条件、科技的支撑条件、文化生产力的发展条件，不断提升国家文化软实力。

（一）大力推动经济建设和技术发展

中国国家文化软实力的提升很大程度上依赖经济的发展，也离不开科学和技术提供的科技基础。这是因为，以经济为核心的硬实力是文化软实力发展的基础、传播的保障，科学和技术的状

况影响着文化的创新力、传播力和影响力。

1. 做强做大中国经济，巩固国家软实力的物质基础。

改革开放40年来，中国走完了发达国家几百年走过的发展历程，经济总量从世界第十位跃升到第二位，创造了举世瞩目的经济奇迹。据统计，从1979年到2012年，我国GDP年均增长9.8%，同期世界经济年均增速只有2.8%。中国经济总量为此稳步提升，对世界经济增长的贡献不断提高。1978年，我国经济总量仅位居世界第十位，2010年位居世界第二位。经济总量占世界的份额由1978年的1.8%提高到2012年的11.5%。2008年下半年国际金融危机爆发以来，我国成为带动世界经济复苏的重要引擎，2008～2012年对世界经济增长的年均贡献率超过20%。人均GDP不断提高，从1978年的人均381元提高到2012年的人均38 420元。人均国民总收入也实现同步快速增长，根据世界银行公布的数据，我国人均国民总收入由1978年的190美元上升至2012年的5 680美元。[①] 近几年，各级财政对文化事业、公共文化服务体系的建设投入大量增长。《文化建设蓝皮书·中国文化发展报告（2015～2016)》（以下简称《蓝皮书》）对近两年中国文化发展的成就及问题进行总体描述和分析，对中国文化新近发展水平和竞争力作出评估，并对“十三五”期间中国文化建设发展进行预测。《蓝皮书》显示，2014～2015年，中国文化建设的资金投入明显提升，国家公共文化服务体系进一步完善；文化产业快速发展，文化生产能力进一步增强；文化体制改革、文化遗产保护、文化市场管理、文化交流和传播等成果丰硕。此外，中国文化软实力和核心竞争力明显增强，文化产品和文化活动日趋丰富，质量和品质也有较大提升。“中国文化走出去”战略强力推进，中国文化输出进一步扩大，国家文化形象

① 国家统计局：《改革开放铸辉煌　经济发展谱新篇——1978年以来我国经济社会发展的巨大变化》，载于《人民日报》2013年11月6日。

进一步凸显，文化的国际“话语权”得到相当大的提升。

在改革开放40年的进程中，伴随着国家经济实力等硬实力的不断增强，中国文化软实力也得到了全面迅速提升，正在实现从被动到主动、从无意识到有意识的积极发展。中国正在以大国的身份迈向世界。我国国力强盛随之而来的是我国文化对世界的吸引力越来越强，以及我国民族自信心和文化自信心的提升。在世界的舞台上，我们可以看到中国人越来越自信的风采。因此，应坚持党在社会主义初级阶段的基本路线，坚持深化改革和进一步扩大开放，根据经济社会发展不断创新理论，做强做大中国经济，打造支撑起国家软实力提升的经济根基。

2. 发展科学与技术，加固国家软实力的科技支撑。

文化的生产离不开教育、科学和技术，文化的传播、话语权的提升离不开教育、科学和技术。中国要建立强大的国家文化软实力，就要拥有强大的传播渠道、高质量的智库，“依靠他们争取普世价值思想和概念的定义力、国际政治和经济标准制定力、全球议题设置力、新闻报道框架力，冲破西方为约束中国的软实力编织的‘复杂的网’”。[①] 这里有两点需要说明，第一是改革开放以来科学技术的进步为国家软实力的增长作出了重要贡献，但是，科学技术对国家软实力提升的贡献度还不够高，“既没有像CNN、VOA、BBC和被英语高度垄断的网络等媒体，也缺乏支撑媒体巨无霸的技术工具。因此，中国面对国际舆论的横加指责却无力回击。其结果是，中国良好的形象被严重歪曲。”[②] 我们要不断探索科学技术、信息传媒与国家软实力的有机结合，不断促进教育、科学和技术的发展，为国家软实力提供更好更多的传媒人才与传播技术支撑。第二是科学技术的发展进步本身也会成为

---

① 李希光：《中国软实力战略研究》，载于刘康《国家形象与政治传播》（第一辑），上海交通大学出版社2010年版，第29页。

② 胡键：《软实力新论：构成、功能和发展规律》，载于《社会科学》2009年第2期。

国家软实力的资源。因为科学技术不仅能够改善人们的生产与生活方式、增添生活情趣、影响和培育价值观念，而且是一个国家文化发展水平与社会活力的象征，从而吸引人们对该国的关注和向往。[①] 改革开放以来，中国的世界关注度不断提升，中国有了新的形象，这与我们在航天航空、航母技术、高端制造业等领域和方面的创新及取得的伟大成就有很大关系。所以，要注重教育科学技术的发展，加大投入，不断提高教育科学技术的竞争力，潜移默化地打造国家软实力提升的有力科学技术支撑，才是最好的选择。

（二）解放和发展文化生产力

夯实国家文化软实力的物质技术社会基础，必须高度重视发展两种生产力，一是提高物质生产力，二是促进文化生产力的发展。经典马克思主义认为人类社会存在两种生产力，即“物质方面的生产力”和“精神方面的生产力”，并且把语言、文学、科学技术等包含在“精神方面的生产力”之中。马克思的生产力理论为分析文化生产力指明了方向。马克思·韦伯曾深刻指出：“在任何一项事业的背后必然存在着一种无形的精神力量；尤为重要的是，这种精神力量一定与该事业的社会文化背景有密切的渊源。”[②] 在这里，马克思·韦伯强调的是文化力在国家发展中的重要作用。

什么是文化生产力？一般来讲，所谓文化生产力就是指人们运用和掌握文化知识制作文化产品、提供文化服务、创造社会财富、推动社会变化和发展的能力。这一定义包含几层含义：一是强调文化、知识的生产、应用、继承和创新，把教育

---

① 蒋英州：《基于政治文化视角的中国国家软实力建设研究》，中国社会科学出版社 2014 年版，第 181 页。

② ［德］马克思·韦伯：《新教伦理与资本主义精神》（中译本序），四川人民出版社 1986 年版。

和科技看作生产力的内在因素。二是肯定和反映了“人是生产力中最具决定性的因素”，教育和科技的价值集中体现在劳动者的文化知识含量、科技含量上。三是文化通过渗透影响经济生活、经济结构等从而影响经济发展。我们通常所讲的概念，如“文化也是生产力”“文化的经济化、科技化”“经济、科技的文化化”“经济、科技、文化一体化趋势”正是文化生产力内涵的外化体现。四是在前三个基础上表现出的文化的聚合力和感召力、生产和服务能力、融合创新能力。而这恰恰构成一国文化生产力的有机系统。

毫无疑问，文化生产日益成为当代经济生活和经济结构中的重要组成部分，文化进入市场、形成产业、文化中渗透着经济的、科技的、商品的要素，文化生产力已经现实地成为社会生产力中的一个重要组成部分。文化知识转化为直接生产力的周期越来越短，文化知识成就促使劳动生产率成倍增长，文化产业在国民经济中的地位越来越重要，成为世界经济中的支柱产业之一，“文化生产力”正成为世界各国竞争的焦点。[①] 所以，解放和发展文化生产力也是夯实我国国家文化软实力基础的重要内容，这必须引起我们的高度关注并采取更加有效的行动。

（三）繁荣发展中国哲学社会科学

哲学社会科学，主要是帮助人们塑造世界观、人生观、价值观，培养理论认识和科学思维，提高对社会发展、社会管理规律的认识和运用的科学。习近平总书记指出：“哲学科学是人们认识世界、改造世界的重要工具，是推动历史发展和社会进步的重要力量，其发展水平反映了一个民族的思维能力、精神品格、文

---

① 刘晓玲等：《文化软实力提升浅论》，湖南人民出版社 2009 年版，第 65 页。

明素质，体现了一个国家的综合国力和国际竞争力。”① 哲学社会科学及其学术话语是国家文化软实力的重要依托，繁荣发展中国哲学社会科学、打造中国话语是增强国家文化软实力的重要基础。

1. 哲学社会科学在社会发展中有着重要作用。

哲学社会科学在经济社会发展中发挥着极其重要的作用。哲学社会科学是解放和发展社会生产力的精神力量。历史证明，社会的发展和进步，不能没有自然科学，也同样不能没有哲学社会科学，哲学社会科学具有与自然科学同等重要的地位。而且，对于经济社会发展的方向和目标来说、对于塑造和提升人的素质来说，哲学社会科学发挥着不同于自然科学的独特作用。哲学社会科学又是实现社会变革、创建制度文明的理论先导。

马克思主义历来重视哲学社会科学在社会生活中的重要地位和作用。“人类社会每一次重大跃进，人类文明每一次重大发现，都离不开哲学社会科学的知识变革和思想先导。”② 我们党历来重视哲学社会科学，对哲学社会科学在社会生活中的重要地位和作用都有深刻阐述。毛泽东将哲学社会科学作为革命事业和阶级斗争的工具。1940 年 2 月 5 日，毛泽东同志明确将自然科学和社会科学相提并论，提出了一个极富创见的观点：“自然科学是要在社会科学的指挥下去改造自然界。”③ 在他看来，“无产阶级没有自己庞大的技术队伍和理论队伍，社会主义是不能建成的”。④ 邓小平将哲学社会科学作为改革开放的精神动力和智力支持。邓小平同志明确指出：“科学当然也包括社会科学。”“自然科学固然重要，要搞好，社会科学也很重要。”他还说：“哲学、社会

---

① 习近平：《在哲学社会科学工作座谈会上的讲话》，人民出版社 2016 年版，第 2 页。

② 习近平：《在哲学社会科学工作座谈会上的讲话》，人民出版社 2016 年版，第 3 页。

③ 《毛泽东文集》第二卷，人民出版社 1993 年版，第 269 页。

④ 《毛泽东文集》第七卷，人民出版社 1999 年版，第 309 页。

科学同自然科学一样，决不能忽视基础理论的研究，这些研究是理论工作的任何巨大前进所不可缺少的。”他强调：“马克思主义的思想理论工作是不能离开现实政治的。”“深入研究中国实现四个现代化所遇到的新情况、新问题，并且作出有重大指导意义的答案，这将是我们思想理论工作者对马克思主义的重大贡献。”① 江泽民将哲学社会科学视为治国治党的现实需要。他指出：“社会科学研究的方向正确与否，社会科学的发展状况如何，对人们的思想意识和社会道德风尚，对经济建设，对社会的稳定和发展，都会产生巨大而深刻的影响，甚至关系到中华民族和社会主义的命运。”② 江泽民同志提出“四个同等重要”思想：“在认识和改造世界的过程中，哲学社会科学和自然科学同样重要；培养高水平的哲学社会科学家，与培养高水平的自然科学家同样重要；提高全民族的哲学社会科学素质，与提高全民族的自然科学素质同样重要；任用好哲学社会科学人才并充分发挥他们的作用，与任用好自然科学人才并发挥他们的作用同样重要。”胡锦涛同志特别强调：“哲学社会科学的发展水平和繁荣程度，是一个民族综合素质和文化力量的重要体现和标志。”党的十八大以来，以习近平同志为核心的党中央，多次强调要大力加强中国特色新型智库建设，高度重视哲学社会科学的独特地位和重要作用。习近平总书记指出“坚持和发展中国特色社会主义，需要不断在实践和理论上进行探索、用发展着的理论指导发展着的实践。在这个过程中，哲学社会科学具有不可替代的重要地位，哲学社会科学工作者具有不可替代的重要作用”。③ 习近平总书记强调指出，要从推动科学决策、民主决策，推进国家治理体系和

---

① 《邓小平文选》第二卷，人民出版社 1994 年版，第 179 页。

② 《中国社科院部分专家学者座谈会上的讲话》，载于《人民日报》1991 年 2 月 24 日。

③ 习近平：《在哲学社会科学工作座谈会上的讲话》，人民出版社 2016 年版，第 2 页。

治理能力现代化、增强国家软实力的战略高度，把中国特色新型智库建设作为一项重大而紧迫的任务切实抓好。习近平总书记的一系列重要指示和重要讲话，向我国哲学社会科学界明确了新的任务、提出了新的要求。

2. 加快构建中国特色哲学社会科学。

我国哲学社会科学大有作为。改革开放以来，我国哲学社会科学学科体系不断健全，研究队伍不断壮大，研究水平和创新能力不断提高。在坚持和发展中国特色社会主义，统筹推进“五位一体”总体布局和协调推进“四个全面”战略布局，实现“两个一百年”奋斗目标、实现中华民族伟大复兴中国梦的征程中，需要对经济、政治、文化、社会、生态、党建等方面面对的新形势、新特点，面临的新任务开展深入研究，推出一大批重要学术成果，为坚持和发展中国特色社会主义作出重大贡献。

加快构建中国特色哲学社会科学必须坚持马克思主义指导。坚持以马克思主义为指导，是当代中国哲学社会科学区别于其他哲学社会科学的根本标志。马克思主义具有实践性、革命性、科学性的根本特点和鲜明品格。我国哲学社会科学坚持以马克思主义为指导，是近代以来我国发展历程赋予的规定性和必然性。哲学社会科学工作者要自觉坚持马克思主义指导，自觉把中国特色社会主义理论体系贯穿研究和教学全过程，转化为清醒的理论自觉、坚定的政治信念、科学的思维方法。坚持以人民为中心的导向，认真研究解决重大而紧迫的问题，不断推动理论创新。

加快构建中国特色哲学社会科学要坚持明确的方针和目标，“要按照立足国情、借鉴国外，挖掘历史、把握当代，关怀人类、面向未来的思路，着力构建中国特色哲学社会科学，在指导思想、学科体系、学术体系、话语体系等方面充分体现中国特色、中国风格、中国气派。”①

二、巩固社会主义核心价值体系，增强国家凝聚力

在经济全球化的背景下，我们在文化价值观上面临着传统与现代、本土与外来、落后与先进、旧的与新的等一系列尖锐的矛盾和冲突，强烈地冲击我国传统的价值体系，使核心价值体系的凝聚力下降，在一定程度上造成社会价值取向无序化和人们行为的失范，一些人在思想上产生迷惘、困惑乃至无所适从，都在所难免。价值观念越是多元，就越需要共同价值观的统领。因此，要从信仰、道德、群体、政治、自然、民族、国际等方面深化我们对中国核心价值的理解，构建社会主义核心价值体系，增强社会主义意识形态的吸引力，形成全民族的向心力和凝聚力，提高人民群众对社会主义制度和中国共产党领导的认同程度，为中国特色社会主义政治经济制度的建立和运行提供合法性的理论解释及广泛的社会基础，为促进国家软实力提升提供精神动力和思想保证。

（一）巩固马克思主义的主流意识形态地位

从历史来看，任何社会都有它的主流意识形态。以马克思主义为指导的社会主义意识形态在中国是占统治地位的主流意识形态，它通过自身的科学性与先进性，通过执政党的地位和权威，渗透到社会的各个领域和层面，对整个社会和文化起到教育和规范作用，并对保持政治稳定和经济发展起到巨大的积极作用。习

① 习近平:《在哲学社会科学工作座谈会上的讲话》，人民出版社 2016 年版，第 15 页。

近平指出："宣传思想工作就是要巩固马克思主义在意识形态领域的指导地位，巩固全党和全国各族人民团结奋斗的共同思想基础。"① 在这个问题上，我们要反对"意识形态终结论""意识形态淡化论""去意识形态论""超越意识形态论""意识形态多元化"等错误观念。坚持和发展马克思主义，要正本清源，准确地、全面地、深入地钻研马克思主义基本理论，消除对马克思主义的错误的、教条式的理解。要自觉地把思想认识从那些不合时宜的观念、做法和体制的束缚中解放出来，从对马克思主义的错误的和教条式的理解中解放出来，从主观主义和形而上学的桎梏中解放出来。要坚持马克思主义基本原理，又要谱写新的理论篇章。通过改革，重塑主流意识形态的知识形象、理论形象和创新形象，增强其文化亲和力、感召力和创造力以及同其他意识形态的竞争力。

1. 要重视民众的利益需求，夯实马克思主义作为我国主流意识形态的物质基础。

马克思主义意识形态的主流地位不仅是理论自身创新和与时俱进的事情，更重要的是马克思主义在实践中让民众真正感受到、体验到，才能形成发自内心的拥护和支持。我们党一再强调以人为本和为人民服务，原因就在于此。马克思主义要想获得社会认可，成为国家和社会的主流意识形态，就要坚持解决思想问题与解决实际问题相结合，研究群众的利益和需求，解决民众所关心的问题。习近平同志指出："党员、干部要坚定马克思主义、共产主义信仰，脚踏实地为实现党在现阶段的基本纲领而不懈努力，扎实做好每一项工作，取得'接力赛'中我们这一棒的优异成绩。"② 当前的社会主义发展阶段处于改革和发展的攻坚期，长期积累的结构性矛盾尚未解决，又产生了新的社会问题和矛盾，工人阶级和农民阶级作为人民群众的主体在法理上当家做主

①② 《习近平谈治国理政》，外文出版社2014年版，第153页。

的政治经济地位同在利益分配和社会分层中处于弱势群体地位的现实存在较大落差。因此，维护马克思主义主流意识形态地位的关键在于满足民众的利益需求，夯实马克思主义作为我国主流意识形态的物质基础。

首先，要不断推进中国特色社会主义的发展和创新。中国特色社会主义事业是马克思主义最宏大的历史实践。坚持马克思主义的主流意识形态地位，首先要坚持和推进中国特色社会主义事业。从根本上讲，中国特色社会主义是为了人民的根本利益和长远利益的事业。稳步推进中国特色社会主义事业的建设，就是要把人民的根本利益作为一切工作的出发点和落脚点，改革和完善社会主义制度，创造公平正义的发展环境，促进国民经济平稳较快发展和人的全面发展，做到发展为了人民、发展依靠人民、发展成果由人民共享，真正把马克思主义的社会理念落到实处。在实践中实现了人民利益的理论才能得到人民拥护，才是社会的主流意识形态。

其次，要关注和改善民生。关注和改善民生是解决现实社会矛盾、稳定和增强人民大众的社会主义信念和信仰的关键途径。当前社会的矛盾和问题集中反映在收入分配差距过大，教育、医疗卫生等公共服务质量太差，社会管理严重滞后以及束缚人的自由发展等方面，这些问题的存在引发了一系列社会问题，特别是收入分配差距过大使社会分层加剧，激化了不同阶层之间的矛盾，导致了社会主义信念和信仰的动摇。由民生问题所引发的社会矛盾若不能得到及时解决，必然会降低马克思主义的公信力。因此，关注和改善民生、解决社会矛盾，是巩固社会主义价值理念体系、增强国家凝聚力的根本所在。

2. 在实践中加强研究，提高马克思主义文本的针对性和可读性。

新中国成立以来的社会主义建设实践表明，只有针对中国发展实际需要的具体的马克思主义才能得到广大人民群众的普遍接受和认同。“一大二公”的共产主义的社会主义建设理论超越了中国实际国情，实践中没有得到人民大众真心诚意的认同和支持。改革开放以后，以“解放和发展生产力、实现共同富裕”为目标的社会主义建设理论符合社会主义中国生产力不发达和人民物质精神需要得不到满足的实际国情，因而迅速得到了人民群众的认同，极大地激发了潜藏在人们身上的生产力，开创了社会主义建设的新阶段。进入21世纪以来，偏重效率而忽视公平的理论和政策造成了诸多社会矛盾，引发了人们对马克思主义的质疑和不信任。统筹公平和效率、更加注重公平的科学发展观契合了解决社会矛盾、促进人与社会协调发展的实际需要，坚定了人们走中国特色社会主义道路的信念。历史正反两方面的实践都说明，只有针对中国发展实际需要的、具体的马克思主义才能得到广大人民群众的普遍接受和认同，马克思主义主流意识形态才能更加巩固。中国共产党强调，实现四个现代化是一场深刻的伟大的革命，依靠学习才能走向未来，正如习近平同志所说，“当前，全党面临的一个重要课题，就是如何正确认识和妥善处理我国发展起来以后不断出现的新情况新问题。”“要认识好、解决好，唯一的途径就是增强我们自己的本领。增强本领就要加强学习，既把学到的知识运用于实践，又在实践中增长解决问题的本领。”[①] 在当前阶段，必须要针对社会道德失范、价值混乱的现象给出马克思主义的解释和解决良策，推动中国特色社会主义制度的完善与发展。

长期以来，用文件语言叙述当代中国马克思主义理论，已是一个普遍现象。虽然知识化、规范化的文本叙述方式能够更准确地说明问题，但却拉远了理论与群众的距离，无形中在理论和群众之间产生了一层隔膜，不益于理论的传播与普及。这种文本形式甚至会导致精英化的文本叙述的惯性路径，造成了理论与群众

① 《习近平谈治国理政》，外文出版社2014年版，第401～402页。

的对立。长此以往，会顿挫群众自觉学习的兴趣，降低理论的吸引力，这是理论大众化必须要解决的问题。因此，要发扬老一辈革命家通俗化的文本叙述方法的优良传统，通过生动通俗的群众语言来表达深刻的理论，使群众听得懂、学得进；要运用现代科学技术手段和传播方式，加大与民众的接触面。只有如此，马克思主义才会受到群众欢迎，才能巩固马克思主义主流意识形态的地位。

3. 要重视对青年和党员领导干部的马克思主义教育。

提升文化软实力重在教育青年和党员领导干部。习近平同志在党的十九大上强调“青年兴则国家兴，青年强则国家强。青年一代有理想、有本领、有担当，国家就有前途，民族就有希望”①。青年具有很强的可塑性，是祖国的未来和希望，是历史上各个阶级势力的争夺对象。美国新闻署发表文章公开声称：“美国应向中国正在成长的年轻一代灌输美国的价值观念，这比向他们传授科学知识更重要。”对此，邓小平同志在1992年初“南方谈话”中提醒全党：“我们这些老一辈的人在，有分量，敌对势力知道变不了。但我们这些人呜呼哀哉后，谁来保险？所以，要把人民和青年教育好。”② 尤其是在当前，伴随着经济全球化而来的西方文化、美国文化和思维方式、生活方式等将对青少年产生巨大深远的影响，潜移默化地影响其价值观、人生观、生活方式和行为模式。青少年正处于价值观、世界观、人生观、行为模式的形成阶段，容易受到影响和侵蚀。

领导干部的价值观事关国家前途命运。东欧剧变表明，领导干部特别是党的高级干部如果采取自我否定、自我丑化的态度，必然为自我垮台创造条件，必然造成民族的分裂和民族凝聚力的分散。习近平同志多次强调理想信念的重要性，他指出：“对马

① 《党的十九大报告辅导读本》人民出版社，外文出版社2017年版，第69页。

② 《邓小平文选》（第三卷），人民出版社1993年版，第380页。

克思主义的信仰，对社会主义和共产主义的信念，是共产党人的政治灵魂，是共产党人经受住任何考验的精神支柱。”① “我们干事业不能忘本忘祖、忘记初心。我们共产党人的本，就是对马克思主义的信仰，对党和人民的忠诚。”② “共产党人如果没有信仰、没有理想，或信仰、理想不坚定，精神上就会‘缺钙’，就会得‘软骨病’，就必然导致政治上变质、经济上贪婪、道德上堕落、生活上腐化。”③ 因此，从增强党防腐拒变能力、增强党的素质、提高党的执政能力和水平，以形成中国特色社会主义建设事业的坚强领导核心的战略高度考虑，当前更应该加强对广大党员领导干部的价值观教育。

（二）创新传播社会主义价值理念的方法和机制

我们的意识形态工作在内容、形式、方式、方法、机制等方面要不断创新和完善，意识形态的接受过程，是接受主体出于自身的需要，在环境的影响下，通过某些中介，对意识形态的理论、价值等内容进行选择、整合、内化、外化、践行的连续、完整的认识和实践过程，接受的结果是通过内化形成人们的观念意识，并进而使这种观念成为其自身思想政治品德结构的固有组成部分。在这个过程中，接受主体即意识形态的受导者的积极参与和意愿要求，直接决定了意识形态能否转化为其内在的价值需求。社会主义意识形态的主导地位不仅需要政治权威来巩固，更需要靠自身的科学权威和理论权威来加强，靠真理的感召力，靠对现实问题的解释力、穿透力来吸引群众，指导实践。在价值认同中，通过对以马克思主义为指导的社会主义意识形态理论体系正确性和科学性的正确、深入的理解，以及对社会主义核心价值体系的准确把握，促进对社会主义意识形态的理论认知。通过内心深处的价值期盼与社会主义意识形态的价值取向基本一致，促

---

①②③ 《习近平谈治国理政》（第二卷），外文出版社2017年版，第326页。

进对社会主义意识形态的信仰。“知之者不如好之者，好之者不如乐之者”。在情感认同中，通过人民群众对社会主义意识形态在情感上敬仰、悦纳，来促进从内心真正把社会主义意识形态作为表达自身利益诉求的理论话语。在环境熏陶中，坚持“以科学的理论武装人，以正确的舆论引导人，以高尚的精神塑造人，以优秀的作品鼓舞人”，通过无形的、潜移默化的社会风气、社会氛围、社会舆论的教育，使人们在不知不觉中受到心灵的感染、哲理的启迪、情操的陶冶，使人的思想情感发生变化。推进文学艺术创造，以高雅、健康、进步的文艺作品滋养人们的心灵，升华人民的精神境界。

在进行社会主义意识形态教育时，应当更科学地运用灌输理论。第一，教育要分层次，增强针对性。第二，教育手段要丰富。第三，教育要通俗化。

要丰富传播载体，增强社会主义意识形态的感染力。社会主义意识形态教育的载体，就是在实施意识形态教育的过程中，能够承载和传递意识形态的内容或信息的形式，分为传媒载体、文化载体、管理载体等类别。也就是说，我们在社会主义意识形态教育过程中所借助的报纸、电视、网络，所依托的文化活动，所进行的管理工作，都可以作为意识形态教育的载体。习近平同志指出：“我国成功走出了一条中国特色社会主义道路，实践证明我们的道路、理论体系、制度是成功的。要加强提炼和阐释，拓展对外传播平台和载体，把当代中国价值观念贯穿于国际交流和传播方方面面。”① 美国的大片、韩国的电视剧、日本的动漫作品，对中国的文化形态和人民的思想观念产生了很大的影响和很强的冲击。面对这种挑战，要求我们坚持以文化人，把社会主义意识形态的要求渗透到精神文化产品的创作生产之中。要尊重精神文化产品的创作规律，在“融入”和“渗透”上下功夫，使

① 《习近平谈治国理政》，外文出版社2014年版，第161页。

作品的形式与内容有机结合，既为群众所喜闻乐见，又体现主流意识形态的要求。大众传播与意识形态建设有着天然的内在联系。如最近几年深受群众欢迎的主流影视作品《恰同学少年》《亮剑》《士兵突击》等，都显示了主流意识形态与群众需求的完美契合。

（三）重视理想信念对文化软实力的重要性

有学者指出，在整个人类社会，无论是个体还是一个国家，都需要有理想。没有理想的国家注定是要没落的，没有理想的个体注定是浑浑噩噩、随波逐流的。那么什么是国家的理想？什么样的理想才能和一个国家相配套？这就需要从历史中找寻强大的根源，用前瞻性的目光注视未来。在世界强大国家的历史痕迹之中，我们不难发现有三条主线纵贯全程，排在第一位的是军事，其次是文化，最后是经济。这三者缺一不可，缺其一就不能称为强大的国家。那么我们现在就很明确一个概念，一个国家的理想就是建立强盛大国，没有这样一个国家理想，那么这个国家就注定要沦为三流国家或者是附属国。①

作为社会主义国家，我国社会的共同理想信念是在中国共产党的领导下，建设中国特色社会主义，实现中华民族的伟大复兴。这个理想信念始终是我国文化发展战略的核心内容。无论是毛泽东提出的“百花齐放、百家争鸣”方针，还是邓小平提出的“面向现代化、面向世界、面向未来”的文化发展战略，又或者是新世纪提出的“文化创新”战略，都是为了巩固社会主义的文化阵地，繁荣中国特色的社会主义文化事业和文化市场，发挥社会主义文化创造的活力，使中华民族文化获得世界认同，增强我国的文化软实力，所有这一切最终都落脚到中国特色社会主义的发展和中华民族伟大复兴这一共同理想信

---

① 高岗富：《论强国与盛世》，乌有之乡网刊，2012 年 1 月 19 日，http：//www.wyzxwk.com/Article/zatan/2012/01/279927.html。

念的实现上。

只有能够得到社会成员普遍认同的文化才是具有生命力和创造力的文化，才能够为本民族和其他民族所共享，才谈得上是有实力的文化。文化的认同感和凝聚力关键来自文化的价值内核。世界观、价值观是文化的核心和灵魂，规定着文化的性质和发展方向，文化有没有吸引力、感召力，根本上取决于这种文化的世界观、价值观。因此，作为文化价值观和世界观的集中体现，共同的理想信念就成为国家文化软实力的凝聚力和吸引力的重要来源。理想信念作为国家文化软实力凝聚力的重要来源主要通过三个方面体现出来：首先，共同的理想信念以其政治价值和基于政治价值的理想社会形态构建得到社会成员的普遍认同和思维共鸣，并使社会成员自觉地捍卫和完善这些价值理念的实践形态；其次，共同的理想信念使社会成员明确了自身对他人、当前社会和未来社会的存在价值，使社会成员愿意为之奋斗和付出；最后，共同的理想信念使社会成员之间有了基于共同价值思维和诉求的沟通桥梁，加强了社会成员之间的情感联系和合作关系。一个国家的文化只有具备了这种凝聚力，才能在国际交往中产生对他国的吸引力，进而“塑造其他人的倾向”“让别人随你所愿”“影响其他国家的预期”，使己方得偿所愿。在阶级社会，作为文化软实力思想核心的理想信念往往和民族与国家的政治体制和意识形态密切相关，政治理想、民族抱负和社会理想彼此交错、融为一体。理想信念内容的复杂性在价值取向多元化的今天进一步加剧，其重要作用被功利主义、实用主义等思想掩盖甚至抹杀，但是我们并不能以此来否定共同理想信念作为文化软实力的核心要素，对增强文化软实力的凝聚力和吸引力的重要意义。

从历史实践来看，共同的理想信念作为国家文化软实力的核心要素，始终是凝聚社会成员思想、维持社会延续和发展的重要资源。“提高国家文化软实力，要努力传播当代中国价值观念。当代中国价值观念，就是中国特色社会主义价值观念，代表了中国先进文化的前进方向。我国成功走出了一条中国特色社会主义道路，实践证明我们的道路、理论体系、制度是成功的。”① 从新中国成立以来的历史中也可以清晰地看到：建设中国特色的社会主义和实现中华民族的伟大复兴始终是国家文化软实力的灵魂和核心，这一共同理想信念凝聚了全国人民的思想和力量，使我国从新中国成立之初的一穷二白摇身变成了举足轻重的政治和经济大国。尽管这一共同理想信念在具体的历史阶段中的支持度并不总是居高不下，但是从总的历史趋势看，它始终代表着我国主流文化的价值取向，始终能够赢得大部分群众的认同和支持。

新的历史条件向共同理想信念的培育提出了新的挑战，但是新的时代理念和社会条件也为共同理想信念的培育提供了新的机遇。一方面，人们从对发达资本主义文明的狂热向往到理性思考的转变产生了对理想信念新的需求；另一方面，中国社会主义现代化从单一经济指向到综合发展指标的转变，使共同理想信念的培育再次纳入国家软实力发展的视野。另外，先进的通信工具的普及也为共同理想信念的培育提供了新的沟通和交流的平台。

首先，要创造出“不唯名”“不唯利”“不唯己”“物质与精神文明共进”“工具理性与人文情怀共荣”的良好社会环境。其次，理想信念的培育要走出课堂，走进社会。再次，要改进培育共同理想信念的方式，关注现实，把理想信念认同和利益认同结合起来。“理论只要说服人，就能掌握群众；而理论只要彻底，就能说服人。所谓彻底，就是抓住事物的根本。但是，人的根本就是人本身。”最后，要巩固社会主义文化宣传阵地，积极应对西方的资产阶级文化输出。目前，西方资产阶级国家主导了全球的经济秩序。尽管“冷战”已成为历史，和平与发展成为世界主流；但是，西方发达资本主义国家无论是出于意识形态还是处于国家利益，都没有放松对我国颠覆的努力。特别是在文化领

① 《习近平谈治国理政》，外文出版社 2014 年版，第 161 页。

域，他们凭借在文化软实力上的优势，通过精英文化交流、流行文化输出不断地影响我国民众的价值观，动摇人们的社会主义理想信念。因此，我们必须巩固社会主义文化阵地，发掘和整理传统文化中的精华，积极吸收时代特色，大力发展文化产业，形成我们自己的文化软实力，积极应对西方的文化输出。特别在共同理想信念的培育上，要改变传统的理想教育方法，把理想教育融入流行文化，融入商业文化，融入个人抱负的实现过程，做到润物细无声、春芽遍天下。

三、完善社会主义制度文化，增强国家决策力和发展模式影响力

任何制度的背后都有制度被设计时所遵循的价值理念的存在。这个价值理念虽然往往被淹没在制度体系的纷繁和琐碎中而不被人们所看到，但是却从根本上决定着制度的命运。这个价值理念就是制度的精华和核心，是制度文化的重要内容。应不断深化对社会主义市场经济体制精神理念的认识，对社会主义民主法治体系的认识和改革，对中国特色社会主义理论的研究，提升国家文化软实力。

（一）制度文化是文化软实力的重要内容

从历史来看，失败的制度实践一般有两个原因：一是制度的实践过程偏离了其所遵循的价值理念，导致制度实践的自我矛盾，以致无法维持下去；二是制度的价值理念不再适用于变化了的现实社会状况，以致制度的实践遭遇了现实的强烈抵抗而无法延续下去。成功的制度实践恰恰在于理念根据现实状况的变化做出了不与自身核心精神相悖的让步或改良，以及制度实践及时地跟随理念的变化而作出调整。例如，在资本主义制度的发展过程

中，资本主义价值理念，即资本家对剩余价值的无限追逐和全部占有，越来越不适应现代社会化生产的需要，爆发了一次次的经济危机，于是资本主义制度在不改变剥削本质的情况下做出了适当让步，即适当地出让一部分剩余价值分配给劳动者，表现在制度实践中就是股份的社会化和分散化，如此就缓和了根本矛盾，并且促进了技术的提高和剩余价值总量的增加，使资本实现了对全球的支配，反而在更大规模上实现了资本主义核心价值理念。虽然资本主义制度必然灭亡，但是从制度文化和制度实践之间的调适角度看，也给了我们一些启示和借鉴。正是从这个意义上讲，完善社会主义制度文化是文化软实力的重要内容，是增强国家决策力和发展模式影响力的必要条件。

（二）提高经济制度的决策力

我国社会主义市场经济理论是伴随着社会主义改革实践而形成和发展起来的。我国社会主义市场经济体制的基本框架已经明确，其基本内容是：建立现代企业制度、培育和发展市场体系、建立健全宏观经济调控体系、建立合理的个人收入分配和社会保障制度。目前我国社会主义市场经济体制已经初步建立并趋于完善，相对完善的社会主义市场经济体制的确立，不仅对中国，而且对世界都将是具有历史意义的伟大创新。在实践中，完善社会主义市场经济体制是一个艰巨的长期过程。完善社会主义市场经济体制，必须深化对社会主义市场经济体制制度特征的认识，也必须准确把握社会主义市场经济与资本主义市场经济的区别和联系；完善社会主义市场经济体制，还必须在培育市场主体、培育要素市场、完善宏观经济调控体系等方面做更加深入和细致的工作；完善社会主义市场经济体制，更为重要的是要培育和完善社会主义市场经济的“精”“气”“神”，加强对社会主义市场经济体制精神理念的培养和教育，提高我国经济体制改革、经济制度完善、经济政策制定的顶层设计的科学合理性，提高经济制度的决策力和执行力，减少和弱化决策、政策执行的逆向力。

市场经济既是一种经济体制又是一种精神文化形态，发展社会主义市场经济必须一方面建立和完善社会主义市场经济体制，另一方面培育社会主义市场经济精神理念。培养社会主义市场经济的精神理念是今后一个时期完善社会主义市场经济体制的一项重要内容，只有内外、硬软方面都得到完善的“社会主义市场经济”才是真正意义上的社会主义市场经济。市场经济精神是市场经济社会的精神气质，是市场经济健康运行和发展的内在动力和重要保证。市场经济的发展不是无主体的运动。所谓社会主义市场经济的精神理念，概括地讲就是指一个社会中反映社会主义市场经济本质的、适应市场经济发展要求的整体精神气质和观念。具体来讲，包括适合市场经济发展要求的人们的价值观念、意识、思维活动、伦理道德规范、一般心理状态、风俗习惯和活力等。概括地讲，社会主义市场经济体制的精神理念主要体现在：

第一，坚持社会主义市场经济的基本经济制度的精神理念。在所有制结构上，以公有制为主体、多种所有制共同发展，一切符合“三个有利于”的所有制形式都可以而且可以用来为社会主义服务；在分配制度上，以按劳分配为主体、多种分配方式并存，不断完善分配结构和分配方式，不断深化分配制度改革，运用包括市场手段在内的各种调节手段，促进效率，注重公平，逐步实现共同富裕；在宏观调控上，以实现最广大劳动人民的利益为出发点和归宿，更好地发挥计划和市场两种手段的长处，使社会主义的优势和市场经济的优势都能得到充分发挥。

第二，坚持市场经济的一般原则精神。（1）市场配置资源原则。商品及生产要素的流动、价格的涨落、企业的关停并转等应由企业自主决定，市场优胜劣汰。政府的宏观调控主要关注总体设计和引导，即便出现政府对经济运行的干预，这种干预也是特例而非常态行为，干预的目的是不干预。（2）追求利润最大化原则。市场主体从事市场行为时，做事讲究效率，关注成本，都在有意无意地进行成本—收益的比较，从而作出收益最大化的选择，不会不计成本的盲目行事。（3）法制和道德原则。市场经济是法制经济，也是道德经济。在全社会培养遵守法制的良好氛围，增强法制观念，立身行事遵守社会主义市场经济的“游戏规则”。市场主体都把诚信作为生存的根本，诚实守信，讲究市场信用。（4）效率原则。珍惜时间，讲究效率，把创新、奋斗、获利、实现自我价值作为人生之目的。（5）产权保护原则。产权界定清晰，全社会有很强的产权意识，重视和保护产权及其利益，发明创造和积累私人财产的积极性得到激发。此外，市场经济的一般原则精神还有开放意识、合作精神、创业观念等。这些都是我们在完善社会主义市场经济体制过程中需要培养的精神理念。

第三，立足于社会主义政治、文化的基本要求，树立当代市场经济精神。中国特色社会主义的基本政治制度和基本文化制度使中国的市场经济发展拥有得天独厚的资源和保障。民族情感、爱国主义、集体主义、敬业精神等，这些都是使中国市场经济发展得到升华的因素。社会主义市场经济的发展不仅是一种新的经济制度建立和完善的过程，而且还是一个适应与引导市场经济的健康社会心理和当代市场经济精神理念的生成过程。当代文明的市场主体能否生成适应与引导市场经济的健康社会心理和具有当代市场经济精神，关系到市场经济的发展方向、市场经济的成败。树立当代社会主义市场经济精神理念表现为：全民族的经济行为有一个更高尚的动机，把贪欲物质财富的冲动、单纯谋利的动机升华为一种社会责任感和社会成就感，在全社会培养和鼓励工业精神与实业精神，使重商主义、流通致富意识得到升华；整个社会重视人力资本的价值，使单纯重视货币资本的意识得到转化；在大量财富面前，在强大的获得财富的手段面前，要把安逸、享乐意识升华为一种追求生产价值和生活意义的超越精神。[①]

目前市场经济体制的基本框架虽已构建，但现实经济运行离真正的市场经济要求还存在很大差距，非市场现象的存在增加了市场经济体制运行的成本，阻碍了市场经济的健康运行和发展。因此，改革开放进行到目前阶段，我国应把培育全社会的市场经济精神提上议事日程，要将树立新的发展观和培育市场经济精神结合起来。市场经济精神则作为人们的内在动力自觉地维持市场经济秩序，可大大减少机会主义行为的发生。因此，培育市场经济精神是建立市场经济体制的基础工作，是发展市场经济的人文条件。[②]

（三）提高政治制度的吸引力

1. 深化对社会主义民主政治的认识和改革。

民主是人类政治文明发展的成果，也是世界各国人民的普遍要求。民主是政权的一种构成形式，任何一种民主的本质、内容和形式，都随着本国经济文化的发展而发展。民主作为一种国家制度，作为上层建筑，它的本质是由经济基础决定的，并不存在唯一的、普遍适用的和绝对的民主模式。民主的形式是多样性的，没有统一的标准。但是同民主的实质相比，形式毕竟是第二位的。

人民民主是社会主义的生命。社会主义民主是多数人的民主，是迄今为止人类历史上最高形态的民主，它的本质是人民当家作主。发展社会主义民主政治、建设社会主义政治文明，是全面建设小康社会的重要目标，也是构建社会主义和谐社会的根本保证。党的十六大指出，发展社会主义民主政治，最根本的是要

---

① 黄培来：《浅析当代市场经济精神》，载于《广东供销》2002 年第 2 期。

② 杨黛：《论新的社会发展观与培育市场经济精神》，载于《西南民族大学学报》（人文社科版）2004 年第 12 期。

把坚持党的领导、人民当家作主和依法治国有机统一起来。党的十七大报告进一步强调："要坚持中国特色社会主义政治发展道路，坚持党的领导、人民当家作主、依法治国有机统一，坚持和完善人民代表大会制度、中国共产党领导的多党合作和政治协商制度、民族区域自治制度以及基层群众自治制度，不断推进社会主义政治制度自我完善和发展。"① 党的十八大以来，习近平同志多次强调我们要坚持对中国特色社会主义政治制度的自信，他指出："人民民主是中国共产党始终高举的旗帜。在前进道路上，我们要坚定不移走中国特色社会主义政治发展道路，继续推进社会主义民主政治建设、发展社会主义政治文明。"② 中国共产党的领导是人民当家作主和依法治国的根本保证，只有坚持党的领导，才能坚持我国民主发展的社会主义方向，人民当家作主和依法治国才能有可靠保障；人民当家作主是社会主义民主政治的本质和核心要求，共产党执政就是领导和支持人民当家作主；依法治国是党领导人民治理国家的基本方略，依法治国不仅从制度上、法律上保证人民当家作主，而且也从制度上、法律上保证党的执政地位。

我国建立的社会主义基本政治制度是好的，它符合中国的国情，在实践中也已得到证明。正如习近平同志所指出的，"坚定中国特色社会主义制度自信，首先要坚定对中国特色社会主义政治制度的自信，增强走中国特色社会主义政治发展道路的信心和决心。"③ 但它还很不完善，必须在坚持立足于国情，坚持正确的政治方向，坚定不移地走中国特色社会主义的政治发展道路的前提下深化政治体制改革，打造更加适合经济文化落后国家加速

---

① 胡锦涛：《高举中国特色社会主义伟大旗帜，为夺取全面建设小康社会新胜利而奋斗——在中国共产党第十七次全国代表大会上的报告》，载于《人民日报》2007 年 10 月 25 日。

② 《习近平谈治国理政》（第二卷），外文出版社 2017 年版，第 285 页。

③ 《习近平谈治国理政》（第二卷），外文出版社 2017 年版，第 288 页。

实现现代化的具有中国特色的民主政治制度，不断提升我国社会主义民主政治的吸引力和影响力。

需要特别指出的是，中国共产党是当代中国文化软实力提升的领导力量，中国共产党本身就是当代中国文化软实力最重要的组成部分，中国共产党的政党权威是当代中国文化软实力提升的重要构成，坚持党的领导本身就是坚持了当代中国文化软实力提升的方向。江泽民同志指出："党的领导、党的建设是经济建设和改革开放成功的根本保证，越是改革开放、发展经济，越要加强党的领导、抓好党的建设。"① 坚持党的领导，必须不断改善党的领导。改善党的领导是进一步改善党的领导方式和执政方式，更好地实现党对社会主义建设事业的领导问题。胡锦涛在纪念党的十一届三中全会召开30周年大会上指出："坚持和改善党的领导，是我们事业胜利前进的根本保证。""必须把推进中国特色社会主义事业同推进党的建设新的伟大工程结合起来，加强党的执政能力建设和先进性建设，提高党的领导水平和执政水平、拒腐防变和抵御风险能力。"② 中国共产党正在并将继续用自己的领导魅力向世人昭示中国特色社会主义的美好未来。

2. 深化对社会主义法治的认识和改革。

我国制定和实施的是中国特色社会主义法律，社会主义法律精神贯穿我国法律体系的始终。深化对社会主义法治的认识和改革，就是要在深入理解和把握我国社会主义法律的内涵、体系和运行机制的基础上，明确在我国实行依法治国基本方略，在全社会树立社会主义法治观念，逐步推动我国法制改革，不断提升我国法律制度的公信力和影响力。

建设社会主义法治国家。社会主义国家不仅是人民当家作主

---

① 《江泽民论有中国特色社会主义（专题摘编）》，中央文献出版社2002年版，第570页。

② 本书编写组：《胡锦涛〈在纪念党的十一届三中全会召开30周年大会上的讲话〉学习读本》，人民出版社2008年版，第31页。

的国家，而且也应该成为实行法治的国家。党的十五大明确提出了依法治国的基本方略，确立了建设社会主义法治国家的战略目标。九届全国人大二次会议把依法治国、建设社会主义法治国家载入宪法。这一方略的提出和逐步实施，将保证国家各项工作都依法进行，并逐步实现社会主义民主的制度化、法制化。加快建设社会主义法治国家必须完善中国特色社会主义法律体系，提高党依法执政的水平，加快建设法治政府，深化司法体制改革，完善权力制约和监督机制，培植新型的社会主义法律文化。

树立社会主义法治观念。树立社会主义法治观念，关系依法治国基本方略的实施，关系社会主义法治国家建设的历史进程。要树立社会主义民主法制观念、自由平等观念、公平正义观念、权利义务观念等基本观念。全社会应不断加强社会主义法律修养，养成守法习惯，增强法律意识，将有法可依、有法必依、执法必严、违法必究的观念深入人心、深入实践。

（四）提高中国发展模式的影响力

2007 年 10 月召开的党的十七大提出了“中国特色社会主义理论体系”的概念，将其作为高举的旗帜，这标志着改革开放后执政党的政治价值观重建基本成型。[①] 胡锦涛同志在中国共产党第十七次全国代表大会上所作的政治报告中指出，“改革开放以来我们取得一切成绩和进步的根本原因，归结起来就是：开辟了中国特色社会主义道路，形成了中国特色社会主义理论体系。高举中国特色社会主义伟大旗帜，最根本的就是要坚持这条道路和这个理论体系。”[②] 这段话明确肯定了“中国特色社会主义理论”对于发展中国的重要意义。《人民论坛》杂志社总编辑贾立政认

---

① 韩勃、江庆勇：《软实力：中国视角》，人民出版社 2009 年版，第 116 页。

② 胡锦涛：《高举中国特色社会主义伟大旗帜，为夺取全面建设小康社会新胜利而奋斗——在中国共产党第十七次全国代表大会上的报告》，载于《人民日报》2007 年 10 月 25 日。

为这一理论体系是中国政治软实力的核心，“这是中国强盛的基本依归，中国奇迹的答案就在这里。”①

30 多年来，中国经济社会的快速发展已经引起国际社会的广泛关注。在国际社会，“中国特色社会主义”的通俗说法就是“中国模式”。英国著名思想库伦敦外交政策中心的乔舒亚·库珀·雷默认为，“中国的模式是一种适合中国国情和社会需要、寻求公正与高质量增长的发展途径；中国的经济发展模式不仅适合中国，也是以追求经济增长和改善人民生活为中心任务的发展中国家效仿的榜样。”② 所谓“中国模式”或“北京共识”的出现就表明，除了欧美发展模式需要总结和研究之外，中国特色社会主义的发展道路已成为另一条值得认真总结的发展之路。世界现代化进程不应是一个单向的、孤立的发展路线，而应该是多样的，中国的发展成就就是对这一问题的最好诠释和证明。中国的发展理念和模式开始对广大发展中国家产生新的启示乃至成为选择。中国模式在世界范围内不断扩大的影响也将为中国外交创造一个良好的氛围，也将巩固中国作为一个负责任的大国的国际地位。

深化对中国特色社会主义理论的研究和提升中国发展模式的影响力是相辅相成的。中国特色社会主义建设需要同步和超前于实践的理论研究，深化对中国特色社会主义理论的研究是中国特色社会主义建设的题中应有之义，这种深化应该是全方位的，既要有基础理论的深化，也要有对现实问题的关切；既要有战略和高层的设计，也要有对现实亟须问题的破解。就国际社会的反应来看，“中国模式”具有广泛的吸引力是毋庸置疑的，特别是对大多数发展中国家都具有巨大的引诱力。在“华盛顿共识”被

---

① 贾立政：《“中国奇迹”的期待：从政治软实力看中国的强盛》，载于《人民论坛》2008 年 2 月 28 日。

② 韩勃、江庆勇：《软实力：中国视角》，人民出版社 2009 年版，第 117 页。

证明不具有实用性之后，发展中国家的政治家和经济学家对中国的发展模式有了越来越深刻的认识和理解，从而与中国有了越来越多的思想共鸣。尽管“中国模式”也存在问题，“中国模式”还需要进一步完善，但是“中国模式”中所包含的政治价值观，以及对中国作为发展中国家所面对的问题的思考和解决，已经并将继续显示它的魅力。

四、推动文化繁荣发展，提升国家凝聚力和创新力

推动文化繁荣发展就是要着力推动社会主义先进文化更加深入人心，推动社会主义精神文明和物质文明全面发展，不断开创全民族文化创造活力持续迸发、社会文化生活更加丰富多彩、人民基本文化权益得到更好保障、人民思想道德素质和科学文化素质全面提高的新局面，建设中华民族共有精神家园，为人类文明进步作出更大贡献。文化繁荣发展靠什么？靠的是内容、创意、精品。有了丰富多彩的内容，才有绚烂多姿的文化。

（一）弘扬中国传统文化，提升文化吸引力

中国社会正处于转型之际，如何把存在于古代典籍中的传统文化资源转化成为公众普遍奉行的价值观念和身体力行的行为规范，对于未来的社会发展进程至关重要，是关系到国家可持续发展的重要命题。中国古代有仁、义、礼、智、信等表达，西方近代有自由、平等、博爱等观念，我们现代核心价值体系也应当有标志性的价值概念。这样才能把现代文化与古代文化相衔接，把中国文化与世界文化相衔接，把社会生活与个人生活相衔接，使现代价值观念体现在人们物质生活和精神生活的各个方面。也只有这样，才能对外确立中国自身的文化品格，构成与异域文化进

行对话、交流、互动的基础，进而改变单一的意识形态话语机制，为中国文化走向世界搭建更为宽阔的交流平台；对内实现不同利益群体间的相互认同，消解利益分配中可能形成的价值观分化与对立，从而确立一种全社会普遍信守的文化理念，以实现对中国文化精神的集体认同，为社会主义核心价值观构筑坚实的文化根基，在无形文化的建构过程中实现对中国文化核心价值理念的传承与弘扬。

（1）在中国传统文化的重新定位问题上，要反对两种错误的倾向。一是中国传统文化的自恋情结和封闭排外主义，把一些封建糟粕视为精华。例如，过分强调等级观念、尊卑观念、迷信观念及一些因过分精致讲究而不讲效率效益的烦琐礼仪等。这样的历史文化不仅不是财富，反而成为包袱。二是历史虚无主义。把传统文化说的一团漆黑、一无是处，搞全盘西化，中国传统文化似乎成为中国封闭落后的“原罪”。

（2）不断挖掘传统文化的积极因素并赋予其符合时代精神的新内涵。中华优秀传统文化是中华民族的“根”和“魂”，是最深厚的文化软实力，是中国特色社会主义植根的沃土，是我们在世界文化激荡中站稳脚跟的根基。习近平同志高度重视中国优秀传统文化，并将其作为治国理政的重要思想文化资源。他反复强调，中华优秀传统文化是中华民族的突出优势，中华民族伟大复兴需要以中华文化发展繁荣为条件，必须结合新的时代条件传承和弘扬好优秀传统文化。[①] 习近平同志指出，在学习、研究、应用传统文化时，要“努力实现传统文化的创造性转化、创新性发展”[②]。例如，我们要大力宣传大一统的国家观，“天下兴亡、匹夫有责”的爱国传统，“天人合一”的发展观，共建和谐的价

① 《习近平总书记系列重要讲话读本》，学习出版社、人民出版社 2016 年版，第 201 页。

② 《习近平谈治国理政》（第二卷），外文出版社 2017 年版，第 313 页。

值追求，“天地之间莫贵于民”的民本理念，以和为贵、和而不同的和合思想，革故鼎新、因势而变的创新精神，富贵不淫、威武不屈的高尚气节，扶正扬善、恪守信义的社会美德，“当下即是”的精神与“一切放下”的襟袍，“与物宛转俱流、活泼周运”的圆而神的智慧，温润而恻惮的情怀等。特别是天下一家的情怀就是中华“和合”文化。从“和为贵”到“和而不同”，从“天人合一”到“协和万邦”。中国传统的和谐文化深深影响着中华民族的成长，推动了社会的进步。中国人民的刻苦耐劳、勤俭节约、尊老爱幼、主张和谐等，无疑有助于国家和民族的安定团结和现代振兴。

（3）保护好中国传统文化资源。一个没有传统文化的民族是没有根的民族，一个不能“与传统和解”的民族就犹如“漂泊的心灵、失根的兰花”。我们在重点文物保护、文化典籍整理保护、中华善本再造、非物质文化遗产保护等方面投入更多的精力，组织开展中华传统文化整理工程，大力做好中华传统文化普及教育和弘扬推广工作；努力挖掘、弘扬中华民族传统节庆文化，丰富传统节日的文化内涵，开展多姿多彩的群众文化活动；充分发挥物质和非物质文化遗产在传承文化和提高民族素质等方面的积极作用。中国传统节日凝结着中国人的伦理情感、生命意识、审美趣味与认同情怀，展现着中华文明的深厚底蕴，是传统文化的结晶和载体，是活的传统文化，是民族精神的黏合剂，其中包含了亲情情结、敬祖意识、寻根心理、报本观念，可以唤起对亲人、家庭、故乡、祖国的感情，唤起对民族文化的记忆和对民族精神的认同。我们应大力宣传中国传统节日，推动中国传统佳节走出国门，从而提升中国文化的影响力。

（4）加强中国传统文化的教育和研究。越来越多的专家都意识到国学教育对于中华民族文化延续的重要意义，因此，他们都极力主张从小学开始，对学生进行系统的国学教育工作。而从目前大学生的反映看，他们也认为缺乏传统文化素养是大学生们的一大缺陷，也希望能够有机会弥补这一方面的缺憾。“易中天热”和“于丹热”，都说明了人们对回归传统文化的渴求。我们要有意识地加强民族文化教育，最基本的就是乡土教育、民俗教育、文化传承教育、文化经典教育。我们在重新认识、发掘和梳理传统文化的同时，要给予现代的解读方式。我国大约有35 000种古典书籍，但时至今日翻译成外文的只有2‰左右。如何将国内传统文化精髓推广到西方成为当代学者的重任。

（5）重视民族特色在文化传播中的作用。在内容上突出民族性、人民性，把先进文化理想熔铸于人民大众的生活中，可以考虑把先进文化理论熔铸于某些流行文化因素中。例如，可以通过中国美丽、健康、阳光的流行文化人物来宣传中国，可以大大拉近美国等西方普通老百姓和中国的距离。在形式上，宜多组织民间的宣传、非主流媒体的宣传，尽早地和持续地发出中国的声音，让西方民众了解中国的观点和态度。

（6）对中国传统文化要去神秘化。我国的传统文化资源丰富多彩，对于外国民众而言，这种完全超脱他们思维模式的丰富的中华文化具有复杂的神秘感，他们感觉“越试图了解中国，就越不了解中国”，这实际上也是中华文化吸引无数外国民众的重要原因。但是这种神秘感也带来了两方面的负面效应：一方面是过于神秘而丧失了深入了解的勇气，特别是作为第一道难关的文字语言关；另一方面是把文化的神秘感扩散到整个现实的政治、经济和社会生活，把中国冠以“神秘”“难以把握”的标签。这无疑对我国融入国际社会产生了理念上的阻碍。因此，我国在弘扬传统文化的过程中，要去神秘化，增加可读性和亲和力。

（二）发展公益性文化事业，提升文化凝聚力和影响力

党的十七届六中全会通过的《中共中央关于深化文化体制改革　推动社会主义文化大发展大繁荣若干重大问题的决定》中提出：满足人民的基本文化需求是社会主义文化建设的基本任务。

必须坚持政府主导，按照公益性、基本性、均等性、便利性的要求，加强文化基础设施建设，完善公共文化服务网络，让群众广泛享有免费或优惠的基本公共文化服务。并从四个方面提出了发展公益性文化事业的方向：构建公共文化服务体系；发展现代传播体系；建设优秀传统文化传承体系；加快城乡文化一体化发展。从中可以看出，发展公益性文化事业，是提升文化凝聚力和影响力的重要途径。

凝聚力既来自社会对民众物质利益需求的满足，更来自对民众精神权益要求的满足，物质的满足仅确保了人的肉体存在和健康，而精神需求的满足则是人能够实现自由个性、全面发展的必要条件。一个只限于满足人的物质需要的国家只会得到有限的发展，一个能够不断满足民众精神需求的国家才能够牢固地凝聚和团结民心，激发国家的创新活力，才可能具有无限的发展潜力和强大的国家实力。满足民众精神需求的基本途径就是发展公益性文化服务。公益性文化服务为社会民众提供了平等的实现文化权益的平台，通过该平台，每个人的能力都有了无限发展的可能性，每个人都可以感受到国家对个人的尊重，体会到国家为每个人的自我实现所做的努力，自然而然地认同国家对社会的统治和管理，自觉地维护国家的利益和整体安全。从国家的角度看，公益性文化事业是推动整体文明程度、提高人民幸福指数和整体国民素质的重要基础。因此，公益性文化事业的发展状况是最能衡量一国文化软实力发展程度的指标。

文化影响力是一国的文化让国外受众感受到国家文化从理念到形象的真、善、美，并且接受和认同国家文化的能力。经济上的往来只能让两个国家彼此意识到对方的存在并形成相互信任的利益纽带，这种纽带会随着经济往来的中断而迅速瓦解。只有精神上的认同和理解才能产生牢固的影响力，形成彼此认同的文化基因并代代传承。

（1）重视公益性文化事业的公益性、基本性、均等性、便利性，保障民众的文化权益。我国是一个地大人多的发展中大国，要让每一位民众都感受到国家对于个人文化权益的尊重，激发社会主义文化的凝聚力和创新力，关键就在于保障文化事业的公益性、基本性、均等性、便利性。公益性就是要政府以纳税人的钱为社会公益文化事业埋单，保证不论收入高低的每一位社会公民都能享受到应有的文化权益。基本性就是要求公益性文化事业要满足民众最基本的文化权益，对政府而言是一种强制性要求，对民众而言则是融入社会的最低限度的文化素质要求。均等性就是保证文化权益的人人平等，不分城乡、职业、性别、年龄等的差别，一律享有这种文化权益。便利性就是力争让每一位民众都能方便地享有这种权益，而不会因为服务网点设置的不合理而无法现实地享受文化权益。

（2）坚持政府为主导，拓宽文化建设渠道。公益性文化事业是政府履行社会公共服务职能中最主要的一种，是政府应尽的义务。因此，公益性文化事业的建设应当以政府为主导，要摆脱市场因素的不良影响，把公共文化事业的建设提升到和经济建设同等重要的地位，纳入政府绩效考核体系，重视对公益性文化事业的投入，且投入不得低于同期财政收入的增长幅度。同时，也要积极拓宽公益性文化建设的投入渠道，多方筹资、全民共建。鼓励和引导包括外资在内的社会资金，运用多种形式进入国家没有明令禁止的公益性文化事业建设领域，并在资金投入、税收减免、社会捐赠、公益赞助等方面提供优惠和便利，形成社会资金多形式、多渠道共同投入建设的新局面。

（3）实施重点扶持政策，保证服务的均等化。我国人口众多，地区经济发展不平衡。在经济文化较发达地区，发展势头良好；经济文化相对落后的地区在资金、规模、服务形式上相对较差。农村公益性文化事业与城市相比，发展相对落后，供给不足，服务项目单一，服务质量极差。因此，政府在资金投入上要适当向落后地区、农村倾斜，遏止文化发展差距拉大的趋势，让文化发展成果惠及全体人民。

（4）要加大对文化传统的保护利用并提高文化生产传播效率。文化传统包括精神传承和物质遗存。要对传统文化取其精华、去其糟粕，古为今用、推陈出新，使优秀传统文化成为新时期的精神力量，成为凝聚全球华人共有精神家园的精神支柱，成为发展社会主义先进文化的重要支撑。要加强文化遗产的保护、传承与利用，运用先进技术手段改善传统文化的保护和利用手段，增强文化产品的表现力和吸引力，提高文化产品的传播力和影响力，使传统文化成为现代人类的精神休憩地。发展公益性文化事业，要发展现代传播体系，提高社会主义先进文化的辐射力和影响力，扩大有效覆盖面，让城乡群众都能享受到现代传播方式的便利，准确、快捷地获取有益信息。利用现代传播技巧，运用国外公众听得懂、易接受的方式和语言，努力提高新闻信息报道的原创率、首发率、落地率，增强对外传播的吸引力和影响力，形成与我国经济实力相符合的国际传播地位。

（5）发展公益性文化事业，要注重提升公共文化服务的吸引力和影响力，吸引人民群众广泛参与。要通过创新服务方式、丰富服务内容，来提高公共文化服务的吸引力。创新公共文化服务投入机制，积极引导社会力量参与公共文化服务。制定公共文化服务指标体系和绩效考核办法，形成有效的激励约束机制，不断提升服务能力。培育和打造文化品牌，以品牌的影响力、辐射力和凝聚力带动和促进群众参与文化活动。

（三）发展文化产业，提升文化创新力

大众文化和通俗文化对树立良好的国家形象帮助巨大。特别是那些励志类的影视、音乐，富于民族文化特色的通俗小说和创新的故事，乃至餐饮文化等，都是友好型的，同时具有强大的文化渗透力。从国际经验看，经济发达国家都把文化产业作为增强文化软实力最重要的途径。美国、英国、法国、日本等多个国家

都通过政府的计划以大力推动文化产业的发展。以文化产业作为支柱产业的美国，在文化产业的各个领域都具有全球领先地位。电影、图书、音乐、动画、游戏、体育、主题公园和其他衍生产品的开发与销售，成为美国力量的象征，不仅带来巨大的经济效益，更展示了渗透力极强的软实力。英国从 1997 年起把发展创意产业作为国家战略。法国和奥地利等都举国之力地做好重大文化产业品牌项目的扶持和经营。日本在 20 世纪 90 年代的十年持续经济低迷时，唯独文化产业取得了巨大的增长。特别是在以青少年和家庭为主要消费对象的动漫和游戏领域，取得了全球市场的领先地位。日本政府的要员甚至提出了“动漫外交”的口号。亲和力强的文化产品的海外销售，极大地改善了日本国家的形象。中国要增强文化软实力，消除“文化赤字”，就必须大力发展文化产业，增强文化产品的国际竞争力。

在全球化时代，促进中华文化“走出去”，我们必须制定一个中长期的、循序渐进的适合国情的国家文化产业战略，将文化产业体系纳入经济文化一体化的国民财富创造新体制之中，形成能够抗衡美国文化及其文化商品进入中国市场的力量，达到维护国家文化安全的目的。

要创新文化管理体制。文化的繁荣发展离不开科学有效的管理，要在发展繁荣的过程中不断改进和创新管理，通过加强管理促进文化繁荣发展。我国文化事业和文化产业的各个门类分别属于国家多个部门管理，不可避免地造成了政府职能交叉、多头管理等问题，影响了我国文化产业的发展。因此，我们应进一步理顺文化市场管理部门与所属文化企事业单位和市场中介组织的关系，使文化行政管理部门逐步把工作职责转到政策调节、市场监管、社会管理和公共服务上来。继续推进文化市场综合行政执法，有效解决职能交叉、多头执法等问题，努力完善统一、开放、竞争、有序的文化市场体系。

要重塑和培育文化市场主体。文化发展繁荣的关键在于市场，市场活动的主体是企业，只有通过改革使一大批有实力、有竞争力的文化市场主体活跃起来，文化繁荣发展才有坚实基础。要以创新体制、转换机制、面向市场、增强活力为重点，加快推进经营性文化单位转企改制，按照建立现代企业制度的要求，完善法人治理结构，使之成为面向市场、自主经营的文化商品生产者和经营者，成为合格的市场主体。与此同时，还要扶持具有市场领导地位的文化企业以及潜力型的企业，鼓励这些企业不断提升文化创造力，通过开发特色文化产品，特别是能够走向国际市场的文化产品，不断增强企业的核心竞争力。应当积极鼓励企业参与竞争，减少行业部门垄断和行政性垄断，摆脱各类国有和民营企业对政府的依赖性；同时，要求大型的国有企事业文化单位为中国文化“走出去”作出积极的贡献。

注重文化创造力，特别是开发符合当代市场需求的文化娱乐精品。2008 年一部叫《功夫熊猫》的电影风靡全球。电影的主角熊猫“阿宝”及影片中的水墨山水背景、庙会、功夫、针灸等鲜明的中国印记，让人感到这部片子“很中国”。包括此前流行的电脑游戏《三国志》以及风靡许多国家的电影《花木兰》，这些反映中国文化的作品，却不是出自中国人之手。这种现象引起了很多人的反思：为什么我们拥有如此丰富的文化资源，却让外国拿去赚了个盆盈钵满？其实，注重文化创造力也包括在中国传统文化资源的基础上进行挖掘，进行创造性转化工作和创新，也包括发挥创意和创新的能力，不断提升文化创造力。另外，我们也要针对国外受众群设计出既有中国特色又能满足国外市场需求的文化产品，做出文化品牌；要在把握传统文化精髓的基础上，对传统文化进行新的诠释，并融入国际色彩。只有中国文化产品真正走出国门，中国的文化国力才能得以真正壮大，中国文化的世界影响力才能得以迅速提升。

五、内外兼修，提升国家形象的影响力

（一）塑造和平发展的大国国家形象

国家形象是“特定国家的外部国际公众通过复杂的心理过滤机制，对该国的客观现实（政治、经济、文化、地理以及所作所为）形成的具有较强概括性、相对稳定性的主观印象”[①]。2005年12月，国务院新闻办公室发表了《中国的和平发展道路》白皮书，详细地阐述了我国和平发展的国际战略，这也标志着我国和平发展的国家形象的正式出炉。白皮书分五个部分阐述了和平发展的含义：和平是发展之基，发展是和平之本。第一，和平发展是中国现代化建设的必由之路；第二，和平发展的目的是以自身的发展促进世界的和平发展；第三，和平发展要靠自身力量和改革创新；第四，和平发展要实现与各国的互利共赢和共同发展；第五，要建设持久和平与共同繁荣的和谐世界。和平发展的国家形象是针对“中国威胁论”而明确提出的，既是我国对自身的明确定位，也是对西方国家造谣中伤我国的有力回击。这一定位有着悠久的历史文化渊源和鲜明的民族性格特征，展现了中华文化的一贯特质。和平和发展是对内科学发展与和谐发展的外部表现，表明了我国处理国际关系的理念和态度，具有明确的导向性，也可以理解为我国向国际社会做出的承诺，体现了我国要塑造的新型国际关系的基本特征。和平发展的国家形象向国际社会传达了中国特色社会主义发展模式的基本要素，具体包括：

---

① 吴友富：《中国国家形象的塑造和传播》，复旦大学出版社2009年版，第4页。

1. 民主法治、维护人权的政治形象。

“极权主义”“极端民族主义”“不尊重人权”“邪恶的中国龙”等是西方跨国媒体利用传媒优势强行扣在我国头上的帽子，极大地误导了西方社会民众对我国的印象。我们必须要明确地推出自身的形象设定，有了这个根本定位，才能在国际话语权的争取中胸有成竹，化被动为主动。

40 年来，我国的民主法治建设稳步推进，民众的生存权和发展权日益得到更加充分的保障。在社会主义民主政治的探索上，我国的人民代表大会制度和政治协商制度不断完善，人民参政议政的权利在现代通信手段日益发达的情况下能够很快通过人民代表进入国家决策过程。民族区域自治制度更加成熟，各少数民族的自治权得到充分的尊重和保障。基层民主制度正在探索中取得一系列新经验。国家法律制度体系正在不断完善，依法治国也写入国家根本大法，公民的各项权利也得到了宪法的确认和保护，“尊重和保障人权”也于 2004 年写入宪法，同时也为促进人权做出了不懈的努力。到目前为止，我国已参加了 20 多项国际人权公约，在平等和相互尊重的基础上与世界各国开展了广泛的人权国际对话及合作。所有这些都表明我国完全可以理直气壮地向国际社会展示一个民主法治、维护人权的政治形象。

2. 改革开放、持续发展的经济形象。

我国经济已经实现了持续多年的高速增长，各国纷纷向中国取经，甚至总结出了所谓的北京共识和中国模式。然而，各个国家都有自己特殊的国情，不可能有普遍适用的经济模式。这一点在美国不遗余力地推广美国模式的不断失败中也得以证明。我国之所以取得持续发展的成就，除了劳动力、储蓄率等因素外，关键在于根据发展情况实施改革调整和采取逐步推进的开放战略。正如唯物辩证法对发展规律的认识，即只有在普遍联系和运动中才能发展。面对西方国家不断抛出的中国威胁论和中国经济责任论，我们更应该树立科学发展的国家形象，建构一个坚持改革开放，促进国民经济持续、快速、健康发展，并不断融入世界经济体系的中国经济形象，使“中国经济威胁论”不攻自破。

3. 安定和谐、充满活力的社会形象。

党的十六届四中全会提出了“构建社会主义和谐社会”的战略目标，即建立一个民主法治、公平正义、诚信友爱、充满活力、安定有序、人与自然和谐相处的社会主义和谐社会。和谐社会是人类追求的社会愿景，历史上也产生过关于和谐社会、大同社会等思想。21 世纪以来，中共十六大和十六届三中全会、四中全会，从全面建设小康社会、开创中国特色社会主义事业新局面的全局出发，明确提出构建社会主义和谐社会的战略任务，并将其作为加强党的执政能力建设的重要内容。中共十六大报告第一次将“社会更加和谐”作为重要目标提出。中共十六届四中全会，进一步提出构建社会主义和谐社会的任务。一个重要原因在于，社会主义市场经济体制的建立必然触动原有的利益格局，社会不同利益主体随之出现，利益多元化的格局逐步形成。各自的利益必然带来权利意识，权利意识必然导致政治诉求，不同社会利益群体之间的矛盾也大量出现。由于我国目前正处在体制转换、结构调整和社会变革过程中，也是各种政治和社会问题的易发多发期，就业问题、腐败问题、分配不公问题、社会治安问题等，是当前人民群众关注的热点问题。这些问题的解决都需要从社会发展理念来给予导向。社会主义和谐社会的提出也向世界传达了中国追求和平发展、互利共赢的立场。

4. 捍卫主权、负责自信的军事形象。

军事实力是任何一个国家都要具备的要素，军事力量是维护国家主权的重要手段。作为联合国安理会常任理事国，我国是维护世界和平的重要力量。建设与发展一支与我国国际地位相称的军事力量，有助于维护世界战略平衡，为我国和世界争取较长时期的和平环境。“为了和平，中国将始终坚持走和平发展道路。中华民族历来爱好和平。无论发展到哪一步，中国都永远不称霸、不搞扩张，永远不会把自身曾经经历过的悲惨遭遇强加给其他民族。中国人民将坚持同世界各国人民友好相处，坚决捍卫中国人民抗日战争和世界反法西斯战争胜利成果，努力为人类作出新的更大贡献。”① 我国面临着国家统一的历史重任，面对“台独”势力的不断挑衅，保持军事实力也是维护国家主权和领土完整不可或缺的震慑手段。作为发展中的大国，军事力量更是保障国家安全的后盾，是落实中国所倡导的“互信、互利、平等、协作”新安全观的具体举措。我国从20世纪80年代开始就积极参与国际军控条约和机制，致力于增加军事互信，为了提高军备透明度，我国近些年来连续发表国防白皮书、军控与防扩散白皮书、航天政策白皮书等，参与涉及军控与防扩散的国际机制，加强区域及国际和平与安全。“作为社会主义国家，中国始终不渝地奉行独立自主的和平外交政策，强调坚持防御性的国防政策，坚持走和平发展的道路，主张通过对话与合作解决争端，反对诉诸武力或以武力相威胁，在战略意图上是完全透明的。”② 清晰地展现了捍卫主权、负责自信的军事形象。

5. 独立自主、维护和平的外交形象。

外交形象是国家形象最直接的展现。我国从加入联合国以来，就始终展现独立自主、维护和平的外交形象，奉行独立自主的和平外交政策。其主要内容包括：“第一，中国始终奉行独立自主的原则。对于一切国际事务，都从中国人民和世界人民的根本利益出发，根据事情本身的是非曲直，决定自己的立场和政策，不屈从于任何外来压力。中国不同任何大国或国家集团结盟，不搞军事集团，不参加军备竞赛，不进行军事扩张。第二，中国反对霸权主义，维护世界和平。第三，积极推动建立公正合

---

① 《习近平谈治国理政》（第二卷），外文出版社2017年版，第447页。

② 滕建群：《中国军备透明：〈展示负责任与自信的大国形象〉》，人民网，2007年9月5日，http：//military. people. com. cn/GB/8221/51756/43240/43241/6221769. html。

理的国际政治经济新秩序。第四，在互相尊重主权和领土完整、互不侵犯、互不干涉内政、平等互利、和平共处五项原则的基础上，同所有国家建立和发展友好合作关系。第五，实行全方位的对外开放政策，愿在平等互利原则的基础上，同世界各国和地区广泛开展贸易往来、经济技术合作和科学文化交流，促进共同繁荣。第六，积极参与多边外交活动，做维护世界和平和地区稳定的坚定力量。”① 在新的历史时期，我国把和平共处五项原则和独立自主外交政策作为处理国际关系最具生命力的原则，不把社会制度和意识形态放在首位。2011 年 9 月 6 日国务院新闻办发表的《中国的和平发展》白皮书指出，中国人民坚持自己选择的社会制度和发展道路，不允许外部势力干涉中国内政。再一次重申独立自主的外交政策，向国际社会传达善意。习近平同志多次论述中国特色的大国外交思想和理念，指出：“要高举和平、发展、合作、共赢的旗帜，统筹国内国际两个大局，统筹发展安全两件大事，牢牢把握坚持和平发展、促进民族复兴这条主线，维护国家主权、安全发展利益，为和平发展营造更加有利的国际环境。”② 这种外交形象与美国奉行的主动干涉别国内政、推动美国民主走向世界的霸权主义截然相反，对广大发展中国家更具吸引力，更能提升我国和平发展的整体形象。

（二）建立廉洁透明、亲民为民的政府形象

政府是国家的官方代言人，政府的所作所为直接代表了国家的意志，体现了国家的利益诉求。在国际关系中，政府形象的好坏决定了人们对一国的好恶。全球化时代，我国必须重视政府形象体系，努力建构廉洁透明、亲民为民正面积极的政府形象。具

① 《中国当代外交史》，人民网，2010 年 7 月 9 日，http：//hm. people. com. cn/GB/42280/196868/12102230. html。

② 《习近平谈治国理政》（第二卷），外文出版社 2017 年版，第 441 页。

体包括以下几个方面：

1. 塑造廉洁透明的政府形象。

腐败问题是国际社会最为关注的政治问题之一，更是国内民众关注的焦点问题。一个有着廉洁形象的政府能够取得国内外民众的最大信任和支持，一个有腐败恶名的政府往往会得到民众的敌视、排斥和零容忍态度，政治合法性很难得到保障。有研究表明，“大规模的腐败将与人民对官员的期望发生冲突，如果政府对官员的腐败惩治不力，人民对政府的信任与支持将大幅度下降。”① 在国际社会上，整个国家的国际信用和形象也会大受影响。2010 年 10 月 26 日，监视世界各国腐败行为的非政府组织“透明国际”公布了 2010 年度全球腐败指数报告，中国的“清廉度”在 178 个国家和地区中排名第 78。② “透明国际”发布的“2015 年度全球清廉指数”报告，对全球 168 个国家和地区的腐败程度进行评分，中国排第 83 名。③

由此可见，我国的反腐工作任重而道远，腐败还在深深影响着我国的整体形象。因此，我们既要进一步加大反腐力度，严厉打击各种腐败现象，也要向民众客观全面地传播政府在反腐工作上的努力和取得的进步，树立“廉洁政府形象”。中国在反腐败方面进行了艰辛的探索，开展了卓有成效的工作。习近平同志指出：“坚持党要管党、从严治党，强化党对党风廉政建设和反腐败工作统一领导，强化反腐败体制机制创新和制度保障，加强思想政治教育，严明党的纪律，坚持不懈纠正‘四风’，保持惩治腐败高压态势，努力取得人民群众比较满意的进展和成效。”④ 立足当前，谋划长远，首先要积极塑造反腐倡廉的政府形象，向民众展

---

① 胡宁生：《中国政府形象战略》，中共中央党校出版社 1998 年版，第753 页。

② 《2010 年全球清廉指数排行榜出炉》，大河网，2010 年 10 月 28 日，http：//newpaper. dahe. cn/dhb/html/2010 - 10/28/content_405932. htm。

③ 《2015 年全球清廉指数报告出炉 中国排名上升 17 位》，中国青年网，2016 年 1 月 28 日，http：//news. youth. cn/gj/201601/t20160128_7577634. htm。

④ 《习近平谈治国理政》，外文出版社 2014 年版，第 393 页。

示我国在反腐上的决心和成果，取信于民。其次要加大国际反腐力度，加强与国际组织和各国政府的合作，建立全方位的、立体的反腐倡廉机制和体制。这既是打击新形势下的腐败问题的必要手段，也可以向国际社会表明我国政府打击腐败、构建廉洁政府的决心。最后要推进政治体制改革，建立透明政府的形象。近些年来，一些地方政府相继推出了“透明财政”“阳光工资”等改革措施，把反腐工作日常化、公开化，有效提升了廉洁透明的政府形象。

2. 塑造关注民生的政府形象。

社会民生是我国社会矛盾的多发领域，人均 GDP 不高的现实决定了我国还不太可能推行全覆盖的高福利，而只能把全覆盖维持在最低水平；再加上收入分配的差距等问题，使社会民生在我国成为特别敏感的社会焦点。在这种情况下，就更要求加大对社会民生的投入，推进改革，解决民众关心的就业、医疗保险、教育、分配等社会问题，塑造关注民生的政府形象。我国这几年既面临着社会民生的巨大压力，但也取得了不少进步。例如，我国在 2006 年取消了农业税，2010 年实现基本覆盖全国农村居民的新型农村合作医疗，2010 年在全国铺开的城镇居民基本医疗保险，等等。这些措施的确让民众得到了实惠，赢得了民众的支持，成功塑造了关注民生的政府形象。

3. 塑造民主法治政府的形象。

民主法治是现代社会对政府的普遍要求，也是社会主义政治体制的基本特征。一个法治政府的形象可以提升政府的公信力和执行力。我国也一直在努力建设社会主义的民主法治，塑造民主法治的政府形象。1999 年，依法治国写入宪法，社会主义的民主法治构成了我国治国的基本方略。近些年来，我们一直在推进民主和法治建设，并且取得了一定的成绩，但是在国际上依然有西方势力在鼓吹中国专制的论调，影响了我国的形象。因此，必须要利用好国内外媒体，向国际社会主动传播我国建设民主法治的努力和成果，同时也不避讳问题和矛盾，全面客观地与国际社会沟通。对于故意污蔑我国的言论，也要积极地回击，把握媒体议程的设置权，以他人之矛攻他人之盾，正本清源。

（三）形成文明自信、理智负责的大国国民形象

随着我国居民物质生活水平的不断提升，越来越多的人走出国门旅游。国人走向世界也就意味着每一个走出国门的公民都是外国民众认识中国的一面窗口，对于很少接触中国的外国人而言，他们对接触到的中国人的素质和形象的印象就是对中国的所有印象。因此，国民素质和形象成为近些年来中国整体形象的重要组成部分。中国国际广播电台驻外国记者在采访中了解到，外国人对中国游客的印象有褒有贬。因为中国人的旅游增加了当地的收入，这是褒的主要方面；国人的随地吐痰、高声喧哗等不注意公共卫生是贬的主要方面。现在，在美国许多著名的景区和酒店，随处可见中文的“请勿随地吐痰”“不要乱扔垃圾”“请排队”“请保持安静”“便后请冲水”等告示，说明这是专门提醒中国人的，令人汗颜。为此，中央精神文明建设指导委员会于2006年8月8日印发了《提升中国公民旅游文明素质行动计划》，指出：“改革开放以来，我国旅游业迅速发展，公民的旅游文明素质和道德水平不断提升。但从整体上看，当前我国公民的文明素质与高速发展的旅游业还不适应，与中国的国际地位很不相称。一些公民在旅游活动中表现出来的‘不修边幅、不讲卫生、不懂礼仪、不守秩序、不遵法规、不爱护环境和公共设施、喧哗吵闹’等不文明行为，严重损害了中国‘礼仪之邦’的形象，引起了海内外舆论的广泛关注和批评，广大群众反应强烈。”[①] 2011

---

① 《中央精神文明建设指导委员会关于印发〈提升中国公民旅游文明素质行动计划〉的通知》，中山文明网，2006年8月18日，http：//www.zsnews.cn/ZT/wenmingzs/news/2006/08/18/590560.shtml。

年 11 月 15 日，在广州举行的察哈尔公共外交年会“中国人的国际新形象”专题论坛上，与会的各国官员、学者也纷纷认为我国应该更加重视个人形象对国家形象的影响，注重提升国民素质，形成自信进取、宽容理智的大国国民形象。

国民的礼仪形象仅是国民形象的一部分。随着我国国际经济、政治、外交、文化交流等活动的日益增多，国民素质对国家形象、国家文化软实力有着越来越直接的基础性影响。国民的身体素质、科学文化素质、思想道德素质等成为国家社会发展和文明程度的主要特征，并且作为经济增长、政治民主、社会稳定和发展的最重要的驱动因素，能更高效地整合社会资源、提升综合国力和国际竞争力。

1. 坚持以人为本的科学发展，为国民素质提高创造社会环境。

人的本质是社会性，社会的整体环境和特定人的具体生活环境从整体和一般意义上决定着人的素质和能力。这种决定意义体现在：社会的整体价值取向决定着个人的价值取向，社会整体的道德风尚引导着个人的道德观念，社会对科学知识的态度决定着个人的科学文化素养可能达到的高度。当代中国的发展要坚持以人为本的发展理念，推进各项体制改革，把人的作用和价值放在社会发展的核心。进一步转变经济发展方式，使经济发展更加依靠人的素质提高；进一步完善社会主义市场经济体制，在提高效率的同时更加关注经济利益的公平；进一步推进政治体制改革，充分保障人民的权利和法律面前的平等；进一步推进公共服务体系和社会保障体系改革，使人人享受发展成果，特别要进一步推进教育事业的改革和发展，充分保障人人平等的教育权利的实现。只有社会的整体进步才能从根本上提高国民素质。

2. 重视国民科学文化素质的提高。

科学文化素质是现代人生存和生活的必备条件，具备了基本的科学文化素质，才能具有实事求是的科学精神、探索创新的科学意识，经济发展才能转变到依靠科学创新的道路上来，社会和人的发展才成为可能。现代社会的竞争越来越成为创新能力的竞争。创新的能力并非空中楼阁，而是以人的科学文化素质为基础。我国要想在新一轮的科学技术革命中不被淘汰，就必须夯实创新经济的基础，扎扎实实地提高国民整体的科学文化素质。首先要大力营造民主的创新氛围，提高知识和创新的报酬，重视保护知识产权，鼓励技术向产业的转化，打破传统体制下的技术垄断和知识垄断，引入竞争机制。其次要重视教育领域中科学创新意识的培养，把素质教育提高到和知识学习同等的高度上来。最后要尊重科学的发展规律，不能急于求成，更不能半途而废。要以科学精神的培养为目的，减少功利化的科学人才培养理念，在追求全社会科学文化素质提高的长期过程中收获丰硕的技术成果。

3. 重视国民思想道德素质的提高。

我们习惯于把思想和道德连在一起表达一个人的社会修养。但实际上思想和道德是两个不同层次的概念。思想是指人的根本性的价值理念，是个人对世界、社会、自我价值的根本观点，思想统率着一个人的全部行为。我们通常把思想和政治价值观联系在一起，但是在现代社会中，大多数人的思想更多地表现在对社会公共生活的基本价值认定上，而不是对国家整体的宏观价值认定上。个人对社会的价值和社会对个人的价值，这两方面的判断支配着现代人的社会关系和社会生活。道德素质是个人处理与社会及与他人关系的价值标准的实践能力，是思想在人与人的关系领域的现实表达。

从这个意义上讲，国家在整个社会中所树立的价值和道德标杆是培养国民思想道德素质最为关键的要素，这种标杆不是直接告诉社会民众应当怎么做和不应当怎么做，而是通过国家对行为的默许或阻止而对社会形成的暗示和引导。因此，我们重视国民思想道德素质的提高，要坚决摒弃以往依靠直接对准社会民众个体出台价值理念标准和道德规范文件的形式来培养思想道德素质，那样往往是徒劳无益的。必须通过法律制度、物质奖惩、社会舆论、文艺作品、影视作品等媒介，鼓励或批判某种行为模式来向社会传达期望的某种标准或理念，通过这种方式来培育理想的国民形象。国民思想道德素质的提高在当前主要包括爱国主义理念、民族精神、社会主义理想、公共生活道德、职业道德、家庭道德、法律意识、平等与相互尊重意识、诚信负责意识、坦诚开放意识、自信进取意识等。所有这些并不是要一项一项逐条按顺序培养，而是在社会生活的大系统中无处不在地渗透和暗示，融入生活的培养方式才是对国民道德素质最好的重视。

（四）开创对外文化交流新局面，争取国际话语权

在全球化背景下，世界各国不同文化类型之间的相互交流、冲突、渗透及融合，构成了生机勃勃的国际文化发展图景，为中国发展面向现代化、面向世界、面向未来的，民族的、科学的、大众的社会主义文化提供了良好的条件。习近平同志不断致力于提高我国参与全球治理的能力，他指出："随着国际力量对比消长变化和全球性挑战日益增多，加强全球治理、推动全球治理体系变革是大势所趋。我们要抓住机遇、顺势而为，推动国际秩序朝着更加公正合理的方向发展，更好地维护我国和广大发展中国家的共同利益，为实现'两个一百年'奋斗目标、实现中华民族伟大复兴的中国梦营造更加有利的外部条件，为促进人类和平与发展的崇高事业作出更大贡献。"① 但是，在不同文化的交互作用过程中，作为发展中国家的中国，由于在文化、意识形态、社会制度、国家利益等诸多方面与西方发达国家存在着较为明显的分歧，自然成为某些霸权主义国家进行文化渗透和文化颠覆的主要目标之一。也有个别奉行霸权主义和强权政治的西方国家为了达到经济和政治上的目的，不断推行"文化殖民"政策，形成了日益严重的"文化帝国主义"倾向。与对外经济战略、对

① 《习近平谈治国理政》（第二卷），外文出版社 2017 年版，第 3448 页。

外军事战略，以及国家整体发展意义上的大战略所受关注的程度相比，中国对外文化战略的研究显得相对薄弱。

1. 加强对外传播，促进文化认同。

俗话说：“酒香不怕巷子深”，那是传统农业耕作文化。中国是个文化大国，历史悠久，积淀厚重。但是就文化软实力而言，并不是一个文化强国，还有一些令人不齿、与现代文明格格不入的陋习。正面的、蓬勃向上的、与现代文明相得益彰的文化形象，对于在中西跨文化交流中，中国文化走进世界、走进西方、得到认同是非常重要的。“外塑形象”的主要内容有：一是培养文明道德风尚。树立以“八荣八耻”为主要内容的社会主义荣辱观，旗帜鲜明地划清是非、善恶、美丑的界限，明确我们坚持什么、反对什么、倡导什么、抵制什么，意义重大。二是培养守信意识，要深入开展“共铸诚信”活动。三是和谐文化建设，要广泛深入地开展和谐创建活动。

在先进文化的宣传中，要突出其国际通约性。反对各色各样的差别、歧视、压迫，实现人人平等和每个人的全面发展等价值理论，具有全球性普遍意义，与国际公认准则、公德是一致的。在持续发展、生态文化、民主政治、保护人权等方面积极回应，并结合中国实际，逐步纳入先进文化的范畴，有计划、有步骤地付诸实现。在先进文化的宣传中，不宜过多提倡内外有别。

2. 抢占舆论阵地，拓展话语平台。

在经济和信息全球化时代，现代传播技术的发展大大加速了思想、文化传播的速度和进程。掌握先进科学技术的发达国家，因为拥有发达的经济和强大的综合国力，特别是拥有先进的因特网、卫星电视等传播技术和手段，正在竭力拓展世界思想文化市场，控制思想文化资源，把建立文化霸权作为谋求世界霸权的全球战略的重要组成部分。在具体方法上，西方国家除了继续利用政府文告进行意识形态攻击，以及通过广播、电视、电影、报纸、杂志等文化产品的输出，公开或隐蔽地推销其社会政治理论、价值观念、意识形态和生活方式外，还充分利用其网络优势，通过网络这只无形的手，以网络所特有的穿透力突破传统的国家概念和框架，潜移默化地改变着人们传统的语言交流规则和行为方式。西方发达国家主导世界新闻舆论并控制世界传媒市场，从而形成了这一平台的话语霸权。现在，越来越多的发展中国家正逐渐发现自己被封闭在由西方发达国家所创设的“国际化话语”的围墙中。中国在对抗西方文化的渗透、防范信息霸权方面有不少工作要做。事实告诉我们，中国只能靠自己去争取更多的话语权，在国际舞台上让世界听懂可能有与西方国家不同的话语。我们除了要在报纸、广播、电视这些传统新闻媒体上继续巩固、充实、提高已有的阵地外，还要以开拓进入美、欧主流社会的阵地为重点，采取多种方式，通过多种渠道，稳定地进入西方各种媒体，特别是影响大的媒体，逐渐增加我国在西方主流社会的声音，同时打破西方对国际舆论的垄断。

3. 用中国话语应对全球文化挑战。

国际话语权就是对国际事务、国际事件的定义权，对各种国际标准和游戏规则的制定权，以及对是非曲直的评议权、裁判权。在国际社会当中，掌握国际话语权的一方尽可以利用话语权优势，按自己的利益和标准，以及按自己的“话语”定义国际事务、事件，制定国际游戏规则并对事物的是非曲直按自己的利益和逻辑作解释、评议和裁决，从而获得在国际关系中的优势地位和主动权。从当前国内外政治与新闻话语看，西方的政治话语体系成了国际政策和行为的主要判断标准，西方理论界和新闻界实际上操控着民主、自由和人权这些核心概念的解释权，中国的政治和新闻话语体系在国际传播体系中总体上处于防御状态。面对这样一个严峻的国际话语环境，中国要做的不是被动地通过迎合某些国外的媒体议程和一味地辩解，而是要积极主动地创新和创造符合自身核心利益的话语体系和政治正确性标准，从根本上改变受制于人的被动局面。只有建立自己的话语权，才有可能在这场“包装在话语权背后的国家利益之争”中胜出或成功捍卫自己的利益。

4. 我国的文化传播应当与时俱进，加快战略、话语和技巧创新。

文化传播除了继续采用传统的载体以外，要积极地研究和采用新技术，积极利用互联网等现代传播手段开展对外宣传。这是一个低成本、高效率、直接进入西方主流社会的信息渠道，要善加利用，逐步建立灵活高效的互联网新闻报道机制，逐步把中央重点新闻网站作为整体推出去，提高网上新闻的宣传质量和网上新闻的吸引力，增强其在国际上的竞争力。还要加大信息产业的投入，促进具有自主知识产权的计算机技术和中文信息数据库的开发与建设，使互联网上有更多中华民族文化信息的资源。加快电视频道在境外落地的步伐。例如，2011 年我国在纽约时代广场推出了中国国家形象宣传片，片中出现了李嘉诚、王建宙、李彦宏、马云、丁磊、郎平、邓亚萍、姚明、刘翔、丁俊晖、陈鲁豫、林浩、马艳丽等知名人士。在我国看来，这个片子完整地展现了现代中国的形象；但是在国外媒体看来，这个片子展现了中国的野心勃勃，更加重了“中国威胁论”的阴影。这表明我国的文化宣传应当转换视角，创新表达技巧。事实上，“国家及城市的形象宣传片是外媒经常播放的固定栏目，西方国家的形象宣传片喜欢从小处入手，注重细节，以细节打动人；其所倡导的价值观往往是不分国界的；注重以人为本，通过普通民众的表情、生活状态等小事来展现国家的安定祥和。中国城市宣传片重点突出中国震撼的经济发展声势，画面恢宏、繁忙，习惯性地展现地标性建筑，如高楼大厦、繁忙的港口、起落的飞机……在人物的塑造方面，笔墨不多，注重展现民族团结、五湖四海等宏大的场景，人物内心的刻画不够；中国城市宣传片整体感觉不够柔和，文化感染力、艺术穿透力略显不够。”①

5. 对外文化传播要细分人群，因地制宜。

对外文化传播的目标群体是国外人士，不同的生活背景形成了不同的思维模式和价值观。我国的对外文化传播必须要重视这种区别，细分受众群体，因地制宜地转换话语体系。

第一，区分宣传和传播的不同。长期以来，我国媒体习惯了在党的领导下的正面宣传的模式，重视信息的政治倾向、正面引导和信息实效。但是对外传播则更讲究创新、全面和平衡。对于持有先入为主印象的受众而言，改变其想法的最好办法是全面客观地报道正反两方面的事实，在技巧上掌握好正反的平衡。这种心理学上的规律决定了我们在对外文化传播中必须摈弃“家丑不外扬”的传统观点，从外国人的心理特点入手说服他们。

第二，充分考虑国外受众的思维习惯。中西截然不同的思维习惯导致了对很多词汇的用法存在完全不同的理解。例如，西方的和谐一词主要指人与自然以及人与人的关系方面，而我国提出的和谐社会还包括政治、经济等方面。首先，二者的差异决定了我国在传达和谐理念时必须注意转换正确的词汇用语，让词汇所要表达的真实理念能够在对方的思维模式和语言系统中完美再现。其次，西方的思维是一种直截了当的模式，如对于和谐一词，他们的第一个反应是，和谐很好，但你说的和谐怎样才能更有效地解决紧迫的国际矛盾和问题。当这个疑问没有以西方人可以理解的方式得到解答时，就大大降低了和谐世界理念对西方民众的影响。最后，西方发达国家的受众更加关注平凡人的故事，认为通过平凡人而非重要人物才会真实客观地了解一个国家，因此，我们要摆脱政治灌输式的宣传理念，充分展现我国社会生活的丰富多彩。

---

① 赵磊、卢雅君：《中国形象以及国际印象》，《学习时报》，2012 年 2 月 20 日，http：//www. npopss - cn. gov. cn/GB/219470/17165045. html。

第三，因地制宜、因人而异地进行对外文化传播。我们的对外文化传播往往把国际社会看作是一个整体，简单地区分为国内和国外，这就让传播出的中国形象总是不能起到应有的效果。因此，必须要因地制宜、因人而异地制定传播战略。在针对欧美发达国家的文化传播中，应突出对国际秩序的认同和积极维护的形象。在对周边国家的文化传播中，突出期待合作共赢与积极争取和平发展的形象。在对南美和非洲等更远距离的发展中国家的文化传播中，突出反对强权、捍卫正义的形象。关键在于以传播受众为本，灵活转变策略，形成立体的、多层次的国家形象。

6. 多渠道传播中国文化，提升文化辐射力和国家形象的文化魅力。

传播力决定影响力，在当今时代，谁的传播手段先进、传播能力强大，谁的文化理念和价值观念就能广为流传，谁就能掌握话语权。积极开展多种形式的对外文化交流活动，把更多体现中华文化魅力的精品介绍给世界。通过重大节日和活动宣传中国文化。重大节日和活动是宣传中国文化的重要机会。2008 年的北京奥运会就给中国带来了向世界展示自己的重大机遇。我们也充分把握住了这个机会，通过奥运会的开闭幕式等活动向世界展示了一个民主进步、文明开放的国家形象，展示了中国多姿多彩的辉煌文明和充满活力的当代成就，展示了中国热爱和平、开放进取的大国风范，展示了中国自然与文化、环境与人类协调共处的人文生态，展示了中国和谐进步的社会面貌，得到了国内外媒体和民众的一致好评，并被称为“中国做得最大、最好的广告”。

在汉语国际传播方面，近 20 年来，随着我国综合国力的迅速增强，国际政治、经济、文化地位的日益提高，世界各国对中国的研究，以及实际应用中汉语人才的需求大幅增长，学习汉语的人越来越多。为进一步推广汉语，中国政府于 1987 年成立“国家对外汉语教学领导小组”，现在则名为“中国国家汉语国际推广领导小组”。中国的大学在原有的基础上，又继续建立许多专门的教学与研究机构。目前，我国已经形成了从长短非学历班到本硕博士学历班等一系列完整的教学体系，每年吸引来自世界各国到中国学习汉语的留学生已达20万人。2004年，国务院批准了国家对外汉语教学领导小组制定的对外汉语教学事业2003～2007年的发展规划——《汉语桥工程》，在海外建立“孔子学院”就是重要举措之一。“孔子学院”是在借鉴国外有关机构推广本民族语言经验的基础上，在海外设立的以教授汉语和传播中国文化为宗旨的非营利性公益机构。它秉承孔子“和为贵”“和而不同”的理念，推动中外文化的交流与融合，以建设一个持久和平、共同繁荣的和谐世界为宗旨。自2004年11月全球首家孔子学院在韩国成立以来，已有500余家孔子学院遍布全球130多个国家和地区，成为传播中国文化和推广汉语教学的全球性品牌和平台。据统计，全世界现在有5 000万母语非汉语的人在利用各种方式学习汉语。专家们预测，未来十年，还将有几千万人加入汉语学习的行列中来，对外汉语教学正面临着最为宝贵的世界性的历史发展机遇。

美国《新闻周刊》评出2007年各国最具影响力的符号，中国依次是：汉语、北京故宫、长城、苏州园林、孔子、道教、孙子兵法、兵马俑、莫高窟等。汉语占据了第一的位置，说明汉语涵盖的中国文化元素是最为丰富的，能够代表中国文化最为灿烂的光彩。同时，也说明世界对中国文化的认知是从学习汉语开始的，这也表明，汉语作为传播中国文化所具有的负载能力是多么强大。因此，我们应紧紧抓住目前的世界“汉语热”这个千载难逢的历史机遇，以汉语传播为先导，主动出击，以自己博大精深的文化实力，形成与经济社会发展和国际地位相适应的文化优势。当然，中国的汉语国际传播制度在运行的过程中，还存在着诸多不尽如人意的地方。例如，孔子学院的发展速度已经远远超出了我们的预期，可是，我们在孔子学院“如何适应国家差异性”方面的研究还滞后于形势，这就需要迎头赶上；还有，我们的对外汉语教学已经有几千年的历史，可是，我们还没有一部说得过去的“中国对外汉语教学史”，更何谈“国别”的“对外汉语教学史”？至于教科书、工具书、相应的课程设置研究，以及各项规章制度研究等，远不能适应形势发展的迫切需要。这样，就需要我们在实践中不断完善和发展汉语国际传播制度，切实保障汉语国际传播事业达到党和人民的要求。此外，我们还要运用先进技术手段，提高汉语的国际传播效率，加快汉语国际传播步伐，催生新的汉语国际传播形态，从而进一步增强汉语所承载的中华文化的影响力。

在文化教育交流方面。通过教育交流，吸引其他国家的年轻精英学习本国的语言文化，使他们对本国的制度和文化产生好感甚至产生共识和认同，是世界各国提升文化软实力、扩大其影响力的一个重要方面。美国政府就十分注重培养其他国家的年轻精英，使他们对美国的制度和文化产生好感，从而扩大美国的影响。美国前总统布什曾在美国大学校长峰会上号召“让世界各地的年轻人到我们的大学里来”，其国务卿赖斯也敦促美国各大学“向全世界人民敞开大门”。西点军校每年都接收各国保送的部分学生，这些人回国后晋级很快，有些人甚至当了总统。有些名牌大学还专门为国外的青年政治精英办班。近二三十年，除了正规的大学教育外，美国通过短期培训和交流计划培养其他国家，特别是发展中国家年轻精英的做法，已经越来越普遍。我们的邻国日本和韩国也都采取各种优惠政策吸引各国留学生尤其是中国留学生去他们的国家学习。新中国成立 70 年来，随着中国与世界各国的友好交往与合作不断加强，以及高等教育国际化趋势的日益明显，越来越多的外国学生和青年学者把目光投向中国。目前，在华学习的外国学生总数已近 23 万人，中国正在逐步成为国际学生流动最重要的目的地国之一。2010 年中国面向世界各国提供 2 万名中国政府奖学金名额，比 2009 年增加了 2 000 名。2015 年中国政府奖学金规模持续扩大，助力来华留学。统计显示，2015 年有来自 182 个国家的 40 600 人享受中国政府奖学金在华学习，占来华生总数的 10.21%，比 2014 年的 36 943 人增加 3 657 人，增幅为 9.9%。奖学金生层次相比上年继续提高，学历生比例为 89.38%，比 2014 年增加 1.38%；研究生比例为 68.01%，比 2014 年增加 5.01%。中国政府奖学金对来华留学的引领作用持续显现，青海、宁夏、贵州、云南、江西、四川和广西等中西部地区和边境省区的留学生规模显著扩大，奖学金对周边国家生源的拉动作用明显（所有数据均不含港、澳、台地区）[①] 以后会逐年增加。中国不仅吸收外国留学生来华学习，还向外国优秀人才发放绿卡、提供政府奖学金及各种优惠政策。这些留学生群体不但可以传播友谊、成为中外交流的友好使者，还能为推动中外文化交流和相互理解作出自己的贡献。

电影电视作品相对印刷时代来说，现代人对文化的传承与认同，更多是通过影像语言来完成的。我们现在解读一种影像的符号系统，实际上就是在体验、理解一种文化的意义和价值系统。如果我们希望世界了解中国，我们就不可能不注重影像在文化传播中至关重要的作用。近年来，伴随着西方影视作品的大量输入，西方一些有害的思想内容如极端个人主义、享乐主义、拜金主义等通过新、奇、特的视听审美形式，自然而然地为青年能感知体验，不知不觉地进入他们的知觉结构，必然会对人们尤其是青少年的世界观、人生观、价值观产生潜移默化的不良影响。例如，西方商业文化中裹挟的金钱至上、消费至上的价值观和生活方式，对我国青年顺利接受并继承中华民族注重道德精神生活、崇尚艰苦奋斗、勤劳节俭等优良文化传统形成的冲击；对西方衣、食、住、行等生活方式和休闲娱乐方式的群体性推崇和模仿，在一定程度上对青年的民族归属意识造成潜移默化地销蚀；

---

① 《教育部发布：2015 年来华留学生数据》，跟谁学网，2016 年 4 月 15 日，http：//www. genshuixue. com/i－sakesi/p/1689909。

尤为令人担忧的是，附着在西方消费生活方式上的过度物化和享乐主义的文化价值取向，非常容易加重一些青年的物质享乐和攀比炫耀的消费欲望，诱发他们采用非法的手段获取享乐和攀比欲望的满足，以致出现西方国家常见的那种在整个社会物质生活水平大大提高的同时，青年犯罪却持续走高的“社会病”现象。

为应对西方文化的入侵，传播中国文化特别是我们的核心价值观，我们必须重视有着广泛覆盖空间与巨大受众群体的电影电视作品。即在发扬艺术创作个性风格、尊重艺术创作审美规律的同时，弘扬共有的文化核心价值观念。我们应当把核心价值观整合进不同的艺术作品中，并且在此基础上升华出国家的主流意识形态观念。把过去那种凸显在艺术作品中的政治理念，推延到艺术作品的文化背景之后，使观众通过对艺术作品的文化核心价值的确认而认同国家主流意识形态，而不是把一个政治的理念置放在整个艺术作品的“前页”进行昭示，国家的主流意识形态更不应当成为一种标签贴在艺术作品的表层形态上。

7. 重视学术对话交流，塑造学术话语优势。

我们一直强调邓小平同志提出的“精神文明和物质文明两手抓，两手都要硬”的方针，但事实上还有一些不尽如人意的地方。尽管我们的经济发展取得了举世瞩目的成就，在自然科学领域也做出了突出的成绩，但我们推出的引起世界关注的重大理论创新成果和艺术作品特别是原创性的成果还不是很多。对任何重大现实问题的关切与思考发出的“中国学派”的声音也不是很强，我们的学术前沿基本上是学习和传播西方的学术话语。而且，在与西方的对话当中总体上处于被动的境地，甚至经常出现集体失语的现象。针对这一状况，习近平同志指出：“要围绕我国和世界发展面临的重大问题，着力提出能够体现中国立场、中国智慧、中国价值的理念、主张、方案。我们不仅要让世界知道‘舌尖上的中国’，还要让世界知道‘学术中的中国’‘理论中的中国’‘哲学社会科学中的中国’，让世界知道‘发展中的中国’

‘开放中的中国’‘为人类文明作贡献的中国’。”① 这就要求我们大力倡导中国意识，着力构建中国自己的社会科学理论创新体系和价值评判尺度。虽然我们不反对社会科学研究要学习和借鉴西方范式，但也要反对从学术概念、研究方法到评价标准唯西方马首是瞻的地步。

8. 民族精神是抵御文化霸权最有利的武器。

弘扬民族精神关键要加强爱国主义教育和历史教育，提高国人素质和民族文化的认同感，这也是“中国心”的根脉所在。在维护国家文化安全方面，美国、日本、韩国都很重视民族精神和文化的培育，提出了对国民进行终身国史教育的计划。文化安全范围涉及民族精神、价值观、语言纯洁性和文物保护等。例如，语言是中国悠久文化的载体，语言的纯洁性关系到民族凝聚力，我们在重视普及外语教育的同时，应加强中文教育。但实际情况却是，很多学生和家长重视外语教学，忽视中文深造和学习，在大街小巷均可见到不规范使用汉语和文字的现象。更令人忧虑的是，目前中国出现的低龄留学现象，这对青年一代秉承和发扬中华文明很不利。因此，在实现现代化的进程中，让国人了解文化和历史，进行历史文化教育是一件非常值得重视的工作。

六、明确外交战略理念，提升对国际关系的协调力

外交文化是国家文化软实力的重要来源，国家的外交理念和秉持的战略思维是文化软实力最直接、最明确的对外展现途径。外交文化是国家对自我的认识，参与国际关系的基本理念、对世界未来走向的基本观点，是文化软实力核心价值在外交领域的具

① 《习近平谈治国理政》（第二卷），外文出版社 2017 年版，第 340 页。

体实践。外交文化的核心内容是外交战略思维，明确的战略思维可以充分发挥国内外资源和要素的协调力，实现国家利益在国际关系中的“帕累托最优”。正如习近平同志指出的，“中国必须有自己特色的大国外交。我们要在总结实践经验的基础上，丰富和发展对外工作理念，使我国对外工作有鲜明的中国特色、中国风格、中国气派。”①

（一）适时调整外交战略理念

环球网 2012 年 3 月 14 日在“两会”即将结束之际针对中国的“外交战略”展开了一项调查。“在 6 118 名网友的投票中，有四成多（46. 2%）的网友认为‘韬光养晦’的外交指导方针应该予以改变，另有四成多（42. 2%）的网友认为一味坚持和激进改变都是不对的，还有不到一成（8. 9%）的网友认为还是应该坚持这样的外交指导方针。在回答此项问题的 8 位委员中，有 7 位委员认可中国还需继续坚持‘韬光养晦’的指导方针。”②“在对中国姿态问题的调查中，有超过八成（86. 4%）的网友认为，中国应该积极主动，争取更多的影响力，超过一成（11. 6%）的网友认为中国应该静观其变，力求在国际社会自保，只有极少数人选择了‘说不清’这一选项。7 位代表委员中，6 位代表委员认为中国应该采取积极主动的外交策略。③ 针对‘不干涉内政’原则，一半多（54. 6%）的网友认为‘不干涉内政’原则应该做出改变，近四成（37. 9%）的网友认为中国还需继续坚持‘不干涉内政’原则，不到一成（7. 5%）的网友选择‘说不清’。有 7 位代表委员回答了这项问题，其中 5 位代表委员认

---

① 《习近平谈治国理政》（第二卷），外文出版社 2017 年版，第 443 页。

② 《超半数代表委员赞同改变“不干涉内政”原则》，环球网军事，2012 年 3 月 14 日，http：//mil. huanqiu. com/china/2012 – 03/2522502. html。

③ 《超半数代表委员赞同改变“不干涉内政”原则》，环球网军事，2012 年 3 月 14 日，http：//mil. huanqiu. com/china/2012 – 03/2522502_3. html。

为在当今复杂形势下，中国可以适时调整‘不干涉内政’原则。也有代表委员认为中国应该坚定不移地遵守不干涉内政原则，‘己所不欲，勿施于人’。”① 从调查结果可以看出，在当今国际环境变化的情况下，我国民众对国家外交战略的关注。虽然观点不同，但是目标都是一样的，即希望我国的外交战略能够更好地在新的国际环境中维护好国家利益。

我国是一个正在成长中的大国，这是目前的共识。一方面，作为未来的大国，我们要摒弃无所作为、明哲保身的小国外交理念，从国家的根本、长远利益和重大利益出发有所选择地作为。既不负广大发展中国家对中国的期待，也要量力而为，不做超出国家能力所及的事情。另一方面，中国的大国地位还处于成长过程中，还无法独自在国际事务中发挥主导作用，只有尽可能地和立场相近的国家共同发挥对国际事务的影响力。习近平同志指出，中国必须有自己特色的大国外交，“要坚持独立自主的和平外交方针，坚持把国家和民族发展放在自己力量的基点上，坚定不移走自己的路，走和平发展道路，同时决不能放弃我们的正当权益，绝不能牺牲国家核心利益。”② 因此，在外交战略思想上，只有解放思想，放下意识形态和历史包袱，抓住重点，着眼长远，以更加积极的形象投身国际事务，适时调整外交战略，才能更加有所作为。

长期以来，我国为了更好地利用和平与发展的国际环境和经济全球化的机遇解放和发展生产力，实行韬光养晦的外交战略，把主要精力放在国内，埋头发展经济。40 年的发展终于有了今天 GDP 总量世界第二和外汇储备世界第一的巨大经济规模，实践证明这是一套适合我国国情的外交战略，能让国力有限的我们

---

① 《超半数代表委员赞同改变“不干涉内政”原则》，环球网军事，2012 年 3 月 14 日，http://mil.huanqiu.com/china/2012-03/2522502_4.html。

② 《习近平谈治国理政》（第二卷），外文出版社 2017 年版，第 443 页。

快速摆脱经济小国的帽子，扬眉吐气。但是快速膨胀的综合国力让世界看待中国的眼光和衡量中国的标准有了变化，特别是在今天：与改革开放初期相比，与世界的经济联系更加紧密；与苏联的解体相比，我国的社会主义事业稳步推进；与西方的经济危机相比，我国的经济发展更显稳健；与广大发展中国家相比，我国在联合国的发言权更具影响力。20 多年前，我们还不是西方国家冷战的主要目标，经济实力对世界的影响力还微不足道，在联合国的话语权还不具充分的影响力，和周边国家的经济利益竞争还不激烈。在今天，我国宏观经济的每一个波动都直接影响整个世界的经济发展，我国政治和军事的每一个动向都牵动世界的目光。我国的地位、处境和国家利益决定我国必须进一步丰富韬光养晦外交战略的内容，使新形势下的中国外交理念丰富，锐意创新，勇于担当，积极作为，适时承担关乎我国和广大发展中国家长远利益的国际责任。如果我们还是一味地把国家安全和国家利益局限于领土范围，而不具有更加宽广的国际视野，只会损害我国的国家安全和长远利益，使我国在国际上的生存空间更小，甚至寸步难行。

在制定外交战略的过程中，要综合考虑国力的各个要素。我们习惯把人均 GDP 作为主要标准。经济实力是外交实力的后盾，但却不是唯一。如果以人均 GDP 计算，我国要成为和美国一样的世界大国，GDP 总量至少要达到 2010 年全世界 GDP 总量的水平（63 万亿美元）才能让人均 GDP 和美国 2010 年的水平持平。考虑到资源和能源的成本，以及全球其他国家的发展权益，我国要成为世界大国似乎是一个遥远的不太现实的事情。事实上，在开放的世界体系中，过分强调人均 GDP 落后而在国际事务上袖手旁观，只会陷入更为孤立、被人猜忌的困难境地。因此，解放思想，积极发挥文化软实力的作用，实施更为主动的外交战略，发挥出与发展中的大国地位相应的作用是我们当前必须要考虑的事情。

（二）增强外交的主动性

国际机制是国际制度、国际规则和国际机构的建立和运行。国际制度和规则是国际社会共同遵守的国际法律体系。国际机构是三个或三个以上国家（或其他国际法主体）为实现共同的政治经济目的，依据其缔结的条约或其他正式法律文件建立的有一定规章制度的常设性机构。经历了两次世界大战，人们普遍认识到国际社会的无规则和无政府状态的极大危害，于是建立各种层次的国际制度、规则和国际结构，通过协商谈判解决国家间的纠纷和争端成为大家的共识。理想状态下的国际机制是各个国际法主体共同协商而确立的、共同遵守的法律和组织体系。但在实践中并非如此。从意识形态的角度看，当今的国际机制是资本主义强权政治在世界范围内维护资产阶级利益、实现资产阶级霸权的工具。从现实主义政治的角度看，以美国为首的主要工业化强国把持了国际机制的制定权和话语权，国际利益的博弈往往朝着有利于西方主要工业化强国的方向发展。中国既是社会主义大国也是新型工业化国家中的重要代表，要在强权政治为主题的国际机制中争取更多的国家利益，就必须积极参与国际机制的重新构建过程。

国际机制正处于一个重新演化的时期，现在工业化强国的经济增长速度放缓，新型工业化国家经济的强劲增长引发了国际结构的变化，新型工业化国家和广大发展中国家争取自身在国际机制中的权益的呼声越来越高，美国、欧洲等强国已经无法继续忽视这些要求，无法继续把持国际机制的创制权和主导权而为所欲为。而中国利益在全球的扩张也必须争取在国际机制中的话语权。因此，我国当前面临的主要问题就是如何发挥对目前国际机制的影响力。过去很长一段时期，我国由于意识形态及历史等多方面原因，我国与国际机制之间的信任关系比较缺乏。我国在国际机制的发展历史中，近代时候被边缘化，现代以来权力被架空，我国对国际机制也才会有否定和怀疑的态度。因此，多数时候，我国在国际机制中的态度比较消极，往往是被动地作出反应，也无法从国际机制中获益。20 世纪 70 年代以来，我国经历了主动参与国际机制研究的几次高潮，对国际机制的认识逐渐深化，在国际机制中的作用也不断增强。进入 21 世纪以来，我国已经参与了所有国际机制的运行，并且积极促成新的、有利于中国等后发国家利益的国际秩序的形成。在这个过程中，我们还存在着诸多问题，如对国际规则的把握和认识还不深入，特别是 WTO 规则。我国大量的企业都有海外利益的存在，但是在积极利用 WTO 规则和参与规则制定来保护自身的意识和能力上远远不足，导致我国在最近这些年里因为不熟悉 WTO 规则而遭受的经济损失越来越多，当前我国“在应对贸易摩擦方面，国际金融危机爆发以来，全球贸易保护主义有所升温。我国与其他国家之间围绕国家产业政策、贸易政策、投资措施、气候变化、人民币汇率、资源能源等涉及国家重大利益的摩擦呈加剧之势，在贸易救济、世贸组织诉讼、国际投资、知识产权等领域的争端将长期处于高发阶段。”① 学会国际规则并积极制定有利于我国利益的国际规则就成为亟须提高的一种能力。正如习近平同志指出的，“我国已经进入了实现中华民族伟大复兴的关键阶段。中国与世界的关系在发生深刻变化，我国同国际社会的互联互动也已变得空前紧密，我国对世界的依靠、对国际事务的参与在不断加深，世界对我国的依靠、对我国的影响也在不断加深。我们观察和规划改革发展，必须统筹考虑和综合运用国际国内两个市场、国际国内两种资源、国际国内两类规则”。②

要在国际机制中发挥更为积极的作用，从文化软实力的角度

① 万静：《我国参与国际规则制定能力待提高》，载于《法制日报》2011 年 11 月 18 日。

② 《习近平谈治国理政》（第二卷），外文出版社 2017 年版，第 442 ~ 443 页。

看，应当做到以下几个方面：第一，增强多边主义战略理念。要改变当前的国际机制，单靠我国自身的力量是远远不够的，必须采用多边主义的思维，广泛建立多边主义机制，绕过欧美强国主导的体制，另辟蹊径。例如，“上海合作组织”“中非合作论坛”“中国—东盟自由贸易区”等组织的建立就是多边主义战略思维的良好示范。第二，增强主动创制国际议题和规则的战略理念。主动创制国际议题和规则可以主导国际机制的话语权，最大限度地维护国家安全和利益。“和平共处五项原则”是我国创制国际议题和规则的经典范例，但可惜的是我国在涉及发达国家的国际机制中基本处于被动回应的状态，很少提出能够直指发达国家要害的创造性的议题和规则。第三，确立全面外交的理念。国际机制不仅是政府外交的活动场所，而且也是非政府组织的活动场所，并且非政府组织在国际机构中对国家的影响力越来越大，我国的非政府组织规模小而且主要是在国内活动，很少走出国门参与国际机制的活动，这就使我国的外交活动少了重要的推手和助力。如在哥本哈根的气候大会，“一共有 45000 人注册参会，其中非政府组织代表就有近 30000 人”。西方发达国家的非政府组织注册的数量远远超过中国的非政府组织，并且其组织性和影响力远远大于中国非政府组织，全面占据了舆论引导权。“自称由全球 500 多个非政府组织组成的‘气候变化行动网络’在会议期间每天出版一期生态日报（Eco Daily），跟踪气候变化谈判进展和重要的研讨会上传播的信息，据说该刊物内容与之前相比，缺少了对发达国家的批评和评论。这里我们不得不怀疑发达国家提前对舆论引导的安排。相比之下，在我国名下的非政府组织寥寥无几，声音小、力量弱，无法对会议施加影响。在研讨会上，有的非政府组织力量大谈我国减排的成绩和经验；有的讨论我国减排的空间，甚至比发达国家还要积极来压缩自己的发展空间；几乎没有研讨会来讨论介绍气候变化给我国经济发展带来的困境，减排的压力给我国的社会发展带来的负担。在缺乏公共外交组织的框架下，这样的参与，实际上给我们带来的负面影响恐怕要大于正面影响。”①

（三）推动国际和平发展

我国的和平发展离不开国际社会的认同和支持，特别是和中国有着相似历史经历的最广大的发展中国家的支持。这种支持不单依靠经济上的援助，还要靠能够替代美国意识形态主导下的国际秩序的新理念，这种理念应当首先在我国自己的发展中贯彻下去，然后在国际社会得到广泛认同甚至成为一种同化力。

2005 年 9 月 15 日，胡锦涛同志在联合国成立 60 周年首脑会议上发表的题为《努力建设持久和平、共同繁荣的和谐世界》的讲话中提出“坚持包容精神，共建和谐世界”的主张，“历史文化、社会制度和发展模式的差异不应成为各国交流的障碍，更不应成为相互对抗的理由。我们应该尊重各国自主选择社会制度和发展道路的权利，相互借鉴而不是刻意排斥，取长补短而不是定于一尊，推动各国根据本国国情实现振兴和发展；应该加强不同文明的对话和交流，在竞争比较中取长补短，在求同存异中共同发展，努力消除相互的疑虑和隔阂，使人类更加和睦，让世界更加丰富多彩；应该以平等开放的精神，维护文明的多样性，促进国际关系民主化，协力构建各种文明兼容并蓄的和谐世界。”②这段讲话当中明确提出了我国对未来世界的新主张，即构建和谐世界。

习近平同志多次阐释中国的和平发展道路思想和中国特色的大国外交思想。他指出：“我们要坚持合作共赢，推动建立

---

① 黎星、黄庆：《从哥本哈根气候大会看中国舆论传播之不足》，中国网，2010 年 5 月 25 日，http：//www. china. com. cn/international/zhuanti/2010 – 05/25/content_20115076_3. htm。

② 胡锦涛：《努力建设持久和平、共同繁荣的和谐世界》，中国网，2005 年 9 月 16 日，http：//www. china. com. cn/chinese/news/971778. htm。

以合作共赢为核心的新型国际关系，坚持互利共赢的开放战略，把合作共赢理念体现到政治、经济、安全、文化等对外合作的方方面面。”①

和谐世界是和谐社会理论在国外的推广，表明了我国对世界未来走向的期望和目标，代表了深受当前西方强权政治国际机制之害的发展中国家的心声，具有成为大多数国家能够认同的共同价值观的理论特质。和谐世界的提出说明我国开始在更高层次上追求国家安全和利益的维护，我国已经充分认识到单靠物质利益的互相依赖并不能确立国际上的大国地位，还要能够在批判现有国际机制的同时创设新的国际规则，树立新的价值基础。

和谐世界的构建以尊重世界的文明多样性为前提，“文明多样性是人类社会的基本特征，也是人类文明进步的重要动力。在人类历史上，各种文明都以自己的方式为人类文明进步作出了积极贡献。存在差异，各种文明才能相互借鉴、共同提高；强求一律，只会导致人类文明失去动力、僵化衰落。各种文明有历史长短之分，无高低优劣之别。”② 相互尊重、理解、包容，才能相互学习、进步、繁荣。达到“万物并育而不相害，道并行而不相悖”的和谐景象。

推动建设和谐世界既是一个长期的奋斗目标，也是一项紧迫的外交课题，需要世界各国共同努力。中国领导人在多次重要国际场合的讲话，都表达了同世界各国一道推动建设持久和平、共同繁荣的和谐世界的真诚愿望，指出中国将致力于同世界各国在政治上和谐相处、经济上共同发展、文化上取长补短、安全上互信协作，继续为人类和平与发展的崇高事业作出贡献。一是高举和平、发展、合作的旗帜，同各国相互尊重、扩大共识、和谐相

---

① 《习近平谈治国理政》（第二卷），外文出版社2017年版，第443页。

② 胡锦涛：《努力建设持久和平、共同繁荣的和谐世界》，中国网，2005年9月16日，http：//www. china. com. cn/chinese/news/971778. htm。

处。二是同各国深化合作，互利共赢，共同发展。三是同不同文明加强交流，增进了解，相互促进，推动人类文明发展进步。四是同各国加深互信，加强对话，增强合作，努力维护世界和平与稳定。

构建和谐世界的国际关系理念并不仅是华丽的文字或灿若悬河的语言，而是要真正落到实处。首先，我国要积极地在改革现有国际关系机制中发挥作用。在改革现有的国际金融体制、贸易体制过程中发挥关键作用，形成有利于最起码不严重有害于发展中国家的新国际制度和规则，并且能够及时联系和沟通广大发展中国家，让他们看到中国的努力，在根本理念上达成认同；要能够在国际重大事务中立场明确地表达中国的意见，负起应负的责任；善于利用国际传播媒体和对外文化交流，展现中国传统智慧与当代精神相结合的和谐理念的精神实质，让国际社会深入理解这种理念而不仅仅是了解。要主动承担起重大国际矛盾的斡旋与和平解决。要身体力行地做到和平共处五项原则，推动新型安全与发展合作机制、互利共赢的合作机制。其次，要推动和帮助发展中国家加快发展，努力减少贫困和因为贫困而引起的纷争。当前国际社会后发国家和地区冲突不断的根源在于发展的不平衡和贫困的普遍存在，为发达国家在背后用利益引发冲突提供了绝佳的温床。我国要在消除贫困、资金援助、减免债务等关键问题上采取有效手段，在联合国的框架内积极帮助发展中国家的发展。最后，构建和谐世界关系还要以自身综合国力的提高为后盾，在推动国际和平的过程中抓住机遇，加快发展，为其他国家提供经验和借鉴。

第六章

国家文化软实力建设的领导力量和重要保证

中国共产党是中国特色社会主义事业的领导核心，毫无疑问，中国共产党是中国文化软实力建设的领导力量，也是国家文化软实力最重要的组成部分。“四个自信”源于中国特色社会主义理论与实践的探索和发展，在坚定“四个自信”中，不断提升国家文化软实力。

一、中国共产党是中国文化软实力建设的领导力量

中国共产党既是中国工人阶级的先锋队，也是中国人民和中华民族的先锋队，这决定了中国共产党能够担负起带领全国各族人民提升中华民族复兴软实力的历史重任和现实使命。

（一）中国共产党是国家软实力最重要的组成部分

1921 年，“五四”运动之后，在中华民族内忧外患、社会危机空前深重的背景下，在马克思列宁主义同中国工人运动相结合的进程中，中国共产党诞生了。中国产生了共产党，这是开天辟地的大事变。这一开天辟地的大事变，深刻改变了近代以来中华

民族发展的方向和进程，深刻改变了中国人民和中华民族的前途和命运，深刻改变了世界发展的趋势和格局。

在近百年波澜壮阔的历史进程中，中国共产党紧紧依靠人民，跨过一道又一道沟坎儿，取得一次又一次胜利，为中华民族做出了伟大历史贡献。中国共产党团结带领中国人民进行了多年浴血奋战，打败日本帝国主义，推翻国民党反动统治，完成新民主主义革命，建立了中华人民共和国。这一伟大历史贡献的意义在于，彻底结束了旧中国半殖民地半封建社会的历史，彻底结束了旧中国一盘散沙的局面，彻底废除了列强强加给中国的不平等条约和帝国主义在中国的一切特权，实现了中国从几千年封建专制政治向人民民主的伟大飞跃。中国共产党团结带领中国人民完成社会主义革命，确立社会主义基本制度，消灭一切剥削制度，推进了社会主义建设。这一伟大历史贡献的意义在于，完成了中华民族有史以来最为广泛而深刻的社会变革，为当代中国一切发展进步奠定了根本政治前提和制度基础，为中国发展富强、中国人民生活富裕奠定了坚实基础，实现了中华民族由不断衰落到根本扭转命运、持续走向繁荣富强的伟大飞跃。中国共产党团结带领中国人民进行改革开放新的伟大革命，极大地激发了广大人民群众的创造性，极大地解放和发展了社会生产力，极大地增强了社会发展活力，人民生活显著改善，综合国力显著增强，国际地位显著提高。这一伟大历史贡献的意义在于，开辟了中国特色社会主义道路，形成了中国特色社会主义理论体系，确立了中国特色社会主义制度，使中国赶上了时代，实现了中国人民从站起来到富起来、强起来的伟大飞跃。

中国共产党领导中国人民取得的伟大胜利，使具有 5000 多年文明历史的中华民族全面迈向现代化，让中华文明在现代化进程中焕发出新的蓬勃生机；使具有 500 年历史的社会主义主张在世界上人口最多的国家成功开辟出具有高度现实性和可行性的正确道路，让科学社会主义在 21 世纪焕发出新的蓬勃生机；使具有 70 年历史的新中国建设取得举世瞩目的成就，中国这个世界上最大的发展中国家在短短 30 多年里摆脱贫困并跃升为世界第二大经济体，彻底摆脱被开除球籍的危险，创造了人类社会发展史上惊天动地的发展奇迹，使中华民族焕发出新的蓬勃生机。

历史告诉我们，没有先进理论的指导，没有用先进理论武装起来的先进政党的领导，没有先进政党顺应历史潮流、勇担历史重任、敢于作出巨大牺牲，中国人民就无法打败压在自己头上的各种反动派，中华民族就无法改变被压迫、被奴役的命运，我们的国家就无法团结统一、在社会主义道路上走向繁荣富强。

历史告诉我们，中国走过的历程，中国人民和中华民族走过的历程，是中国共产党和中国人民用鲜血、汗水、泪水写就的，充满着苦难和辉煌、曲折和胜利、付出和收获，这是中华民族发展史上不能忘却、不容否定的壮丽篇章，也是中国人民和中华民族继往开来、奋勇前进的现实基础。

历史还告诉我们，历史和人民选择中国共产党领导中华民族伟大复兴的事业是正确的，必须长期坚持、永不动摇；中国共产党领导中国人民开辟的中国特色社会主义道路是正确的，必须长期坚持、永不动摇；中国共产党和中国人民扎根中国大地、吸纳人类文明优秀成果、独立自主实现国家发展的战略是正确的，必须长期坚持、永不动摇。

中国共产党的执政能力是中华民族伟大复兴软实力的统帅和核心。党的十八大指出，坚持和发展中国特色社会主义是一项长期而艰巨的历史任务，必须准备进行具有许多新的历史特点的伟大斗争。这就告诫全党，要时刻准备应对重大挑战、抵御重大风险、克服重大阻力、解决重大矛盾，坚持和发展中国特色社会主义，坚持和巩固党的领导地位和执政地位，使我们的党、我们的国家、我们的人民永远立于不败之地。

（二）国家文化软实力建设离不开中国共产党的正确领导

中国共产党是中国工人阶级的先锋队，是中国人民和中华民族的先锋队。她始终代表中国先进生产力的发展要求，代表中国先进文化的前进方向，代表中国最广大人民的根本利益，是中国革命和中国特色社会主义事业的领导核心。

1. 党的领导是中国社会主义现代化建设的根本保证。

坚持和发展中国特色社会主义是中国共产党提升国家文化软实力的制度前提。只有坚持党的领导，才能保证现代化建设事业的正确方向。现代化建设是一个世界性的历史进程，不同的国家对其有不同的选择和把握。中国的现代化只能是社会主义现代化。我国的现代化目标是富强、民主、文明的社会主义现代化强国。我们发展社会主义市场经济，建设社会主义政治文明和精神文明，是为了更好地坚持和发展社会主义。要保证现代化的社会主义方向，最重要的就是坚持党的领导。

只有坚持党的领导，才能制定和执行正确的路线、方针、政策，保证现代化建设事业不断取得新胜利。在中国这样一个经济文化落后的大国建设社会主义现代化，前人既没有留下现成的理论答案，历史也没留下成功的经验。只能根据中国的实际，制定出符合国情的正确路线和纲领。只有坚持党的领导，才能把马克思主义基本原理同中国实际结合起来，为中国社会主义现代化建设提供科学的指导思想。新时期创立的邓小平理论和“三个代表”重要思想，以及在这个基本理论指导下形成的社会主义初级阶段基本路线、基本纲领和一系列方针政策，都是我们党正确地把马克思主义基本原理同中国实际和党的实际相结合的产物，新时期中国改革开放和现代化建设取得的重大成就，都是正确贯彻执行党的基本路线、方针、政策的结果。

只有坚持党的领导，才能为建设中国特色社会主义现代化事业创造一个安定团结的政治局面。实现和保持社会政治稳定，是改革开放和现代化建设顺利进行的前提条件。中国的改革开放和现代化事业是前所未有的开创性事业，在其进行的过程中，既经常性地受到复杂的国际环境不利因素的破坏干扰，又面临着国内各种社会矛盾的困扰。各种利益关系的不断调整，如果处理不好，就会造成社会混乱，影响现代化建设的进程。要实现和保持社会稳定，就必须要有一个能够凝聚全国人民力量、总揽全局的领导核心。实践证明，在中国，只有以马克思主义为指导的中国共产党，才具有驾驭和解决各种复杂矛盾的能力，才能维护中国社会的政治稳定，才能保证国家长治久安。

只有坚持党的领导，才能充分调动广大人民群众的积极性、创造性，为社会主义现代化建设提供雄厚的人力资源。改革开放和现代化建设是全国各族人民的共同事业，是实现中华民族伟大复兴的光辉伟业，离开了广大人民群众的积极性、创造性是不会取得成功的。中国共产党是中国人民和中华民族的先锋队，是中国各族人民利益的忠实代表，她始终坚持人民利益高于一切、全心全意为人民服务的宗旨，所以人民群众发自内心愿意跟党走，愿意为社会主义现代化建设建言献策、贡献力量。中国共产党坚定地要求自己的党员干部为共产主义事业奋斗终生，通过广大党员的先锋模范作用，把全国各族人民的力量组织和凝聚起来，为实现社会主义现代化而奋斗。

总之，在中国从来就没有一个政党组织像共产党那样集中了那么多先进分子，组织得那么严密和广泛，为中华民族作出了那么多牺牲，同最广大人民群众保持着那么密切的联系，并且善于总结自己的经验教训，勇于纠正错误，从而形成正确的理论和路线。在中国这样一个大国，现代化建设、国家的统一、人民的团结、社会的安定、民主的发展等，都只能靠共产党的领导，别的任何政治力量都是不可能胜任的。坚持共产党的领导，是实现社会主义现代化的根本保证。

2. 党的领导是国家文化软实力建设的重要保障。

中国共产党既是中国工人阶级的先锋队，也是中国人民和中华民族的先锋队，这决定了中国共产党能够担负起带领全国各族人民提升中华民族软实力的历史重任和现实使命。江泽民同志在党的十六大报告做出了精辟描述："中国共产党深深扎根于中华民族之中。党从成立那一天起，就是中国工人阶级的先锋队，同时是中国人民和中华民族的先锋队，肩负着实现中华民族伟大复兴的庄严使命。在新民主主义革命时期，我们党团结和带领全国各族人民完成民族独立和人民解放的历史任务，为实现中华民族伟大复兴创造了前提。新中国成立后，我们党创造性地完成由新民主主义到社会主义的过渡，实现中国历史上最伟大最深刻的社会变革，开始了在社会主义道路上实现中华民族伟大复兴的历史征程。十一届三中全会以来，我们党找到建设中国特色社会主义的正确道路，赋予民族复兴新的强大生机。中华民族的伟大复兴展现出灿烂的前景。"①

党的领导保障国家文化软实力发展的正确方向。中国共产党的指导思想是马克思主义。中国共产党之所以能够领导革命，建设、改革事业取得巨大成就，其中非常重要的一个原因就在于我们党始终注意实现马克思主义与中国实际相结合，与时俱进推进马克思主义中国化。中国共产党始终代表社会主义先进文化的前进方向，努力建设社会主义先进文化，自觉抵制来自西方的腐朽思想文化的侵蚀，坚决反对和抵制资产阶级自由化思潮。不断推进马克思主义中国化、时代化、大众化，代表先进文化的前进方向是中国共产党担当提升国家文化软实力重任的思想文化条件。

---

① 《十六大报告新思想新论断新举措专题读本》，研究出版社 2002 年版，第 52 页。

二、“四个自信”是国家文化软实力建设的重要保证和支撑

党的十八大报告指出，经过 90 多年的艰苦奋斗，我们党团结带领全国各族人民，把贫穷落后的旧中国变成日益走向繁荣富强的新中国，中华民族伟大复兴展现出光明前景。我们对党和人民创造的历史伟业倍加自豪，对党和人民确立的理想信念倍加坚定，对党肩负的历史责任倍加清醒。从根本上讲，中国特色社会主义的道路自信、理论自信、制度自信和文化自信都是中国特色社会主义理论和实践取得巨大成功的产物，而坚定这种道路自信、理论自信、制度自信和文化自信，有助于我们深化对中国特色社会主义的认识和把握，强化对中国特色社会主义的认同；作为全党和全国人民共同奋斗的思想基础，坚定“四个自信”，必将不断推进中国特色社会主义理论与实践的不断发展。习近平总书记指出：我们说的道路自信、理论自信、制度自信和文化自信，来源于实践、来源于人民、来源于真理。道路自信、理论自信、制度自信和文化自信不断建立和坚定的过程，就是中国特色社会主义理论和实践不断探索和发展的过程。

（一）“四个自信”源于中国特色社会主义理论与实践的探索和发展

自信心的建立是一个长久的积累过程。从根本上讲，中国特色社会主义道路、理论和制度，是党和人民 90 多年奋斗、创造、积累的伟大成就。90 多年来，我们党紧紧依靠人民，把马克思主义基本原理同中国实际和时代特征结合起来，独立自主走自己的路，历经千难万险，付出巨大代价，取得了革命、建设、改革的伟大胜利，开创和发展了中国特色社会主义，从根本上改变了

中国共产党、中国人民和中华民族的基本面貌和前途命运。尤其在改革开放40年一以贯之的接力探索中，我们坚定不移高举中国特色社会主义伟大旗帜，既不走封闭僵化的老路，也不走改旗易帜的邪路，中国特色社会主义道路越走越宽广。90多年的探索证明了，中国特色社会主义是当代中国发展进步的根本方向，只有中国特色社会主义才能发展中国。这充分表明，中国特色社会主义道路自信、理论自信、制度自信和文化自信的建立经历了一个长久的、艰辛的、曲折反复的过程，这种自信随着中国特色社会主义道路的不断拓展、中国特色社会主义理论体系的不断丰富，以及中国特色社会主义制度的日臻完善而不断形成并愈发凸显和强烈。

1. 道路自信来源于民族复兴道路的艰辛探索。

道路关乎党的命脉，关乎国家前途、民族命运和人民幸福。一个国家、一个民族走什么样的道路，并不是由哪个人、哪些人或哪一个政治团体依其主观意愿决定的，而主要取决于这个国家、这个民族的生产力发展水平、经济基础、阶级阶层构成，以及历史文化特征、社会综合背景、内外联系交流等。也就是说，走什么道路，具有客观性、必然性。

在中国这样一个经济文化十分落后的国家探索民族复兴道路，是极为艰巨的任务。90多年来，我们党紧紧依靠人民，把马克思主义基本原理同中国实际和时代特征结合起来，独立自主走自己的路，历经千辛万苦，付出各种代价，取得革命建设改革的伟大胜利，开创和发展了中国特色社会主义，从根本上改变了中国人民和中华民族的前途命运。

首先，中国特色社会主义道路是在对近代以来170多年中华民族发展历程的深刻总结中走出来的。我们寻找到并成功走上中国特色社会主义道路，是近代以来由鸦片战争导致中国突遭变局、内外交困的社会现实引发的，是由几代中国人上下求索、不懈求取救国图存方略和自强途径促进的，是中国共产党人应时势而作为、合规律而进取、顺民意而奋发，在浴血奋战、艰辛探索、高歌猛进中争取民族独立、实现国家富强的伟大实践中完成的。这是一段充盈着血与泪、贯通着生与死、裹挟着悲与喜的难忘岁月，是一个联结着得与失、容纳着顺与逆、涵盖着进与退的不凡历程。

纵观自鸦片战争以来170多年的中国历史，一条主线始终贯穿其中，那就是实现中华民族伟大复兴的中国梦。自1840年鸦片战争爆发以来，西方列强的炮弹彻底击碎了“大清帝国”的安宁和“天朝上国”的美梦，一个又一个丧权辱国条约的签订，让中国人的自尊彻底扫地，也让中国人的自信荡然无存。在这生死存亡的命运关头，摆在中华民族和所有中国人面前的最大问题是中国向何处去以及究竟应该走什么样的路。由此肇始，一代又一代仁人志士抛头颅洒热血、奔走呼号，中国人开始了“寻路”的艰难历程。师夷长技以制夷、师夷长技以自强，“中体西用”的制度改革，对自身丧失了自信，中国人把目光转向了不断强大的西方国家，提出了向西方学习的口号，希望通过学习甚至效仿西方的成功经验实现中华民族的伟大复兴，重新找回自信。然而所有的梦想和努力尝试都相继失败了。正如毛泽东所言：“帝国主义的侵略打破了中国人学西方的迷梦。很奇怪，为什么先生老是侵略学生呢？中国人向西方学得很不少，但是行不通，理想总是不能实现。”① 多次奋斗，从鸦片战争开始，中经通过顽强抗争推动社会进步而最后仍以失败告终的太平天国、洋务运动、戊戌变法特别是辛亥革命，在诸多道路都走不通的现实背景下，直到俄国十月革命的一声炮响，为我们送来了马克思列宁主义，送来了社会主义道路，为正在挣扎中的中国送来了光明和希望，为中华民族伟大复兴指明了方向。1921年7月1日，代表整个中华民族利益及最广大人民群众根本利益的无产阶级先进政党——中

① 《毛泽东选集》（第四卷），人民出版社1991年版，第1470页。

国共产党宣告成立，便注定它要成为担当实现中华民族伟大复兴的领导力量，也注定了马克思列宁主义必然成为指导中国革命、建设和发展的指导思想，也注定了社会主义道路成为中国发展的历史必然和人心所向。在中国共产党的领导下，全国各族人民奋起反抗帝国主义、封建主义、官僚资本主义，不断取得武装斗争胜利，取得新民主主义革命的胜利，实现了民族独立和人民解放，彻底推翻了压在中国人民头上的“三座大山”，建立了社会主义新政权。

其次，中国特色社会主义道路是在不断探索中走出来的。新中国成立后，在以毛泽东同志为核心的党的第一代中央领导集体的带领下，全国各族人民开始致力于探索马克思主义同中国具体实际相结合以推进社会主义的建设和发展。总体而言，社会主义建设的初步探索是在曲折中不断前进的，经历了从“照搬苏联模式”到“以苏为鉴，走自己的路”的历史发展过程。尽管在探索过程中，社会主义发展事业曾经历严重曲折和沉重打击并一度遭遇中断，但在社会主义建设中取得的独创性理论成果和巨大成就，却也为中国特色社会主义的发展奠定了基础。自苏共二十大后，毛泽东指出了现在中国处在社会主义革命和建设时期，要求马克思列宁主义与中国具体实际“进行第二次结合”，并提出要“努力找出在中国这块大地上建设社会主义的具体道路”，在他的带领下，中国共产党人开始总结由于照抄照搬和指导思想失误而经历曲折坎坷的经验教训，并积极探索社会主义建设规律，形成了一系列丰富的社会主义建设思想，这为后来中国特色社会主义道路的开辟提供了理论基础和思想准备。在社会主义建设初步探索阶段，我们还通过完成对农业、手工业和资本主义工商业的社会主义改造，确立了社会主义基本制度，从而为中国特色社会主义的形成与发展奠定了根本政治前提和制度基础；开创了富有中国特色的社会主义工业化道路，初步建立了独立的比较完整的工业体系和国民经济体系，大力发展教育、科技、文化、卫生、体育、军事国防等各项事业并取得长足进步，培养了一大批经济文化建设等方面的优秀人才和骨干力量。这些都为改革开放新时期开创中国特色社会主义、进行社会主义现代化建设提供了物质技术基础和人才储备。

最后，中国特色社会主义道路是在改革开放 40 年的伟大实践中走出来的。在经历“文化大革命”的历史阵痛和两年徘徊时期之后，以邓小平同志为核心的党的第二代中央领导集体带领全国各族人民深刻总结我国社会主义建设初步探索时期正反两方面经验，同时借鉴和吸取世界社会主义发展的经验和教训，作出把党和国家工作中心转移到经济建设上来、实行改革开放的历史性决策。1978 年十一届三中全会的成功召开，实现了中国社会主义发展的伟大历史转折，开启了改革开放的历史新时期。正是在总结历史教训和成功经验的基础上，邓小平在 1982 年中共十二大开幕词中明确指出：“把马克思主义的普遍真理同我国的具体实际结合起来，走自己的道路，建设有中国特色的社会主义，这就是我们总结长期历史经验得出的基本结论。”后来，他又通过深刻揭示社会主义本质，确立社会主义初级阶段的基本路线，明确提出走自己的路、建设中国特色社会主义，科学回答了建设中国特色社会主义的一系列基本问题，从而成功开辟了中国特色社会主义道路。以江泽民同志为核心的党的第三代中央领导集体带领全国各族人民坚持党的基本理论、基本路线，在国内外形势十分复杂、世界社会主义出现严重曲折的严峻考验面前捍卫了中国特色社会主义，依据新的实践确立了党的基本纲领、基本经验，确立了社会主义市场经济体制的改革目标和基本框架，确立了社会主义初级阶段的基本经济制度和分配制度，开创了全面改革开放的新局面，推进党的建设新的伟大工程，成功把中国特色社会主义推向 21 世纪。新世纪新阶段，党中央抓住重要战略机遇期，在全面建设小康社会进程中推进实践创新、理论创新、制度创新，强调坚持以人为本、全面协调可持续发展，提出构建社会主义和谐社会、加快生态文明建设，形成中国特色社会主义事业总体布局，着力保障和改善民生，促进社会公平正义，推动建设和谐世界，推进党的执政能力建设和先进性建设，成功在新的历史起点上坚持和发展了中国特色社会主义。

总而言之，回首近代以来中国波澜壮阔的历史，展望中华民族充满希望的未来，我们得出一个坚定的结论：全面建成小康社会，加快推进社会主义现代化，实现中华民族伟大复兴，必须坚定不移地走中国特色社会主义道路。走中国特色社会主义道路既是历史的结论，也是人民的选择；既是近代以来中国社会本质和内在规律的必然产物，也是中国共产党领导全国人民不懈探索、艰难进取的伟大创造。但是中国特色社会主义道路上的成功并非一蹴而就，因而对中国特色社会主义道路的自信也不可能是一日之功，这条道路饱含着近代以来一代又一代“寻路人”在探寻民族复兴道路上的艰辛和悲壮，凝结着近代以来 170 多年无数中华儿女的血汗和泪水，凝聚着中国共产党诞生 90 多年顽强不屈的精神和斗志，代表了新中国成立近 70 年的探求与成就，凝结着改革开放 40 年的创造与辉煌。这条道路，还承载着几代中国共产党人的理想和探索，寄托着当下十几亿中国人民的夙愿和期盼，是促进中国未来发展的必由之路。因此，我们必须倍加珍惜、始终坚持、不断发展。

2. 理论自信来源于马克思主义中国化的理论创新。

正如恩格斯所说：“一个民族要想登上科学的高峰，究竟是不能离开理论思维的。”道路的探索，制度的建设、完善当然离不开正确的理论指导。可以说，道路的探索过程和制度的建设、完善过程，也是理论不断形成确立和丰富发展的过程。胡锦涛在《胡锦涛在新进中央委员、候补委员学习贯彻党的十七大精神研讨班上的讲话》指出：“我们党能够在新时期开创出中国特色社会主义道路，其理论基础是对马克思列宁主义、毛泽东思想的科学继承，其时代背景是对国际形势和时代特征的科学把握，其历史根据是对国内外建设社会主义正反两方面经验的科学总结，其现实根据是对我国改革开放和社会主义现代化建设的生动实践、对最广大人民共同愿望的科学认识。”① 因而从根本上讲，中国特色社会主义道路的成功，关键的关键在于我们能够在不同历史时期根据不同的具体实际创造性地继承和发展马克思列宁主义，在于我们能够不间断地勇于推进实践基础上的理论创新，并实现了马克思列宁主义基本原理同中国具体实际相结合的两次历史性飞跃，形成两大创新性理论成果——毛泽东思想和中国特色社会主义理论体系，正是这两次历史性飞跃和这两大科学理论成果，让中国特色社会主义“四个自信”有理有据，从而使这种自信更加坚定持久，更加深入人心。

自中国共产党成立以后，以毛泽东同志为核心的党的第一代领导集体围绕着什么是新民主主义革命和怎样进行新民主主义革命等一系列革命实践的根本问题，创造性地继承和发展了马克思主义，创立了毛泽东思想，从而实现了马克思主义中国化的第一次历史性飞跃。毛泽东思想系统回答了在中国这样一个半殖民地半封建的东方大国，如何运用马克思列宁主义，进行新民主主义革命和社会主义革命的问题，同时也对革命胜利后建设什么样的社会主义、怎样建设社会主义进行了初步探索，以创造性的内容为马克思主义宝库增添了新的财富。它是在中国共产党领导中国人民进行新民主主义革命，实现民族独立、人民解放、建立新中国，创造性地完成社会主义改造、确立社会主义制度，初步探索社会主义建设道路过程中，总结、凝练、升华而成的。从根本上讲，毛泽东思想构成了中国特色社会主义理论自信的理论源泉。党的十七大报告指出：我们要永远铭记，改革开放伟大事业，正

① 《胡锦涛在新进中央委员、候补委员学习贯彻党的十七大精神研讨班上的讲话》，中国网，2012 年 9 月 17 日，http：//www. china. com. cn/guoqing/2012 - 09/17/content_26748589. htm。

是在以毛泽东同志为核心的党的第一代中央领导集体创立毛泽东思想，带领全党全国各族人民建立新中国、取得社会主义革命和建设伟大成就，以及艰辛探索社会主义建设规律取得宝贵经验的基础上进行的。正是凭借着科学的理论基础和强大的群众基础，我们才敢有“一切反动派都是纸老虎”的自信，而正是凭借这种自信，我们战胜了日本帝国主义的侵略，推翻了帝国主义、封建主义，是源于对人民群众的自信，是源于对真理和正义的自信，党的十一届三中全会以后，中国共产党人在总结我国经验和研究国际形势的基础上，开辟了中国特色社会主义道路，形成了被实践证明了的关于在中国建设、巩固和发展社会主义的正确的理论原则和经验总结，这就是中国特色社会主义理论体系。中国特色社会主义理论体系，就是包括邓小平理论、“三个代表”重要思想、科学发展观，以及习近平总书记系列重要讲话等重大战略思想在内的科学理论体系。它“坚持和发展了马克思列宁、毛泽东思想，凝结了几代中国共产党人带领人民不懈探索实践的智慧和心血，是马克思主义中国化的最新成果，是当代最宝贵的政治和精神财富，是全国各族人民团结奋斗的共同思想基础。”这一不断发展的开放的理论体系，系统回答了在中国这样一个十几亿人口的发展中大国建设什么样的社会主义、怎样建设社会主义，建设什么样的党、怎样建设党，实现什么样的发展、怎样发展等一系列重大问题。它是在和平与发展成为时代主题的背景下，在中国共产党紧紧依靠人民进行改革开放新的伟大革命，开创、坚持、发展中国特色社会主义过程中总结、凝炼、升华而成的。它包含党在社会主义初级阶段的基本理论、基本路线、基本纲领、基本经验、基本要求，它是指导党和人民沿着中国特色社会主义道路实现中华民族伟大复兴的科学理论。

实践证明，马克思主义只有与本国国情相结合、与时代发展同进步、与人民群众同命运，才能焕发出强大的生命力、创造力、感召力。在当代中国，坚持中国特色社会主义理论体系，就是真正坚持马克思主义。中国特色社会主义不是别的什么主义，而是科学社会主义，中国化的马克思主义也不是别的什么主义，其本质上就是马克思主义。马克思主义中国化的理论发展为中国特色社会主义自信提供了生根发芽的肥沃土壤，中国革命、建设和改革的每一步胜利，都是在汲取马克思主义的养分中取得的，而中华民族伟大复兴的每一点自信，也都是在对马克思列宁主义的理论吸收和理论发展过程中培育和积累起来的。

马克思指出，理论一经掌握群众，也会变成物质力量。理论只要说服人，就能掌握群众；而理论只要彻底，就能说服人。所谓彻底，就是抓住事物的根本。我们对中国特色社会主义的理论自信归根结底是在于这一理论体系抓住了当代中国先进生产力发展的根本要求，抓住了先进文化发展的根本方向，抓住了中国最广大人民的根本需求，因而是彻底的科学的马克思主义。它的新思想、新观点、新论断来源于实践，又指导实践，是当代中国最高水平的马克思主义，是党最宝贵的政治和精神财富，是全国各族人民团结奋斗的共同思想基础，是扎根于当代中国的科学社会主义。只有坚定不移地坚持和发展中国特色社会主义理论体系，才能调动全体中国人民建设社会主义的积极性和历史创造性，才能使中华民族伟大复兴的中国梦最终成为现实。我们必须坚定这样的理论自信。

坚定理论自信，必须一切从实际出发，理论联系实际，实事求是，在实践中检验真理、发展真理。坚定理论自信，还必须以改革开放和现代化建设的实际问题、以我们正在做的事情为中心，着眼于马克思主义理论的运用，着眼于对实际问题的理论思考，着眼于新的实践和新的发展。坚定理论自信，必须始终坚持马克思主义在意识形态领域的指导地位，自觉同形形色色的错误思潮划清界限。西方的那套理论，新自由主义也好，民主社会主义也罢，既不符合中国国情，也不反映中国人民和中华民族的根本利益，不可能为当代中国指出科学正确的发展道路和发展方向。同样地，那种封闭僵化的观念，既不能紧跟时代发展变化，也远远落后于中国改革开放和现代化建设实践，也不可能为当代中国指出科学正确的发展道路和发展方向。

3. 制度自信来源于中国特色社会主义制度的自我完善。

中国特色社会主义制度，就是人民代表大会制度为根本政治制度，中国共产党领导的多党合作和政治协商制度、民族区域自治制度，以及基层群众自治制度等基本政治制度，中国特色社会主义法律体系，公有制为主体、多种所有制经济共同发展的基本经济制度，以及建立在这些制度基础上的经济体制、政治体制、文化体制、社会体制等各项具体制度。在 40 年改革开放的实践中，中国特色社会主义制度经历过多重风险考验，始终保持了中国特色社会主义的旺盛生命力和良好的经济发展局面，为中国特色社会主义伟大事业的有序推进提供了可靠的制度保障。中国特色社会主义制度植根于中华文化的沃土、反映中国人民的意愿、适应中国和时代发展进步的要求，具有深厚的历史渊源和广泛的现实基础。坚定不移地沿着中国特色社会主义制度方向前进，是回首近代以来民族历史、展望未来实现民族复兴得出的坚定结论，是改革开放以来全国各族人民形成的共识。

制度自信首先源于中国特色社会主义制度所具有的天然优势。总体来讲，中国特色社会主义制度的优越性体现在它能够充分调动各方面的积极性，能够集中力量办大事。具体来讲，在经济制度上，我们不仅逐步确立了公有制为主体、多种所有制经济共同发展的基本经济制度，适应了我国现阶段的生产力发展水平，充分调动了各方面的积极性，极大地解放和发展了社会生产力，而且确立了社会主义市场经济体制的改革目标，把市场经济与社会主义基本制度结合起来，既注重发挥市场在资源配置中的基础性作用，又注重加强国家的宏观调控。例如，2008 年下半年以来，面对国际金融危机的严重冲击，我们反应迅速，果断调整宏观调控政策，出台一系列扩大内需、促进经济发展的举措，很快就见成效，国际社会给予了积极评价。法国《欧洲时报》认为："包括'制度优势'在内的'中国特色'已成为中国信心的有力支撑。"从政治制度来看，我们坚持把党的领导、人民当家作主和依法治国统一起来，建立并不断完善了人民代表大会制度、中国共产党领导的多党合作和政治协商制度、民族区域自治制度以及基层群众自治制度等一整套政治制度。它既吸收了中国传统政治文化的精华和人类政治文明的有益成果，又克服了其中的弊病和不足；既充分尊重和保障个人民主权利，又能形成共同意志、集中力量办大事；既充满活力又富有效率，适应了我国人口和民族众多，经济、社会、文化不发达，区域发展不平衡，传统文化影响深厚等现实状况。这些优势在抗震救灾、举办奥运会等重大事件中更是显示出巨大威力。有国外学者评价中国抗击"汶川地震"灾害时说："地震之后人们确实看到了中国制度体系的优越性，中国在短时间内动员巨大的力量投入，这是其他任何制度所不能比拟的。"

制度自信还来源于中国特色社会主义制度的自我完善和发展。邓小平同志指出："改革是社会主义制度的自我完善，在一定的范围内也发生了某种程度的革命性变革。"在此意义上，40年改革开放的历史进程，也是社会主义制度不断自我完善、不断趋于成熟的过程，而中国特色社会主义制度自信又可以说是一种改革自信。

社会主义制度需要并能够自我完善和发展，这是科学社会主义的一个重要原理。长期以来，在社会主义的实践中，存在着一种错误的倾向，即把社会主义制度看得完美无缺，并将它作为一种固定的模式肯定下来。这种观点不承认刚建立起来的社会主义制度的不成熟性，不承认社会主义制度要由不完善到完善，更不承认现存的体制有什么弊端。按照这种观点，社会主义根本不需要改革，改革就是离经叛道。这种观点不仅违背了社会主义社会发展规律的要求，也不符合社会主义制度自我更新、与时俱进的先进品格。中国的改革实践已充分证明，在共产党的正确领导下，完全可以采取正确的方针和步骤，在不发生社会大震荡的情况下，使社会主义制度不断完善和发展，使社会生产力得到比较快的发展，朝着人民富裕、国家富强的目标前进。由于这里所讲的改革是全面的改革，不仅包括经济体制的改革，而且包括政治体制、科技体制、教育体制等各个方面的改革。因而中国特色社会主义制度的自我完善和发展也是全范围、深层次、多领域的。改革必然是充满矛盾和斗争的，它涉及的面很广，涉及一大批人的切身利益，必然会出现许多我们不熟悉的、预想不到的新情况和新问题。因此，中国特色社会主义制度的自我完善和发展不可能是一帆风顺的，必然经历一个长久、复杂和曲折的过程。例如，由于新体制需要逐步成熟，旧体制又在许多方面失去效应，因而宏观控制的难度增加，微观机制一时也难以完全合理，管理上势必出现这样那样的真空或漏洞；由于改革的进行必然要触动和调整原有的经济利益关系，而新的利益关系的合理格局又不可能一下子形成，势必存在各种利害关系的摩擦和矛盾；由于改革只能在探索中前进，经验只能在实践中逐步积累，工作中产生某些失误也就难以完全避免等。党的十八大报告指出，中国特色社会主义制度是经得住历史考验的先进制度，在十分复杂的国内外形势下，党和人民经受住严峻考验，巩固和发展了改革开放和社会主义现代化建设大局，提高了我国的国际地位，彰显了中国特色社会主义的巨大优越性和强大生命力，增强了中国人民和中华民族的自豪感和凝聚力。

综合分析当前国内外形势，我国发展仍处于重要战略机遇期，牢牢抓住并利用好重要战略机遇期，以更加坚定的决心、更加有力的举措、更加完善的制度来贯彻落实中国特色社会主义理论，是我们赢得主动、赢得优势、赢得未来的关键所在。我们要完善和发展中国特色社会主义制度，推进国家治理体系和治理能力现代化。我们全面深化改革，是要使中国特色社会主义制度更好；我们说坚定制度自信，不是要故步自封，而是要不断革除体制机制弊端，让我们的制度成熟而持久。只有坚定高度的制度自觉和制度自信，不断在制度建设和制度创新方面迈出新步伐，才能为中华民族伟大复兴提供坚强的制度支撑。

4. 文化自信来源于中国特色社会主义文化的繁荣发展。

2014 年 2 月 24 日在中央政治局第十三次集体学习时，习近平同志提出要“增强文化自信和价值观自信”。2014 年 3 月 7 日在参加贵州团审议时，习近平同志指出：“我们要坚定理论自信、道路自信、制度自信，最根本的还要加一个文化自信。”2016 年 5 月 17 日，习近平同志在哲学社会科学工作座谈会上指出：“我们要坚定中国特色社会主义道路自信、理论自信、制度自信，说到底是要坚持文化自信。文化自信是更基本、更深沉、更持久的力量。”增强文化自觉和自信，是坚定道路自信、理论自信、制度自信的题中应有之义，文化自信是更基础、更广泛、更深厚的自信。文化自信的提出，体现了我们党高度的文化自觉，把我们党对文化作用和文化发展规律的认识提升到一个新的境界，也反映了我们党对社会主义建设规律认识的进一步深化。

文化自信首先源于中华优秀传统文化所蕴含的强大文化基因。不忘本，方能赢得未来。任何一个国家和民族，都有其固有的根本。这个根本，就是文化。中华优秀传统文化就是我们的根本。中华民族拥有五千年的文明史，中华优秀传统文化延续着我们国家和民族的精神血脉，支撑着中华民族生生不息、薪火相传，历经劫难而浴火重生，这一文化血脉是我们建设社会主义文化强国最强大的文化基因，正如习近平总书记所指出的：“中华民族有着深厚的文化传统，形成了富有特色的思想体系，体现了中国人民几千年来积累的知识智慧和理性思辨。这是我国的独特优势。”①

---

① 习近平：《在哲学社会科学工作座谈会上的讲话》，人民出版社 2016 年版。

中华优秀传统文化的文化基因博大而精深，“以国为国、以天下为天下”的爱国情操，“天下大同”的人类情怀，“修齐治平”的心性修养，“天人合一”的境界追求，“民惟邦本”的政治理念，“民贵君轻”的民本思想，“和合”的美好理想等中华优秀传统文化蕴含着丰富的哲学思想、人文精神、教化思想和道德理念，这些思想、精神、追求和理念历久而弥新，在不断的创造性转化和创新性发展中与当代文化相适应，与现代社会相协调，焕发出强大的文化生命力，是中华民族最独特的性格气节、最深层的精神追求和最根本的文化基因。正因为有如此强大的文化基因，中华民族能够在世界文化激荡和世界民族先进之林中充满坚定的文化自信。

文化自信其次源于党和人民伟大斗争中孕育的革命文化所迸发出的持续文化动力。不忘初心，方能继续前行。勇担历史任务，实现中华民族伟大复兴就是这个初心。中国共产党成立以来，在马克思主义先进理论武装下，顺应历史潮流、勇担历史重任、敢于作出巨大牺牲，从新民主主义革命到社会主义革命与建设，领导中国人民打败了压在自己头上的各种反动派，使中华民族改变了被压迫、被奴役的命运，整个国家实现了团结统一和繁荣富强。党和人民在伟大斗争中孕育出一种改天换地、不畏艰险、勇于牺牲、敢于担当的革命文化。这一文化迸发出生生不竭、代代不息的文化动力，激励着一代又一代中国共产党人领导中国人民矢志不移、不断前行。正如习近平总书记所指出：“一切向前走，都不能忘记走过的路；走得再远、走到再光辉的未来，也不能忘记走过的过去，不能忘记为什么出发。面向未来，面对挑战，全党同志一定要不忘初心、继续前进。”①

革命文化时至今日仍然是我们坚持发展中国特色社会主义的

① 习近平：《在庆祝中国共产党成立95周年大会上的讲话》，人民出版社2016年版。

持续文化动力。今天，我们面临的机遇前所未有，但我们面临的挑战也前所未有。国际形势复杂多变，国内经济社会发展面临深层次调整，协调推进“四个全面”战略布局、着力践行“五大理念”、顺利实现“五位一体”总布局，是一场涉及利益调整、体制变革、社会转型和观念更新的新的伟大实践和革命。这场革命的深刻性、复杂性、广泛性，意味着前进路上有很多艰难险阻，需要我们不畏艰险、勇于牺牲、敢于担当，增强进取意识，才能继续前行。正是因为革命文化所迸发出的文化动力，中华民族才能够在实现民族伟大复兴的道路中，站在新的起跑线上充满坚定的文化自信。

文化自信还源于社会主义先进文化所指向的科学文化方向。不失方向，方能引领未来。这个未来，就是为人类对更好社会制度的探索提供中国方案。今天，我们比历史上任何时候都更加接近中华民族伟大复兴的目标。正是因为我们发展出的坚持以马克思主义为指导、凝聚人类文明成果、融合中华优秀传统文化的社会主义先进文化，使我们能够走出一条植根于中国特色社会主义发展道路，走出一条坚持“和而不同”的和平发展道路。正如习近平总书记所指出的，要坚持走中国特色社会主义道路，弘扬社会主义先进文化，推动社会主义文化大发展大繁荣，不断丰富人民的精神世界，增强人民的精神力量，努力建设社会主义文化强国。

社会主义先进文化在政治信念、市场意识、社会理念、公民伦理和人本精神等层面具有独特的内涵与价值，是构建中国话语体系的最佳支撑。我们在面对各种文化价值的冲击和社会思潮的碰撞时，能够完全有信心为人类对更好社会制度的探索提供中国方案，讲好中国故事，发出中国声音，打造具有中国特色、中国风格和中国气派的话语体系，坚持为经济文化落后的发展中国家提供经验借鉴，打破“中国威胁论”和“中国崩溃论”的西方话语偏见，发出和传播我们自己的价值理念，为人类文明作出我们的独特贡献。正是这种科学的文化方向，我们才能在推进改革开放和社会主义现代化建设的进程中充满文化自信。[①]

总而言之，无论是对中国特色社会主义道路的自信，还是对中国特色社会主义理论体系的自信，抑或是对中国特色社会主义制度的自信，都是从历史深处走出来的自信。这种自信，归根结底是文化自信，是价值自信，是对中国优秀传统文化和社会主义文化的自信，是对马克思主义和社会主义的自信，是执政党对其执政能力的自信，是人民对整个优秀民族的自信，这种自信是通过科学发展取得，是自发自觉形成，而不是通过战争，不是通过霸权，不是通过压迫，不是通过征服而取得的。这种自信，不仅建立在硬实力的提高基础上，同时也源自文化软实力的提升，是对过去的自信，对现在的自信，更是对将来的自信。全国各族人民一定要增强对中国特色社会主义的理论自信、道路自信、制度自信、文化自信，坚定不移沿着正确的中国道路奋勇前进。

（二）坚定“四个自信”，不断提升国家文化软实力

习近平同志明确指出：“坚定中国特色社会主义道路自信、理论自信、制度自信、文化自信，不断夺取中国特色社会主义新胜利，是当代中国共产党人最核心的使命。”这段论述把坚定“四个自信”提到一个新的高度。这对全党同志更加自觉坚定“四个自信”，更加清醒进行具有许多新的历史特点的伟大斗争，不断开创中国特色社会主义事业新局面，具有指导意义。中国特色社会主义道路、中国特色社会主义理论体系、中国特色社会主义制度是改革开放以来我们党探索中国特色社会主义的根本性成就，增强国家文化软实力是中国特色社会主义文化建设的重要构成，统一于中国特色社会主义事业总体布局。在多元社会思潮涤荡、传播和持续扩散的时代背景下，坚守中华民族共同的精神家

① 黄海：《文化自信的来源和底气》，载于《光明日报》2016 年 8 月 10 日。

园和思想高地，增强中华文化的凝聚力、感染力和创新力，持续提升国家文化软实力，我们更需要“坚定这样的道路自信、理论自信、制度自信!”①

1. 坚定道路自信，提升国家文化软实力。

中国特色社会主义发展面临的新机遇让我们有理由自信。习近平总书记指出，中华民族伟大复兴展现出光明的前景。现在，我们比历史上任何时期都更接近中华民族伟大复兴的目标，比历史上任何时期都更有信心、有能力实现这个目标。之所以有这样的信心和能力，是因为当前中国所取得巨大的发展成就，以及有利的国际国内环境给中国的发展带来了新的战略机遇。党的十八大报告指出，综观国际国内大势，我国发展仍处于可以大有作为的重要战略机遇期。我们要准确判断重要战略机遇期内涵和条件的变化，全面把握机遇，沉着应对挑战，赢得主动，赢得优势，赢得未来，确保到2020年实现全面建成小康社会的宏伟目标。

从国际层面来看，一是当今世界正在发生深刻复杂变化，和平与发展仍然是时代主题。随着世界多极化、经济全球化深入发展，全球合作向多层次全方位拓展，新兴市场国家和发展中国家的整体实力增强，国际力量对比朝着有利于维护世界和平方向发展，保持国际形势总体稳定具备更多有利条件。二是新兴国家市场的壮大，为中国发展提供了重要的外部条件。根据国际货币基金组织统计，按市场汇率计算，“金砖国家”国内生产总值已达11.3万亿美元，占全球比重从2000年的8.4%增至2010年的18%，预计到2020年将升至50%。世界经济版图将呈现发达经济体与新兴经济体平分秋色的格局。三是当今世界，科技发展正孕育着新突破，这很有可能带动一大批对经济发展具有重要意义的战略性新兴产业的崛起。这是我们作出战略机遇期判断的重要根据。美国十分重视新能源、干细胞、航空航天等产业的发展，

① 《中国共产党第十八次全国代表大会文件汇编》，人民出版社2012年版。

期待通过发展高科技产业，重振经济。日本及德国、英国等欧洲国家也纷纷制定有关战略或加大资金投入，以确保本国战略性新兴产业的发展。科技创新的竞争已经成为国际竞争空前激烈的一个重要特点和趋势。面对国际金融危机持续发酵后日趋严峻的世界经济形势，以及美国战略重心东移后我国面临的复杂外交形势，和平稳定的国际环境是战略机遇期的重要外部条件。四是世界政治经济新秩序、新格局的形成，有利于我国进一步提升国际话语权。

从国内来看，一是经济发展的物质技术基础更加坚固。党的十八大报告指出，十年来，我们取得了一系列新的历史性成就，为全面建成小康社会打下了坚实基础。我国经济总量从世界第六位上升到第二位，社会生产力、经济实力、科技实力迈上一个大台阶，人民生活水平、居民收入水平、社会保障水平迈上一个大台阶，综合国力、国际竞争力、国际影响力迈上一个大台阶，国家面貌发生新的历史性变化。二是中国经济发展进入新常态，经济由高速增长转为中高速增长，发展由中低端水平迈向中高端水平。新常态下，中国经济增速虽然放缓，实际增量依然可观，且经济增长更趋平稳，增长动力更为多元。中国经济结构正在发生深刻变化，质量更好、结构更优。中国政府大力简政放权，市场活力进一步释放。也正是因为我们把握住了历史给予的宝贵机遇，才成功地在新的历史起点上坚持和发展了中国特色社会主义。三是市场需求潜力巨大。我国国内市场需求潜力巨大。据张立群分析，首先是中国的人口规模相当于发达国家的两倍，生活状况和发达国家比较起来差异非常明显，城乡居民对提高生活的需求是巨大的。其次是收入增长有一个不断增强的动力，特别是我国七亿农民被唤醒之后这种动力表现得非常强。四是中国共产党更加成熟、坚强，是我们抓住战略机遇期的重要主观条件。经过 90 多年的奋斗，近 70 年的执政，40 年的改革开放，中国共产党日益成熟，深刻把握变化中的世情国情，战略判断能力、全面统筹国内国际两个大局的战略决策能力显著提高。40 年来，在中国共产党的领导下，中国既顶住了国内政治风波的巨大冲击，也经历了东欧剧变、亚洲金融危机、国际金融危机等重大国际事件的考验和挑战。

战略机遇稍纵即逝，只有紧紧抓住并有效利用才有意义。然而，能否认清和抓住战略机遇，既是对智慧的考验，更是对勇气和自信的考验。站在新的历史起点，继续抓住大有作为的战略机遇期，最重要的就是坚持中国特色社会主义的道路自信、理论自信和制度自信。只有坚定这样的自信，才能更好地统一思想，凝聚力量，抓住战略机遇，开创我国社会主义现代化建设事业新局面，才能不断地接近中华民族伟大复兴的光明前景。

中国特色社会主义发展面临的新挑战让我们有必要自信。尽管当前的中国仍处于大有可为的战略机遇期，但是随着经济全球化的不断纵深以及中国的改革逐渐步入深水区，中国的发展依然要面临来自国际国内两个方面的巨大风险和严峻挑战，我们显然需要更多的勇气和自信应对这些风险和挑战。

从国际来看，这些风险和挑战包括：第一，全球金融危机尤其是欧洲债务危机愈演愈烈，世界经济举步维艰，我国外部经济环境仍处于恶化状态。国际金融危机爆发后，发达国家经济低迷，复苏乏力，美、欧、日三大经济体同时债务缠身，特别是欧洲主权债务危机形势非常严峻。金融危机和债务危机造成国际市场需求萎缩，加上国内成本上升等因素，我国的外贸必然遭到严重冲击。第二，世界政治仍处于剧烈的动荡时期，我国外交面临重大的考验。种种迹象表明，如今的国际政治环境比我国过去想象的要恶劣得多、复杂得多。第三，经济全球化进一步深入，我国的竞争对手兴起，全球某些制造产业从我国向其他低成本国家转移的现象开始出现。由于我国劳动力成本的不断升高、吸引外资的政策调整，以及我国加强对各类高污染、高消耗产业的限制，导致一些产业开始向其他低成本国家转移。

从国内来看，我国发展所面临的一些严峻困难和挑战主要体现在：一是经济下行压力不断增大。经济持续性的下行压力进一步加大，通货紧缩的风险明显增强，实体经济经营困难、效益下降，金融债务方面的风险不断集聚，需求不足、动力不足和政策力度不足的问题都不同程度地存在。二是巨大的就业压力和人口老龄化的重负。一方面，中国劳动力供大于求的总量性矛盾依然突出，决定了中国将面临持久的就业压力。同时，中国劳动生产率低下，就业的结构性矛盾十分突出，低劳动生产率就业比重过高；此外，进一步的经济下行也将进一步加大就业压力。另一方面，中国已经进入并将长期处于人口老龄化社会，而面对人口老龄化的严峻形势，相应的经济基础、养老保障制度和养老服务体系还比较薄弱，出现了“未富先老”“未备先老”的局面。三是经济结构调整进展依然缓慢。自20世纪90年代以来，我国在宏观层面上强调经济结构调整从来没有放松过，但在经济运行中我国的经济结构调整异常缓慢，甚至还出现了与我们的战略目标相背离的现象。从根本上看，产业结构不合理、内外需比例失衡、国民收入分配结构扭曲等问题依然突出。四是收入不平等和地区差距日益扩大。据统计，中国已经成为世界收入差距较严重的国家之一，而且收入不平等性仍在迅速增加。中国城乡之间、各地区之间以及城乡内部都存在收入差距，并呈不断扩大趋势。五是环境可持续问题。中国主要资源的人均占有量明显低于发达国家平均水平和世界平均水平，并低于中等收入国家与低收入国家平均水平。随着工业化、城市化进程加快，中国生态破坏将日益加重。这种高增长、环境恶化类型，不仅无法实现长期持续高增长，还将使中国十几亿人口面临生存环境恶化的威胁。

由此可见，坚定道路自信，体现的是一种道路自觉，是坚信只有中国特色社会主义才能发展中国。道路自信构筑了提升国家文化软实力的坚实基础。

2. 坚定理论自信，提升国家文化软实力。

中国特色社会主义理论体系是中国文化软实力建设的核心内容，也是中国文化软实力建设的方法论指导。党的十七大报告指出：中国特色社会主义理论体系“坚持和发展了马克思列宁主义、毛泽东思想，凝结了几代中国共产党人带领人民不懈探索实践的智慧和心血，是马克思主义中国化最新成果，是党最可宝贵的政治和精神财富，是全国各族人民团结奋斗的共同思想基础”①。改革开放40年来，中国共产党人始终围绕“以何种理论指导文化软实力建设”这一命题进行不懈探索。1982年党的十二大强调“一切文化建设当然也要在共产主义思想指导之下发展”②，明确提出了文化软实力建设要始终保持社会主义、共产主义性质；1997年江泽民在党的十五大报告中指出：“建设中国特色社会主义的文化，就是以马克思主义为指导，以培育有理想、有道德、有文化、有纪律的公民为目标”③，鲜明阐释了马克思主义是中国文化软实力建设的指导思想。党的十六大以来，中央提出建设社会主义核心价值体系的战略任务，强调社会主义核心价值体系是社会主义意识形态的本质体现，“是马克思主义指导思想与中国特色社会主义伟大实践的高度统一，是中国风格和中国气派的集中体现，是国家文化软实力建设的关键”④。

马克思主义与时俱进的理论品质决定了中国特色社会主义理论体系的开放性、包容性和创新性。马克思主义的时代化是马克思主义中国化的内在要求，理论创新是马克思主义时代化的必然要求。理论创新的目的不仅在于在实践基础上构建崭新的理论体系，更重要的是使群众掌握科学理论，最大程度释放科学理论的

---

① 《十七大以来重要文献选编》，中央文献出版社2009年版，第26页。

② 《十二大以来重要文献选编》（上），人民出版社1986年版，第29页。

③ 《江泽民文选》（第2卷），人民出版社2006年版，第17~18页。

④ 刘社欣：《合力视阈下中国软实力建设的功能性分析》，载于《马克思主义研究》2012年第7期，第86~93页。

物质力量。因此，在坚持在马克思主义理论指导下推进理论创新的同时，更要探索创新中国特色社会主义理论体系的大众化实现路径。

近年来，从党中央到各地方部门和单位都在积极探索中国特色社会主义理论体系大众化的实现路径。例如，2004 年党中央启动并实施马克思主义理论研究和建设工程以来，重大理论和现实问题研究不断取得新进展，中央组织工程专家编写《理论热点面对面》《六个为什么》《从怎么看到怎么办》等系列通俗理论读物，受到干部群众的普遍欢迎；高校思想政治理论课教材编写和教学改革创新成绩斐然；设立马克思主义理论一级学科；举办多种形式的报告会、研讨会、座谈会和征求意见会等活动，马克思主义理论学科建设、理论研究、教育教学、学术交流活动呈现“百花齐放、百家争鸣”的繁荣景象，“马克思主义中国化的最新成果日益深入人心”①。再如，2013 年 5 月在北京电视台播出的 50 集大型电视纪录片《正道苍生——社会主义五百年》用人物带悬念、用悬念带故事、用故事带道理的形式，把枯燥无味的理论史用艺术化的表现方式变得更贴近民众，让全国观众从中了解到社会主义从空想到科学，从一国实践到多国发展，经历高潮与低谷、成功与挫折的波澜壮阔的 500 年历史，在传播科学社会主义一般理论的同时，进一步坚定了全国人民坚持和发展中国特色社会主义的坚定性和自觉性，受到社会各界的广泛好评。

由上可见，理论自信就是对中国特色社会主义事业光明前景的坚定，是在实践基础上不断推进马克思主义中国化理论成果与时俱进的自觉与坚定，是不断探索中国特色社会主义理论体系大众化实现途径的使命担当。而这一切，无疑对提升中国文化软实力起到重要作用。

① 《十六大以来重要文献选编》（下），中央文献出版社 2007 年版，第 783 页。

3. 坚定制度自信，提升国家文化软实力。

中国特色社会主义制度不仅奠定了今日中国发展进步的根本基础，而且是决定中国前途命运和历史走向的制度保障。胡锦涛在纪念建党九十周年重要讲话中指出："中国特色社会主义制度，是当代中国发展进步的根本制度保障，集中体现了中国特色社会主义的特点和优势。我们推进社会主义制度自我完善和发展，在经济、政治、文化、社会等各个领域形成一整套相互衔接、相互联系的制度体系。"[①] 在此仅以人民代表大会制度和文化建设制度为例，论证说明制度建设对国家文化软实力提升的作用。

人民代表大会制度不仅为文化软实力建设提供制度保障，更是对外展示中国形象的政治文化资源。首先，从战略层面看，国家文化软实力建设要持续改善国家形象，致力于"人"与"民"的内涵建设，在保障人民基本生存权和发展权的同时，给予人民更广阔的政治参与平台。人民代表大会制度是我国的根本政治制度，这与中国文化软实力内涵建设的实质内容与特点——保障公民的基本生存发展权利和社会活动权利相契合。人民通过直接选举和间接选举、等额选举和差额选举相结合的方式选举出人民代表，组成各级人民代表大会，"各级人民代表大会都对人民负责、接受人民监督，有力地保证了全国各族人民依法行使民主选举、民主决策、民主管理、民主监督，享有宪法和法律规定的广泛的民主、自由和权利"；同时，"人民代表大会制度广泛调动了人民群众建设社会主义的积极性、主动性、创造性，把全国各族人民的力量凝聚起来，在中国共产党领导下，团结一心，艰苦奋斗，有领导、有秩序地朝着国家的发展目标前进"[②]。人民代表大会制度是我们党领导全国人民进行社会主义民主政治建设的根

---

① 胡锦涛：《在庆祝中国共产党成立 90 周年大会上讲话》，载于《人民日报》2011 年 7 月 2 日。

② 《十六大以来重要文献选编》（中），中央文献出版社 2006 年版，第 222 页。

本性成就，充分体现了“一切为了人民、一切依靠人民”的无产阶级政党的群众观点。人民代表大会制度的中国特色和社会主义制度的优越性体现为国家文化软实力提升，改善国家国际形态提供了对外传播的政治文化资源。作为国家根本政治制度的人民代表大会制度不仅是对外宣传我国民主政治建设巨大成就的有力佐证，更是对国际社会普遍关注的“中国发展秘诀”和“中国模式”内涵的及时回应。

文化软实力建设是中国共产党在意识形态和文化事业领域中的一项重大制度安排。健全而完备的意识形态和文化体制为国家文化软实力的提升提供了实践可能。胡锦涛同志在庆祝中国共产党成立 90 周年大会上的讲话第一次提出了“中国特色社会主义制度”及“制度体系”的范畴，中国特色社会主义制度在文化领域丰富并发展了马克思主义的社会形态领域，深刻阐释了“物质贫乏不是社会主义，精神空虚也不是社会主义”。提升国家文化软实力，就要加强对国家文化制度的顶层设计，正如胡锦涛同志在 2008 年全国宣传思想工作会议上强调：“要以满足人民日益增长的精神文化需要为目的，以改革为动力，统筹文化事业和文化产业，统筹体制改革和结构调整，统筹城乡区域文化发展，推动形成以公有制为主体、多种所有制共同发展的文化产业格局和民族文化为主体、吸收外来有益文化的文化市场格局。”①

健全而完备的意识形态体系和文化发展体制为提升国家文化软实力提供了实践可能。社会主义核心价值体系的本质是社会主义的意识形态，指引国家文化软实力建设的根本方向，社会主义核心价值体系是我国文化软实力建设的一面旗帜，决定着我国文化软实力建设的性质和道路。社会主义核心价值体系是中国社会的主流价值取向，是社会主义制度的内在精神和生命之魂，它集中体现了中国特色社会主义发展的内在规定性和目标取向。文化

① 《论文化建设重要论述摘编》，学习出版社 2012 年版，第 106 页。

体制是在更深层次上维护中国特色社会主义的实践运行，为文化软实力建设提供价值共识和创新动力。党的十六届六中全会审议通过的《中共中央关于构建社会主义和谐社会若干重大问题的决定》提出要“推进文化体制改革，形成富有活力的文化管理体制和文化产品生产经营机制”，党的十六大以来，文化体制改革创新进一步解放和发展了文化生产力，文化国力和文化凝聚力显著增强，国有文化单位的活力、竞争力不断增强，文化产业快速发展，改革成效日益显现。需要指出的是，我国社会主义文化体制必须坚持马克思主义的指导地位，坚持社会主义核心价值体系引领社会主义先进文化发展方向，在突出马克思主义在意识形态领域领导地位的同时还要重视文化多样性需求，巩固并扩大文化软实力建设的群众基础和社会共识。

由此可见，制度自信是中国信心的有力体现，是国家文化软实力提升的重要保障。正如 2009 年 3 月 14 日法国《欧洲时报》发表社论说：“包括‘制度优势’在内的‘中国特色’已成为‘中国信心’的有力支撑。”

4. 坚定文化自信，提升国家文化软实力。

文化自信承载着传承和创新中华民族优秀传统文化的战略诉求，对确证中华民族的“精神自我”具有文化战略意义。文化自信承载着培育和践行社会主义核心价值观的关键作用，承载着建设社会主义文化强国的国家战略期待，承载着坚定中国特色社会主义道路、实现中华民族伟大复兴的战略目标。文化自信昭示着中国为解决人类问题提供中国方案的战略意愿。

在上述中，对文化自信的问题已有论述，在此略过。但需要强调的是文化自信是国家文化软实力提升之源，文化自信是国家文化软实力得以继承发展的必要条件，有文化自信才有文化坚守，就有文化坚守才会有文化创新。

“雄关漫道真如铁，而今迈步从头越”中华人民共和国的成立让中国人重新拾起了民族复兴的自信心，而改革开放的巨大成功则让中国更加坚定这份自信。只要我们胸怀理想、坚定信念，不动摇、不懈怠、不折腾，顽强奋斗、艰苦奋斗、不懈奋斗，就一定能在中国共产党成立一百年时全面建成小康社会，就一定能在中华人民共和国成立一百年时建成富强民主文明和谐的社会主义现代化国家。党的十九大报告指出，“当前，国内外形势正在发生深刻复杂变化，我国发展仍处于重要战略机遇期，前景十分光明，挑战也十分严峻。全党同志一定要登高望远、居安思危，勇于变革、勇于创新，永不僵化、永不停滞，团结带领全国各族人民决胜全面建成小康社会，奋力夺取新时代中国特色社会主义伟大胜利。”① 我们有理由对中国的未来充满信心，因为我们找到了一条正确的道路——中国特色社会主义道路，在前进的道路上我们有中国共产党这一坚强有力的领导核心，有人民群众这一坚实的依靠力量，有中国特色社会主义理论体系这样科学的理论作为指导，还有不断完善和发展的中国特色社会主义制度为实现中华民族伟大复兴保驾护航，全党和全国各族人民都应该更加坚定这样的道路自信、理论自信、制度自信、文化自信。

① 《党的十九大报告辅导读本》，人民出版社 2017 年版，第 2 页。

参考文献

一、经典类：

1.《马克思恩格斯选集》第1~4卷，人民出版社1995年版。

2.《马克思恩格斯全集》第1卷，人民出版社1995年版。

3.《马克思恩格斯全集》第3卷，人民出版社2002年版。

4.《马克思恩格斯全集》第26卷（1），人民出版社1972年版。

5.《马克思恩格斯全集》第30卷，人民出版社1995年版。

6.《马克思恩格斯全集》第31卷，人民出版社1998年版。

7.《马克思恩格斯全集》第46卷（上），人民出版社1979年版。

8.《马克思恩格斯全集》第33卷，人民出版社2004年版。

9.《马克思恩格斯全集》第46卷（下），人民出版社1980年版。

10.《列宁选集》（第1~4卷），人民出版社1995年版。

11.《列宁全集》第36卷，人民出版社1985年版。

12.《斯大林文选》（上、下），人民出版社1962年版。

13.《毛泽东选集》（第1~4卷），人民出版社1991年版。

14.《毛泽东文集》（第1卷），人民出版社1993~1999年版。

15.《邓小平文选》（第1~2卷），出版社1994年版。

16.《邓小平文选》第3卷，人民出版社1993年版。

17.《江泽民文选》（第1~3卷），人民出版社2006年版。

18.《习近平谈治国理政》，外文出版社2014年版。

19.《习近平谈治国理政》（第二卷），外文出版社 2017 年版。

20.《习近平总书记系列重要讲话读本》，学习出版社、人民出版社 2016 年版。

21. 中共中央文献研究室：《邓小平年谱》（一九七五～一九九七），中央文献出版社 2004 年版。

22. 江泽民：《全面建设小康社会，开创中国特色社会主义事业新局面——在中国共产党第十六次全国代表大会上的报告》，人民出版社 2002 年版。

23.《江泽民论有中国特色社会主义》（专题摘编），中央文献出版社 2002 年版。

24. 胡锦涛：《高举中国特色社会主义伟大旗帜　为夺取全面建设小康社会新胜利而奋斗——在中国共产党第十七次全国代表大会上的报告》，人民出版社 2007 年版。

25.《十一届三中全会以来重要文献选读》（上册），人民出版社 1987 年版。

26.《社会主义精神文明建设文献选编》，中央文献出版社 1996 年版。

27.《十五大以来重要文献选编》（上、中、下），人民出版社 2001～2003 年版。

28.《中共中央关于构建社会主义和谐社会若干重大问题的决定》，《人民日报》2006 年 10 月 19 日。

29.《中共中央关于深化文化体制改革推动社会主义文化大发展大繁荣若干重大问题的决定》，《人民日报》2011 年 10 月 26 日。

二、中文著作类：

1. 吕世荣等：《马克思主义与当代中国文化建设》，河南大学出版社 1994 年版。

2. 季正矩：《通往廉洁之路——中外反腐败的经验与教训研究》，中央编译出版社 2005 年版。

3. 季正矩、王瑾：《国家至要——当代国家安全新论》，重庆出版社2006年版。

4. 季正矩、彭萍萍、王谨：《当代世界与社会主义前沿学术对话》，重庆出版社2005年版。

5. 王桂兰等：《文化软实力的维度》，河南人民出版社2010年版。

6. 赵刚、肖欢：《国家软实力——超越经济和军事的第三种力量》，新世界出版社2010年版。

7. 龚铁英：《软权力的系统分析》，天津人民出版社2008年版。

8. 童世骏：《文化软实力》，重庆出版社2008年版。

9. 李希光、李珮：《软实力要素》，法律出版社2010年版。

10. 陈正良：《中国"软实力"发展战略研究》，人民出版社2008年版。

11. 俞新天：《掌握国际关系密钥——文化、软实力与中国对外战略》，上海人民出版社2010年版。

12. 唐晋：《论剑：崛起进程中的中国式软实力》（壹），人民日报出版社2008年版。

13. 唐代兴：《文化软实力战略研究》，人民出版社2008年版。

14. 朱哲、权宗田：《中国共产党与中华民族复兴软实力》，湖北人民出版社2009年版。

15. 孟亮：《大国策：通向大国之路的软实力》，人民日报出版社2008年版。

16. 张国祚：《中国文化软实力研究报告》（2010），社会科学文献出版社2011年版。

17. 涂成林、史啸虎等：《国家软实力与文化安全研究》，人民出版社2009年版。

18. 张骥等：《中国文化安全与意识形态战略》，人民出版社2010年版。

19. 沈壮海：《软文化·真实力——为什么要提高国家文化软实力》，人民出版社 2008 年版。

20. 门洪华：《中国：软实力方略》，浙江人民出版社 2007 年版。

21. 李慎明：《居安思危——苏共亡党二十年的思考》，社会科学文献出版社 2011 年版。

22. 舒明武：《中国软实力》，上海大学出版社 2010 年版。

23. 中国科学院中国现代化研究中心编：《中国文化现代化的新探索》，科学出版社 2010 年版。

24. 吴旭：《为世界打造"中国梦"——如何扭转中国的软实力逆差》，新华出版社 2009 年版。

25. 韩勃、江庆勇：《软实力：中国视角》，人民出版社 2009 年版。

26. 吴友富：《中国国家形象的塑造和传播》，复旦大学出版社 2009 年版。

27. 丁磊：《国家形象及其对国家间行为的影响》，知识产权出版社 2010 年版。

28. 郑彪：《中国软实力——决定中国命运的两种思路》，中央编译出版社 2010 年版。

29. 江平等：《中国如何炼成软实力》，中国法制出版社 2009 年版。

30. 华建：《软权利之争：全球化视野中的文化潮流》，上海社会科学出版社 2001 年版。

31. 中国未来走向编写组：《中国未来走向：聚焦高层决策与国家战略布局》，人民出版社 2009 年版。

32. 唐晋：《大国策：通向大国之路的中国软实力——软实力大战略》，人民日报出版社 2010 年版。

33. 李江涛等：《当代文化发展新趋势研究》，中央编译出版社 2009 年版。

34. 周熙明、李文堂：《中国共产党的文化使命》，江苏人民出版社2006年版。

35. 江华：《中国化马克思主义文化理论》，中国石油大学出版社2008年版。

36. 徐海波：《意识形态与大众文化》，人民出版社2009年版。

37. ［美］孙隆基：《中国文化的深层结构》，广西师范大学出版社2004年版。

38. 邹徐文：《论中国特色社会主义文化建设》，江苏人民出版社2010年版。

39. 于炳贵、郝良华：《中国国家文化安全研究》，山东人民出版社2007年版。

40. 李方祥：《中国共产党的传统文化观研究》，中共党史出版社2008年版。

41. 刘文江：《中国共产党文化研究》，中共党史出版社2005年版。

42. 巴忠倓：《文化建设与国家安全》，时事出版社2007年版。

43. 郭建宁：《当代中国的文化选择》，北京大学出版社2004年版。

44. 邓永昌：《中国和平发展与西方的战略选择》，社会科学文献出版社2008年版。

45. 杨毅：《中国国家安全战略构想》，时事出版社2009年版。

46. 曹峻等：《全球化与中国国家安全》，社会科学文献出版社2008年版。

47. 张文木：《全球视野中的中国国家安全战略》，山东人民出版社2009年版。

48. 赵丕、李效东：《大国崛起与国家安全战略选择》，军事科学出版社2008年版。

49. 梅荣政、杨军：《社会主义核心价值体系与社会思潮析评》，中国社会科学出版社2009年版。

50. 叶启绩：《全球化背景下中国特色社会主义价值研究》，中山大学出版社2005年版。

51. 周浩然、李荣启：《文化国力论》，辽宁人民出版社2000年版。

52. 黄楠森、龚书铎、陈先达：《有中国特色社会主义文化研究》，山东人民出版社1999年版。

53. 闫学通、孙学峰：《中国崛起及其战略》，人民出版社2005年版。

54. 李准：《全球化浪潮中的民族文化》，中国文联出版社2006年版。

55. 蔡霞：《全球化与中国共产党人价值观》，四川人民出版社2002年版。

56. 庄晓东：《文化传播：历史、理论与现实》，人民出版社2003年版。

三、中文译著类：

1. ［美］约瑟夫·奈著，吴晓辉、钱程译：《软力量：世界政坛成功之道》，东方出版社2005年版。

2. ［美］约瑟夫·奈著，门洪华译：《硬权力与软权力》，北京大学出版社2005年版。

3. ［美］塞缪尔·亨廷顿、劳伦斯·哈里著，程克雄译：《文化的重要作用——价值观如何影响人类进步》，人民出版社2010年版。

4. ［美］约瑟夫·奈著，郑志国等译：《美国霸权的困惑：为什么美国不能独断专行》，世界知识出版社2002年版。

5. ［美］塞缪尔·亨廷顿著，周端译：《失衡的承诺》，东方出版社2005年版。

6. ［美］阿尔文·托夫勒著，吴迎春、傅凌译：《权力的转移》，中信出版社2006年版。

7. ［美］阿尔文·托夫勒著，蔡伸章译：《未来的冲击》，中信出版社2006年版。

8. ［美］阿尔文·托夫勒、海蒂·托夫勒著，白裕承译：《再造新文明》，中信出版社2006年版。

9. ［美］布热津·斯基著，中国国际问题研究所译：《大棋局：美国的首要地位及其地缘战略》，上海世纪出版集团2007年版。

10. ［美］乔舒亚·库珀·雷默等著，沈晓雷译：《中国形象——外国学者眼中的中国》，社会科学文献出版社2008年版。

11. ［美］雷蒙德·威廉斯著，吴松江、张文定译：《文化与社会》，北京大学出版社1991年版。

12. ［美］缪塞尔·亨廷顿著，周琪等译：《文明的冲突与世界秩序的重建》，新华出版社2002年版。

13. ［英］约翰·汤姆林森著：《全球化与文化》，南京大学出版社2002年版。

四、期刊、报刊、网络论文类：

1. 吕世荣：《怎样认识马克思主义指导》，载于《马克思主义研究》2010年第2期。

2. 吕世荣：《价值主体与核心价值体系合理性研究》，载于《哲学动态》2009年第7期。

3. 季正矩：《苏联共产党兴衰成败的十个经验教训》，载于《当代世界与社会主义》2004年第1期。

4. 黄宗良、肖枫、俞邃等：《热话题与冷思考——关于苏联剧变20周年若干问题的对话》，载于《当代世界与社会主义》2011年第4期。

5. 陈先达：《关于坚持马克思主义在社会主义先进文化中指导地位的若干思考》，载于《党建》2011年第10期。

6. 孙波：《文化软实力及其我国文化软实力建设》，载于《科学社会主义》2008年第2期。

7. 王广谦：《中国崛起：“北京共识”与“中国模式”》，载于《财贸经济》2008 年第 2 期。

8. 贾海涛：《“文化软实力”理论的演进与新突破》，载于《社会科学》2010 年第 5 期。

9. 《为何一个超级大国需要理想》，载于《参考消息》2007 年 1 月 11 日。

10. 北京大学中国软实力课题组：《软实力在中国的实践之四——文化软实力》，2008 年 3 月 1 日，http：//theory. people. com. cn/GB/41038/6981953. html。

11. 科技部：《统计显示我国人均科普经费升至 1. 84 元》，2009 年 11 月 1 日，http：//www. edu. cn/shu_ju_pai_hang_1088/20091111/t20091111_420141. shtml。

12. 国家统计局：《2010 年我国文化及相关产业法人单位增加值 11 052 亿元》，2011 年 9 月 16 日，http：//www. stats. gov. cn/tjfx/fxbg/t20110916_402754453. htm。

13. 《数据解读：文化产业发展驶入快车道》，2010 年 6 月 9 日，见 http：//cpc. people. com. cn/GB/64093/82429/83083/11822119. html。

14. 中国网：《2010 年我国核心文化产品进出口总额 143. 9 亿美元》，2011 年 2 月 28 日，http：//news. hexun. com/2011 – 02 – 28/127604306. html。

15. 《第八次中国公民科学素养调查结果公示》，2010 年 11 月 25 日，见 http：//news. youth. cn/kj/201011/t20101125_1410314. htm。

16. 《2001 ~ 2002 年中国文化产业蓝皮书总报告（节选）》，http：//www. china. com. cn/ch – whcy/6. htm。

17. 全国哲学社会科学规划办公室：《“中国媒体国际传播能力建设战略研究”课题研究成果：我国媒体海外人员本土化面临的问题与对策建议》，2011 年 11 月 14 日，http：//www. npopss –

cn. gov. cn/GB/219471/219486/16237462. html。

18. 《环球时报：西方为何误读中国?》，2006 年 12 月 11 日，http：//www. china. com. cn/international/txt/2006 - 12/11/content_7486797_2. htm。

19. 《“中国崩溃论”背后的争夺》，2011 年 12 月 6 日，http：//business. sohu. com/20111206/n327988091. shtml。